Zu diesem Buch

Jüngsten Umfragen zufolge akzeptiert nur noch jeder
dritte Ostdeutsche die westliche Ordnung, und jeder
zweite gibt an, daß es ihm heute schlechter geht als
erwartet. Dieser Unzufriedenheit spürt Daniela Dahn
bei sich und anderen nach: erklärend, rechtfertigend,
polemisierend. Mit verschärfter Angriffslust schildert
sie aber auch die im wahrsten Wortsinn kopflose
Reaktion vieler «Wessis» auf solch herausfordernden
«Osttrotz». Wer es wagt, Vergangenes zu verteidigen
und die eigene Biographie nicht zu bereuen, gilt als
unverbesserliche ideologische «Altlast», womöglich
sogar als demokratieuntauglich.

Die Autorin

Daniela Dahn, geboren 1949 in Berlin; Journalistik-
Studium in Leipzig; danach Fernsehjournalistin.
Seit ihrer Kündigung 1981 arbeitet sie als freie
Autorin. Gründungsmitglied des «Demokratischen
Aufbruchs», Mitglied des P.E.N. seit 1991. Mehrere
Gastdozenturen in den USA.
Buchveröffentlichungen u. a.: «Spitzenzeit» (1983),
«Prenzlauer Berg-Tour» (1987), «Wir bleiben hier
oder Wem gehört der Osten» (rororo aktuell 13423),
«Vertreibung ins Paradies» (rororo aktuell essay
22379).

Daniela Dahn

Westwärts und nicht vergessen

Vom Unbehagen
in der Einheit

Rowohlt

16.–22. Tausend März 1998

Veröffentlicht im Rowohlt Taschenbuch Verlag GmbH,
Reinbek bei Hamburg, Juni 1997
Copyright © 1996 by Rowohlt · Berlin Verlag GmbH, Berlin
Umschlaggestaltung Walter Hellmann
unter Verwendung eines Bühnendekorationsentwurfs zu
«Das gelobte Land» von Wladimir Majakowski, 1919
Gesamtherstellung Clausen & Bosse, Leck
Printed in Germany
ISBN 3 499 60341 1

Inhalt

Osttrotz wider die neue Herrlichkeit   7
Dialogischer Prolog

Und wehre dich täglich   11
Mein Unbehagen als Autorin

Die Banalität des Guten   33
Mein Unbehagen als Antifaschistin

Vor Tische las man's anders   70
Mein Unbehagen als Linke

Der Westen sieht rot, der Osten schwarz   114
Mein Unbehagen als gewesene DDR-Bürgerin

Im Namen der Mutter und der Tochter   149
Mein Unbehagen als Frau

Vertreibung ins Paradies   162
Mein Unbehagen als Neubundesbürgerin

Mein Behagen als Citoyenne   198
Monologischer Epilog

Anmerkungen   206

Osttrotz wider die neue Herrlichkeit
Dialogischer Prolog

Hätten Sie nicht Lust, ein Buch über die Unzufriedenheit vieler Neubundesbürger zu schreiben: über Osttrotz? fragt mein Verlag.
Ich wüßte gar nicht, was das sein soll – Osttrotz. Mir geht es gut. Ich bin nicht trotzig.
Trotz ist uns a priori durchaus sympathisch. Ist er doch immer auch eine Reaktion des Widerstehenwollens. Eine Widerspenstigkeit gegen Vereinnahmung, Fremdbestimmung, Züchtigung.
Sie meinen es freundlich? Merkwürdig. Ich assoziiere eher ein bockiges Kind, das nicht in der Lage ist, angemessen zu reagieren. Als «Trotzer» bezeichnet man jedenfalls eine zweijährige Kulturpflanze, die auch im letzten Vegetationsjahr keinen Blütenstengel bildet.
Darin liegt ja die reizvolle Ambivalenz des Themas. Wir empfinden diesen Trotz natürlich auch als Betrugsmanöver, das die Aufarbeitung der Vergangenheit blockiert, das Gewordensein nostalgisch verklärt und so Neugier und Offenheit verhindert.
Glauben Sie wirklich, daß wir im Osten mehr «aufzuarbeiten» haben als Sie im Westen und daß man bei Ihnen dabei so viel offener ist? frage ich, nun schon leicht trotzig.
Davon gehen wir allerdings aus.
Ich glaube, die Summe der Verdrängungen ist immer gleich.
Das würde bedeuten, daß auch die Summe der Schuld gleich sein müßte.
Wer weiß…
Auf den Beweis wären wir gespannt.
Ich habe wenig Ehrgeiz, zu denen zu gehören, die immer das System bekämpfen, das gerade zusammengebrochen ist. Der Abschied von den alten Lebenslügen läuft parallel zur Ankunft in den neuen. Wir erleben jetzt hautnah, wie Legenden entstehen, und halten plötzlich auch Gesichertes für Legende – das ist produktiv. Und macht trotzig.

Wir denken, Sie sind nicht trotzig?

Was weiß ich denn – verdammt noch mal.

Ihr Blick nach vorn interessiert uns. Dennoch sperren offenbar auch Sie sich osttrotzig, mit dem Wissen von heute zurückzuschauen.

Welches Wissen meinen Sie? Es gibt dazu eine treffende Karikatur: Auf einer kleinen, baldachingeschützten Balustrade stehen ordengeschmückte Hochwürden, neben ihnen ein Ritter mit seiner Lanze. Sie alle schauen auf einen Mann im Büßerhemd, der an einen Pfahl gebunden auf einem Scheiterhaufen steht. Vor ihm hockt ein Richter in Robe, der gerade das Streichholz entzündet und dazu sagt: «So, gleich können wir uns gemeinsam unsere Biographien erzählen.»

Wir erwarten keine Karikaturen von Ihnen.

Schade. Denn die im Osten akzeptierte Spielregel lautet doch: Wir stellen die Angeklagten, ihr die Richter. Und Angeklagte können mit nichts mehr moralische Lorbeeren gewinnen als mit dem kniefälligen Eingeständnis von Fehlern, Schuld und Schande. Das sind die Modefarben, die man bei der fälligen Rückbesinnung tragen soll. So ist schließlich beides fragwürdig geworden: Versagen eingestehen und Versagen nicht eingestehen.

Um durch den Dschungel der Vorurteile Schneisen des Verstehens schlagen zu können, bedarf es klarer Differenzierung.

Aber gerade das ist mir doch ausgetrieben worden. Unmittelbar während der Wende gab es kein größeres Bedürfnis, als aufzudekken und aufzuarbeiten. Es war uns fatalerweise sogar dringlicher, als über künftige Konzepte nachzudenken. Nachdem die neue Herrlichkeit die DDR mit Haut und Haaren auf den Scheiter-Haufen geworfen hat, um sicherzugehen, daß jeglicher alternative Ansatz verkohlt, hat sich die Situation verkehrt. Will man diesem angehäuften Scheitern entkommen, werden Selbstverteidigung und Anklage des Anklägers zur Überlebensnotwendigkeit.

Die wechselseitigen Dämonisierungen erschweren eine Annäherung. Ließe sich darauf nicht verzichten?

Mir ist offenbar entgangen, daß die Dämonen auch den Westen befallen haben, mir schien, sie tobten sich alle bei uns aus. In dieser Abwehr von Kritik und Neuansätzen sehe ich übrigens ein geradezu belustigendes Maß an Westtrotz.

Ist nicht das eigentliche Skandalon dieses zeitgenössische Drama der unbefleckten Erkenntnis, eine Art Urteilswahn, der beiderseits das jeweils Fremde mit den eigenen Kategorien mißt und also gar nicht wissen kann, was da taxiert wird?

Den Wahn hör ich wohl, allein mir fehlt dieser Kränkungszwang. Die eigenen Maßstäbe bleiben aber unverzichtbar. Alles andere hieße: Gehirnwäsche. Das Grundmißverständnis zwischen Ost und West besteht doch darin, daß eine Seite denkt, sie gibt ihr Letztes, während die andere meint, man nähme ihr das Letzte.

Viel zu nehmen war ja da wahrlich nicht. Außer Spesen nichts gewesen.

Außer Erblast nichts abgefaßt? Immerhin sind 95 Prozent des Volkseigentums, also Betriebe und Grundbesitz, zahllose Immobilien, Hotels und Schlösser in westliche Hände übergegangen. Eine entschädigungslose Enteignung – da mag bei vielen keine rechte Dankbarkeit aufkommen.

Eines ist doch wohl auch in östliche Hände übergegangen: die D-Mark.

Und obwohl die keiner mehr missen möchte, merken wir plötzlich: Die weitgehende Abwesenheit von Privateigentum, von Erbschafts- und Steuerangelegenheiten, vom Primat des Geldes also, hat die Ostmentalität nachhaltig und nicht nur nachteilig geprägt. Die Erfahrung der Zweitrangigkeit von Geld ist unser Kapital. Das läßt sich natürlich schwer aufrechnen gegen euer richtiges.

Aufrechnen ist immer eine Form von Abwälzen. Kann sich nicht jeder aus sich selbst erklären?

Gerade in der Marktwirtschaft werden doch Verschuldungen und Guthaben permanent gegeneinander aufgerechnet, das ist die einzige Chance, um in die Offensive zu gehen. Wer differenzieren soll, muß auch durch zeitgeschichtliches Einordnen relativieren dürfen. Jede neue Gesellschaft verabschiedet sich von der alten mit Klischees. Zurück bleiben Defizite.

Was genau vermißt ihr denn?

Uns fehlt etwas, was euch nicht fehlt. Ich sehe was, was du nicht siehst.

Und wir wissen, was ihr nicht wissen wollt. Das wäre das Thema. Und deshalb fragen wir Sie, ob Sie in einem Buch so eine Art Archäologie des Osttrotzes betreiben könnten.

So altertümlich ist aber dieser spezifische Trotz gar nicht. Auf den prähistorischen Schichten ruht der Schnee von gestern und der Staub von heute – die Grabungen müßten vieles bergen. Episodisches und Analytisches, Persönliches und Grundsätzliches, Ironisches und Polemisches. Manche Funde böten, wenn überhaupt, nur für den West-, andere nur für den Ostleser Aufschlußreiches. Da wären Provokationen und Friktionen unvermeidbar.

Disharmonische Brüche sind in der westlichen Moderne kein Problem – nur zu.

Wenn ich Sie richtig verstehe, geht es Ihnen nicht um eine Erklärung der DDR, sondern um eine Erklärung des Phänomens, wie man mit den bedrückenden DDR-Erfahrungen bei der Ankunft in der Großen Freiheit Nr. BRD soviel Unbehagen empfinden kann?

So ungefähr. Alte Erfahrungen wären an neuen zu messen; dabei wäre plausibel vorzurechnen, wieso angeblich ein gewisses Verlustgefühl herauskommen kann.

Dies nachfühlbar zu machen nötigt mir aber einen undankbaren Versuch auf: Nachdem sich alle, die es brauchen, so schön in einem bis zur Unkenntlichkeit verzeichneten DDR-Bild eingerichtet haben, muß diese Harmonie gestört werden. Es gilt, dieses geheiligte Comicbild zu entzaubern, die Schreckensvisionen zu versachlichen, um ein paar einstige Annehmlichkeiten wieder kenntlich zu machen. Das Thema zwingt geradezu, mich, ganz gegen den Zeitgeist, auf die bescheidenen Vorteile der DDR und die unbescheidenen Nachteile der Bundesrepublik zu konzentrieren. Sie werden mir das am Ende nicht vorwerfen?

Das können wir nicht versprechen.

Wer Trotz bestellt, wird Trotz bekommen – sind Sie auf ein offensives Buch wirklich vorbereitet?

Sie haben uns zumindest vorgewarnt.

Und wehre dich täglich

Mein Unbehagen als Autorin

Die DDR ging unter, als sie gerade anfing, Spaß zu machen. Und zwar nicht nur für ein paar Dutzend Bürgerrechtler, sondern für Millionen Menschen, die endlich ihr Schicksal in die Hand genommen hatten: demonstrieren gingen, auf Versammlungen sprachen, Resolutionen verfaßten, sich neuen Gruppen anschlossen, Plakate malten, Häuser besetzten, Parteien und Verbände gründeten, Menschenketten bildeten, unabhängige Studenten- und Betriebsräte wählten, Flugblätter druckten, die alten Chefs absetzten, in Städten und Dörfern Runde Tische einrichteten. So viel Selbstbestimmung war nie. Und damit so viel neues Selbstbewußtsein. Das darf nicht vergessen werden, wenn man sich wundert, wie hartnäckig viele Neubundesbürger ihre Erfahrungen und Biographien verteidigen.

Spaß machte dieses Land nun auch denjenigen Schriftstellern, die gottlob weder *reine* Schurken noch *reine* Helden waren (beides befähigt nämlich nicht sonderlich zum Schreiben), die aber für sich in Anspruch nehmen konnten, dem Elementaren der Kunst verpflichtet gewesen zu sein: der Wahrhaftigkeit. Wir schrieben in neugegründeten Zeitungen, organisierten Solidaritätsveranstaltungen in Kirchen, wurden in unabhängige Untersuchungskommissionen delegiert, drehten Filme, für die es keine Abnahmen mehr gab, entwarfen neue Gesetze und Statuten.

Es war die bislang intensivste Zeit meines Lebens. Endlich, endlich war beinahe mühelos möglich, wofür wir uns all die Jahre gemüht hatten. Endlich schien die Vergeblichkeit besiegt, das Zeitalter der Sinngebung angebrochen.

Doch das Reich der Freiheit, in dem die bürgerlichen *und* die sozialen Menschenrechte garantiert waren, währte nur ein halbes Jahr. Dann brach für die besitzlosen Ostdeutschen das Reich der Besitzenden aus. Eine Mehrheit, voll ungestilltem Verlangen, diesmal den Versprechungen einer Obrigkeit glauben zu können, hatte es gewählt. Die Folgen sind bekannt: Millionen Ostdeutsche gerieten in fatale Abhängigkeiten von Alteigentümern, drei von vier Industriebeschäftigten wurden aus ihren Betrieben, neun von zehn Bauern von ihren Äckern vertrieben. Eine krisenhafte, sich aber immer noch selbst versorgende Wirtschaft mußte zur künstlichen Ernährung an den westlichen Waren- und Geldtropf angeschlossen werden: Märkte schaffen ohne Waffen.

Nun war Anpassung auf der ganzen Linie gefragt. Unsere basisdemokratischen Gesetzentwürfe hatten sich erübrigt. Die neuen alternativen Zeitschriften gewannen zwar Abonnenten, aber keine Inserenten. Sie gingen folgerichtig ein. Die damals ausgesprochen populär gewordenen östlichen Sender wurden abgeschaltet. Verlage mußten schließen. Es geht um die Zerschlagung des intellektuellen Potentials Ost, hieß es im Sommer 1991 auf einer Medienkonferenz in Berlin. Ziel erreicht?

Statistisch gesehen, ist saubere Arbeit geleistet worden. Vor der Enquete-Kommission des Deutschen Bundestages zur Aufarbeitung von «Geschichte der SED-Diktatur» konnte festgestellt werden, daß etwa eine Million Menschen in Ostdeutschland von der *Elitenrestitution* betroffen sind. Psychologisch gesehen, ist damit der Bogen überspannt worden. Die für die Abwicklungen Verantwortlichen haben zu viele aus dem Publikum dieses «Potentials» zu sehr brüskiert, was östlichen Intellektuellen jetzt eine unerwartete Renaissance beschert, weil ihre Prognosen über die Folgen eines überstürzten Beitritts bedauerlicherweise eingetroffen sind.

In meinem letzten Buch[1] hatte ich beispielsweise festgestellt, daß in Ostdeutschland mehrere Millionen Menschen in existentieller Unsicherheit leben, weil sie nicht wissen, wie lange sie noch in ihren Wohnungen, Häusern und Wochenendgrundstücken bleiben können. Von so manchem Westleser wurde dies als maßlos übertrieben angesehen. Inzwischen haben die von mir angegriffenen Gesetze vollendete Tatsachen geschaffen: In den von Rückgabeforderungen besonders betroffenen Gebieten ist nach Angaben von Gemeinden bereits fast ein Fünftel der Bevölkerung ausgetauscht: Mieter und Pächter raus, Eigentümer rein. Unerfahren in der Abhängigkeit von privaten Hausbesitzern, ließen sich viele Ostdeutsche hinausdrohen, hinausschikanieren, hinausbestechen, hinausklagen.

Nachdem Ende 1995 der besondere Kündigungsschutz in den neuen Ländern ausgelaufen ist, steht eine weitere «Welle der Vertreibung» bevor, wie Manfred Stolpe sagte. Der Deutsche Mieterbund geht von einer halben Million Betroffener aus. Brandenburgs Justizminister Hans Otto Bräutigam, dessen Ministerium sich von Anfang an für einen besseren gesetzlichen Schutz der Neubundesbürger engagiert hat, nannte den Beschluß eine «unglaubliche Härte». Es handele sich offensichtlich um eine Konfrontation von ostdeutschen und westdeutschen Interessen.

Darum handelte es sich von Anfang an. Auch als ich die Eigentumsregelung des Einigungsvertrages als «ein Schutzgesetz für Westeigentümer» charakterisierte, hielten das manche für unangemessen. Was passierte denn, wenn Alteigentümer aus der DDR Ansprüche im Westen anmeldeten? Mehrere Fälle sind an mich herangetragen worden. Nur ein Beispiel: Der Ostberliner Schriftsteller Walter Kaufmann stellte nach der Wende den Antrag, die Duisburger Villa seiner jüdischen Eltern, die von den Nazis ermordet worden waren, rückübertragen zu bekommen. (Zu DDR-Zeiten war es den Bürgern untersagt, mit offiziellen Behörden der Bundesrepublik zu korrespondieren.) Anwalt Otto Schily übernahm den Fall und meinte: Das erledigen wir mit links. Doch er mußte sich von Rechts wegen belehren lassen. Das Bundesministerium der Finanzen teilte Herrn Kaufmann im Juni 1995 in einem Brief mit:

«Die Fristen sind seit langem endgültig abgelaufen. Da es sich um Ausschlußfristen handelt, kommt auch bei unverschuldeter Fristversäumnis eine Wiedereinsetzung in den vorigen Stand nicht in Betracht. (...) Ob und ggf. welche Ansprüche die für die frühere britische Zone zuständige Nachfolgeorganisation wegen des Grundstückes Ihrer Eltern geltend gemacht hat, ist mir nicht bekannt und kann jetzt nicht ermittelt werden, da die Nachfolgeorganisation inzwischen aufgelöst worden ist. Ansprüche nach dem Gesetz zur Regelung offener Vermögensfragen sind nicht gegeben, da dieses Gesetz nur für im Beitrittsgebiet belegenes Vermögen gilt.»

Der Gesetzgeber hat es ermöglicht, daß in Ostdeutschland 2,2 Millionen Anträge auf Rückgabe von Immobilien gestellt werden konnten, in Westdeutschland aber kein einziger. Nicht einmal auf

Entschädigung. So offen durften die offenen Vermögensfragen natürlich nicht sein. Die Einheit ist erst vollendet, wenn auch der letzte Ostdeutsche aus dem Grundbuch gestrichen ist, prophezeite jetzt ein Dresdner Kabarett.

In meinem Buch kritisierte ich die undemokratische Regelung der Eigentumsfrage, kein Wunder, daß es im Westen auf wenig Gegenliebe stieß. Umgekehrt natürlich im Osten: Was zunächst aussichtslos erschien, ist vorerst geglückt: Ich konnte mir einen Großteil meiner Leser erhalten.

Von diesen Lesern wurde ich in den Jahren 1987/88 zu etwa 80 Diskussionen eingeladen. Lesungen wurden übrigens schlecht bezahlt. Dennoch konnte ich nicht einfach darauf verzichten, so üppig hatte ich es nicht. Mein Hauptantrieb aber war die Neugier, ich wollte den Kontakt zu den Menschen nicht verlieren. So las und diskutierte ich in Bibliotheken und Betrieben, in Jungen Gemeinden und Jugendclubs, in Altersheimen und vor Kinderkrippen-Erziehern, in Parteischulen von SED, LDPD und NDPD, in privaten Gesprächskreisen und überfüllten Kirchen, vor kleinen, unabhängigen Frauen- und Friedensgruppen und auf großen Dorffesten. Man könnte meinen, ich müsse völlig schizophren gewesen sein. Doch Verstellung war nicht nötig. Die Stimmung, die Sorgen und Fragen waren nämlich überall etwa dieselben. Die DDR-Binnenstrukturen waren längst nicht so monolithisch, wie man sich das heute offenbar vorstellt. Gerade das hat letztlich die schnelle Erosion befördert.

Dennoch war es nicht selbstverständlich, praktisch von allen gesellschaftlichen Kräften gleichermaßen akzeptiert zu werden. Es hatte Ende der siebziger Jahre doch starke Polarisierungen gegeben. Doch das war vor meiner Zeit als Autorin. Manchmal fragte ich verunsichert, weshalb man gerade mich eingeladen habe. Ich hoffte wohl wie jeder DDR-Autor, daß man meine Texte besonders mutig fände. Zu meiner Enttäuschung war das ausschlaggebende Motiv offenbar ein anderes: Man glaubte, in der Art, wie ich Geschichten erzähle, eine Menschenfreundlichkeit und Toleranz herausgelesen zu haben, der man sich nicht entziehen könne. Ich fand mich damit ab und fühlte mich sogar herausgefordert zu einer Vermittler- und Pendlerrolle zwischen den dialogbereiten Reformkräften in Parteien, in Kirche und Opposition. Kontakte gab es, gemeinsames Handeln leider nicht.

Dabei entsprach die Deutlichkeit der von meinen Zuhörern geäußerten Kritik oft nicht dem erwarteten Klischee. Ich erinnere mich an eine überaus aufmüpfige, die Verhältnisse scharf angreifende Diskussion im vollen Saal des Franz Clubs im Prenzlauer Berg (formal ein FDJ-Club). Während ich enttäuscht war, daß es im Herzen der Opposition, in der ebenfalls gutbesuchten Umweltbibliothek der Zionskirche, wo ich zwischen Bildern von Bärbel Bohley las, eher verhalten zuging. Wahrscheinlich mißtrauten sich hier gegenseitig alle mehr als in der *normalen* Öffentlichkeit, in der ich spätestens seit Mitte der achtziger Jahre oft erlebt habe, daß kein Blatt mehr vor den Mund genommen wurde.

Das hing vermutlich auch zusammen mit der Kultur der privaten und inoffiziellen Gesprächskreise, die es überall im Land gab und in denen Tacheles geredet wurde. Ich besuchte allein drei solcher Zirkel regelmäßig. Einer war der von Gastgeber Werner Wagner initiierte Pinchclub, der sich um den verfemten Philosophen Peter Ruben scharte. Wir diskutierten Sozialismus-Deformationen, das westliche Gesellschaftsmodell interessierte nicht. Es hatte nichts mit uns zu tun. Dachten wir. Aus diesen Kreisen rekrutierten sich später Teile der Bürgerbewegungen und zahlreiche Initiatoren der Wende. Beispielsweise hat die Runde von zehn Autorinnen, die wir uns seit Jahren monatlich treffen, um uns aus unseren Arbeiten vorzulesen, die erste Protestresolution des Herbstes 89 verfaßt. Auf dieses Signal hin wurden dann sofort die Musiker aktiv, die Theater, die Akademien...

Hat man denn meine Kapriolen geduldet? Bin ich nicht schikaniert worden? Alle Repressionshämatome schon vergessen? Anfang der achtziger Jahre sind mir immer wieder Reiseanträge abgelehnt worden, einmal durfte ich nicht zur Produktion meines Hörspiels nach Westberlin, ein anderes Mal wurde eine Studienreise verhindert, weil der Einlader politisch nicht genehm war. Damals regte ich mich maßlos auf. Heute langweilt mich die Erinnerung. Im Mai 1985 wurde das Kulturabkommen zwischen der DDR und der BRD unterzeichnet. Danach war es für Künstler, die einen Reiseantrag stellten, ohne einen Pfennig Devisen zu beanspruchen, leichter geworden. Aber selbst als ich dienstlich schon reisen konnte, hatte ich privat noch Trouble. In meinem leider nur äußerst sporadisch geführten Tagebuch habe ich damalige Unwörter notiert. Eins der grausamsten stand auf einer Tafel im Polizeipräsidium, in einem großen Warteraum für Leute, die Anträge auf private Westreisen gestellt hatten: *Entscheidungsabholung*. Dieses Wort charakterisiert hinreichend die ganze Anmaßung des Systems. Wer diesen Raum auch nur einmal mit negativem Bescheid verlassen hat, wird die kalte Wut nie vergessen.

Dagegen konnte man sich nur mit einer Haltung wappnen, die ein anderes Unwort umschreibt: *Duldungsstarre*. Ein Zustand, in den die Sau bei der künstlichen Befruchtung verfällt. Ein physischer Schutzmechanismus gegen eine psychische Zumutung. Ein Großteil der DDR-Bevölkerung litt an Duldungsstarre. Auch mir war sie, wie gesagt, in Zeiten der Ohnmacht oder in Erholungsphasen zwischen nervenaufreibender Auflehnung hilfreich. Bedenklich wurde der Befund eigentlich erst, wenn er chronisch zu werden drohte, wenn man sich aus eigener Kraft nicht mehr daraus befreien konnte.

Nach zwölf Jahren Faschismus war das deutsche Volk einst der totalen Duldungsstarre verfallen. Nach 70 bzw. 40 Jahren Realsozialismus gab es noch genügend Selbsterweckungskräfte, wie Gorbatschow und die Herbstrevolution bewiesen. Das hatte eben damit zu tun, daß die Repressionen für die große Mehrheit der Bevölkerung zwar entwürdigend waren, aber mit der Zeit schwächer wurden. Die Deutsche Demokratische Diktatur war keine permanente oder gar sich zuspitzende Unterjochung. Vielmehr hat sie nach stalinistischem Start immer mehr Kreide fressen müssen: Innerdeutsches Abkommen, Vertrag von Helsinki, Unterzeichnung von UNO-Resolutionen. Durch Druck von außen und eigene Schwäche war sie zu einer samtpfötigen Diktatur geworden. Ich komme darauf noch zurück.

War ich privilegiert, daß ich so urteile? Selbstverständlich. Schriftsteller zu sein ist leider ein Privileg an sich. Wer Schrift stellt, stellt auch Fragen. Und Fallen. Wer Schrift stellt, stellt ein Bein und schießt aus der Hüfte. Er ist schwer bewaffnet. Selbst wenn er friedfertig bleibt, provoziert er mit subversiver Unabhängigkeit. Wer unabhängig ist, ist nicht zu disziplinieren. Wer nicht zu disziplinieren ist, ist hochgradig privilegiert. (So privilegiert wie heute war ich damals allerdings noch nicht. So viele Angebote zu publizieren, so viele Möglichkeiten, Stipendien, Arbeitsaufenthalte oder Projektzuschüsse zu beantragen, gab es nicht. Und Goethe-Institute in aller Welt hatten wir auch nicht.)

Wie kann ich angesichts staatlicher Zensur das Wort *Unabhängigkeit* überhaupt in den Mund nehmen? Ich rede von *meinen* Erfahrungen als Autorin. Die beschränken sich auf die achtziger Jahre und haben etwa mit den Fünfzigern oder Sechzigern nichts zu tun. Wenn zu meiner Zeit das Manuskript eines prominenten Kollegen nicht gedruckt wurde, dann gab er es eben in den Westen. Das brachte Ärger, war aber durchzustehen. Stefan Heym hat es immer so gemacht. Ich war nicht prominent, mußte also im Lande klarkommen mit dem Mitteldeutschen Verlag.

Bei meinem zweiten Buch gab es Einwände an 35 Stellen. Eine *Stelle* konnte ein Wort sein oder ein ganzes Kapitel. Ich verhandelte zunächst mit meiner Lektorin, dann, zäher schon, mit der Cheflektorin, dann mit dem Verlagsleiter. Bis auf ein paar Nebensächlichkeiten konnten wir uns nicht einigen. Die Sache schien verfahren. Monate vergingen. Schließlich sagte mir die Cheflektorin, was sie gar nicht durfte: daß sie meine Argumente verstehe, zu Kompromissen aber nicht befugt sei, da die Einwände nicht aus dem Verlag kämen, sondern aus der *Hauptverwaltung*. Das Wort klang wie Olymp. Donner und Blitz. Und meinte wohl: Was ist nun: entweder – oder. Ich entschied mich für «oder». Bat im Büro des Oberzensors um einen Termin. Das war, was ich gar nicht wußte, offenbar sehr unüblich. Klaus Höpcke war so überrascht, daß ich den Termin recht bald bekam.

Er hörte sich meine Vorwürfe gegen sein Haus an und gab vor, weder mein Manuskript noch die Einwände zu kennen. Das war durchaus möglich bei der Fülle der zu genehmigenden Titel. Er versicherte, sich zu erkundigen und mir ein Gespräch mit den zuständigen Kollegen zu ermöglichen. Vierzehn Tage später saß ich zwei biederen Damen gegenüber. Schon nach den ersten Sätzen wurde mir klar, wie unsicher sie waren. Sowohl was den Gegenstand als auch was die Situation betraf. Ach du lieber Himmel, dachte ich, das ist also die Zensur, vor der die Nation zittert! Wir gingen alle *Stellen* durch, aus heutiger Sicht lauter Lächerlichkeiten. Ich war ziemlich aufgebracht, und siehe, die Damen (hatten

17

sie Weisung?) ließen mit sich reden. Nicht ohne sehr betrübt dreinzuschauen. Es muß reines Mitleid gewesen sein, daß ich an drei, vier für mich *weniger wichtigen* Stellen nachgab.

Triumph? Nein. Ich war unzufrieden. Ich hatte viel Zeit und Nerven verloren und außerdem drei, vier *schöne* Stellen, um die es mir plötzlich doch wieder leid tat. Ich sann auf Genugtuung. Normalerweise geht man in solchen Fällen an die Öffentlichkeit. Wie aber wehrt man sich in einem Land ohne Öffentlichkeit? Das war eine der Grundfragen in der DDR. (Für mich war die fehlende Offenheit, die mangelnde Öffentlichkeit immer das Schlimmste am Realsozialismus. Daß es längst nicht allen so ging, daß für die Mehrheit die Kluft zum westlichen Wohlstand das Schlimmste war, begriff ich erst später.)

Es gab einzelne Foren und Podien, auf denen sich Öffentlichkeit nicht vermeiden ließ. Schriftstellerkongresse waren solche Gelegenheiten, bei denen jeder unzensiert reden konnte. Man wußte, daß Journalisten anwesend sind und das Protokoll veröffentlicht wird. Eine solche Chance durfte man sich doch nicht entgehen lassen. Obwohl ich im Herbst 1987 noch nicht einmal Mitglied, sondern nur Kandidat des Verbandes war, sprach ich über meine Erfahrungen mit Zensur. Das Wort war bis dahin völlig tabuisiert, nie hatte ich es öffentlich ausgesprochen gehört. Während ich meinen Diskussionsbeitrag hielt, ahnte ich nicht, daß Christoph Hein zur gleichen Zeit in einer anderen Arbeitsgruppe dieses Thema sehr viel schärfer und grundsätzlicher behandelte. Und im Plenum am Nachmittag noch mal Günter de Bruyn. Wenig später wurde das Genehmigungsverfahren durch die Hauptverwaltung abgeschafft. Endlich einmal mucken die Schriftsteller auf, und gleich haben sie Erfolg. So schwach war die Macht schon.

Samtpfötige Diktatur? Kommode Diktatur? Vielleicht treffender: eine sklerotische, zahnlose, altersschwache Diktatur, mit kindischen, lächerlichen Zügen, deren Altersstarrsinn allerdings unberechenbar blieb. Eine Diktatur ist eine Herrschaftsform, auf die es keine Möglichkeit der Einflußnahme gibt. Doch der Westen hatte zahlreiche Mittel, erfolgreich Druck auszuüben, und letztlich blieb auch das – nicht allzu häufige – Aufbegehren im Lande nie folgenlos.

Ich jedenfalls hatte meinen Eigensinn weitgehend durchgesetzt und, wo nicht, meine Verletzungen artikuliert. So habe ich mir in diesem Fall meine *Unabhängigkeit* bewahrt. Die entscheidende Frage war nicht, ob man privilegiert, sondern ob man korrumpiert war.

Immer gelang einem das Sichwehren natürlich nicht. Ich erinnere mich an eine Talk-Show des DDR-Fernsehens im Sommer 1988. Sie hieß «Bücherrunde», in ihr sollten Autoren zu neuen Arbeiten befragt werden und ihre Gedanken zur Zeit äußern. Wie bei allen Gesprächssendungen bis zur Wende handelte es sich um eine Aufzeichnung, damit eventuelle Unbotmäßigkeiten noch korrigiert werden konnten. Auf die Frage des Moderators nach meiner Schreibhaltung sagte ich, daß es mir um die *Sicht von unten* gehe, um den Alltag sogenannter kleiner Leute, um Schicksale und Erfahrungen von Minderheiten, Unbequemen, Ausgegrenzten, Verurteilten, Schwachen. Vor der Literatur seien alle Menschen gleich. Meine Sympathie läge bei denjenigen, die nach der Devise lebten: Bleibe im Lande und wehre dich täglich.

Nach mir ist Heiner Müller dran. Er antwortet nicht auf die Frage, sondern entwickelt eine zusammenhängende Theorie über verkrustete gesellschaftliche Strukturen. Der Moderator ist froh, daß so etwas mal ausgesprochen wird. Er ist seit kurzem Kandidat des ZK und nutzt seine vermeintliche Macht, um der Redaktion zu drohen: Wenn hier irgend etwas herausgeschnitten würde, seien sie ihn los. Dies wäre insofern ein Verlust für die Sendung gewesen, als er sich mehr leisten konnte als andere.

Als das Ganze über den Sender geht, fehlt schließlich doch ein Satz: *Bleibe im Lande und wehre dich täglich.* Dieses heute geradezu DDR-patriotisch klingende Motto der Bürgerbewegung war ihnen zu weit gegangen. An Müller hatten sie sich nicht herangewagt. Darauf war der Moderator stolz und machte weiter. Na gut. Und was machte ich? Ich blieb im Lande und wehrte mich gelegentlich.

«Ich bilde mir ein, Zivilcourage gehabt zu haben. Dafür habe ich viel Prügel bekommen, aber das hat mir nichts ausgemacht. Das ist doch das normale Leben.» Mit diesen Worten blickte der langjährige Intendant des WDR, Friedrich Nowottny, in einer Talk-Show auf seine Tätigkeit zurück. Warum wird unsereinem

ein solcher Satz niemals zugestanden? Ich habe etwas Ärger gemacht und viel mehr Ärger gekriegt, in dieser DDR – natürlich.
Aber ich habe niemals gedacht: Aha, das ist die Diktatur. Sondern
nur: C'est la vie.

Wirklich privilegiert wurde man als DDR-Autor erst, wenn der
Westen auf einen aufmerksam wurde. Ich galt als «empfindsame
Beobachterin der DDR-Gesellschaft. Ihr Buch ‹Prenzlauer Berg-
tour› war für uns West-Korrespondenten eine wertvolle Hilfe zum
Verständnis der tatsächlichen Zustände im Lande» (Albrecht
Hinze, langjähriger Ostberliner Korrespondent der *Süddeutschen
Zeitung*). Was Wunder, daß unsereins alle möglichen Einladungen bekam, zu Festen und Feiern bei westlichen Journalisten und
Diplomaten. Bei Empfängen in der «Ständigen Verspätung» traf
man den halben Freundeskreis. Die Beuys-Ausstellung und die Lesung von Peter Härtling in diesem Haus werden mir unvergessen
bleiben. Es entstanden auch freundschaftliche Kontakte. Als der
Leiter der Wirtschaftsabteilung der Ständigen Vertretung 1984
nach Ablauf seiner Zeit von Ostberlin nach Bonn zurück mußte,
schrieb er zum Jahreswechsel einen Rundbrief an uns und hundert
Freunde:

> «Nach dem erfüllten und intensiven, sicher manchmal fast zu hekti-
> schen Leben in Berlin (in beiden Teilen der Stadt) und in der DDR war
> die Rückkehr nach Bonn schon ein Schock! Bonn ist nicht Berlin, das
> weiß jeder, und trotzdem mußten wir diese Erfahrung neu machen.
> Und irgendwie sind wir in den Jahren in der DDR auch kritischer und
> hellhöriger gegenüber der Gesellschaft in der Bundesrepublik gewor-
> den, was die Eingewöhnung – unabhängig von Bonn – auch nicht
> leichter machte.»

Kaum lebt man fünf Jahre im Unrechtsstaat, sieht man den
Rechtsstaat etwas kritischer – solche Stimmen, die wahrlich keine
Ausnahme waren, gehörten zu unserer Alltagserfahrung. Nein,
langweilig war das geistige Leben im Ostberlin der achtziger Jahre
für mich auch nicht. Ein Gefühl von Isolation kam nicht so recht
auf. Und es schien, als gelte dies auch für *meine* Regierung.

Werner Brüssau, langjähriger ZDF-Korrespondent, lud mich
zum Dank für ein kritisches Interview zu seiner Abschiedsfete ein.
Die Einladung enthielt Auszüge «aus dem Terminkalender eines
DDR-Korrespondenten». Ich habe sie mir aufgehoben:

20

1984 finden kurz nach dem 35. Jahrestag der DDR SPD-SED-Gespräche in Ost-Berlin statt.

1985 erhält Erich Honecker in folgender Reihenfolge Besuch: Johannes Rau, Helmut Schmidt, Herbert Wehner, Frankreichs Premier Fabius, Franz Josef Strauß, Willy Brandt, Berthold Beitz und Oskar Lafontaine. Zwischendurch berichtet Brüssau von der Eröffnung der Semper Oper und von der Flucht des Spions Tiedge in die DDR.

1986 erhält Erich Honecker Besuch von Eberhard Diepgen, Martin Bangemann, Hans-Jochen Vogel, Berthold Beitz, Herbert Wehner, IOC-Präsident Samaranch und noch einmal Hans-Jochen Vogel. Zwischendurch berichtet Brüssau vom Spione-Austausch auf der Glienicker Brücke, vom XI. SED-Parteitag, vom Ausgang der Volkskammerwahlen: 99,94 %, vom 25. Jahrestag der Mauer und der ersten Städtepartnerschaft: Saarlouis – Eisenhüttenstadt.

1987 erhält Erich Honecker Besuch von Hans-Jochen Vogel, Klaus Wedemeier und dem stellvertretenden US-Außenminister. Honecker reist nach Holland, in die Bundesrepublik und nach Belgien. Zwischendurch berichtet Brüssau über Prügel der Stasi bei einem Rockkonzert am Brandenburger Tor, darüber, daß Honecker zum Geburtstag den Titel: Held der DDR bekommt und wie die Stasi die Umweltbibliothek aushebt.

1988 erhält Erich Honecker Besuch von Papandreou, zweimal von Diepgen, von Rau, von Galinski, vom dänischen Premier Schlüter und wieder von Berthold Beitz (der Geschäftsführer der Firma Krupp hat sich für die marode DDR-Wirtschaft unglaublich interessiert). Honecker reist zu Mitterrand und nach Spanien. Zwischendurch berichtet Brüssau vom Pioniertreffen in Karl-Marx-Stadt und von prügelnder Stasi beim Schweigemarsch gegen Pressezensur in Kirchenzeitungen.

1989 erhält Erich Honecker Besuch von Björn Engholm, Lothar Späth, Hans-Jochen Vogel, Walter Momper und – noch im Juni, unmittelbar vor Honeckers Krankheit – von Rudolf Seiters.

Sie alle waren artige Gäste, hielten sich ans Protokoll, toasteten dem Staatsratsvorsitzenden der Deutschen *Demokratischen* Republik zu. Kein Hauch davon, was heute einzig denkbare Sprachregelung ist: Unrechtsstaat, SED-Regime, Diktatur.

Wie mußte das auf die Bevölkerung wirken? Während sich die Politiker um Honecker rissen, konnten sich viele DDR-Autoren der Westeinladungen kaum erwehren. Der Luchterhand-Verlag, bei dem mein Prenzlauer-Berg-Buch in Lizenz erschienen war, organisierte für mich zwei ausgedehnte Lesereisen durch die Bundesrepublik. Anfangs war ich verunsichert: Wie würden solche Geschichten aus dem Osten aufgenommen werden? Ob es zu Unmutsäußerungen kommen würde? Doch auch die Besucher der Lesungen waren artig. Keiner aus dem Publikum, von den anwesenden Journalisten und Kritikern stellte die Frage, die heute jeder stellt: Wie konntet ihr euch der Diktatur beugen? Statt dessen Wohlwollen auf der ganzen Linie. Sogar echte Neugier und Interesse. Die Sympathiebekundungen werden 1989 beinahe aufdringlich. Im Frühjahr findet in Hamburg-Wedel eine Lesereihe von DDR-Schriftstellerinnen statt; Ende Mai bin ich bei den Tagen der «DDR Kultur in Göttingen», die das Bundesministerium für innerdeutsche Beziehungen finanziert; im Sommer habe ich, wie vor mir schon viele andere DDR-Autoren, Termin beim Pädagogischen Zentrum in Westberlin, wo Lesung und Gespräch mit Lehrerinnen und Lehrern auf Videokassette aufgenommen werden, um sie im Deutschunterricht der gymnasialen Oberstufe einsetzen zu können; die seit einem Jahr vorbereiteten «DDR-Wochen in Tübingen» fallen im November in so bewegte Zeiten, daß ich absagen muß; und die zehntägige «DDR-Buch-und-Kultur-Präsentation» in Freiburg verlasse ich Anfang Dezember vorfristig, weil es zu dieser Zeit einfach keinen aufregenderen Ort gibt als Berlin. Während in Freiburg noch die Bolschewistische Kurkapelle spielt, werden in der Hauptstadt der DDR schon die roten Fahnen eingerollt.

Emigration aus der eigenen Biographie

Seit dem Beitritt sind nun mehr als fünf Jahre vergangen. In dieser Zeit bin ich erst zu einer einzigen Lesung nach Westdeutschland (inklusive Westberlin) eingeladen worden. Zwei Drittel der Westdeutschen waren seither nie oder weniger als eine Woche in den neuen Bundesländern. Als Grund geben sie an: kein Interesse.

Der Prozeß der Annäherung wurde durch die Einheit abrupt abgebrochen. Dabei war das liebevolle Vorspiel schon weit gediehen. In dieser Stimmung konnte vielen glaubhaft gemacht werden, Beitritt sei etwas ähnlich Angenehmes wie Beischlaf. (Niemandem wird es schlechter gehen, sondern allen besser.) Vereinigung? Nur coitus interruptus. Mit fatalem Nachspiel: allgemeines Unbefriedigtsein.

Wenn diejenigen, die nicht verstehen wollen, die östlichen Biographien im nachhinein umdeuten, kann man nichts machen. Wirklich betrübt bin ich erst, wenn gerade die, die ich am meisten schätze, mit ihren Deutungen so danebenliegen. Heleno Saña schreibt in seinem ansonsten sehr treffenden und einfühlsamen Buch «Vom Ende der Menschlichkeit»:

> «Die integren Autoren, Intellektuellen, Künstler und Kulturschaffenden hatten nur zwei Optionen: entweder auszuwandern oder sich in die innere Emigration zu verkriechen.» [2]

Was für ein Irrtum, lieber Heleno! Ich war in aufregender Weise immer mittendrin in den Auseinandersetzungen. Natürlich, *an Bord* zu bleiben hatte seinen Preis. Niemandem von uns ist es gelungen, die ganze Zeit ein Held zu sein. Wir haben Kompromisse gemacht und für den Mut zur Auflehnung mit Phasen der Schwäche bezahlt. Aber die wahrhaftigen Bücher haben das Bedürfnis nach Zivilcourage, Würde und Wahrheit bestärkt. Daß unser Produkt ein *Lebensmittel* war, bezeugten die Schlangen vor den Buchhandlungen und bei Buchbasaren. Wir haben zerlesene Exemplare signiert, die offensichtlich durch viele Hände gegangen waren. Wir haben Briefe mit ganzen Lebensgeschichten erhalten, oder mit der Bitte um Rat oder einfach mit einem Dankeschön. Die Erfahrung, gebraucht worden zu sein, kann mir niemand nehmen. Und sie setzt sich, auf ein normales Maß reduziert, merkwürdigerweise fort.

Wenn die Integrität von DDR-Schriftstellern jetzt an ihrem damals öffentlich formulierten Widerspruch zur Politik gemessen würde, wäre dies nur gerecht. (Obwohl westliche Autoren nicht nach diesem Maß bewertet werden.) Aber da von den kritischen Geistern auch künftig kaum Zustimmung zu erwarten ist, erfahren sie heute eine ähnliche Ablehnung, wie sie sie seit langem gut kennen. Da kommt Vertrautheit auf.

Die meisten von uns waren nicht nur nicht in der inneren Emigration, sondern wir waren viel weiter in die Gesellschaft hineingezogen als heute. Jurek Becker, der beide Systeme sehr wohl vergleichen kann, hat es im Sommer 1989 in seinen Frankfurter Vorlesungen beschrieben:

> «Bücher und Theaterstücke und Filme haben in der DDR ungleich größere Folgen als hier im Westen, sie lösen Diskussionen aus und führen andauernd zu Auseinandersetzungen, wie sie hier kaum denkbar sind... Die Erklärung liegt darin, daß die Literatur der DDR ihren Einfluß zum größten Teil der Existenz der Zensur verdankt. Was sich gegen die auflehnt, was sich gegen die durchsetzt, hat die Anziehungskraft des Unbeugsamen... Ein Grund für die Fixierung der Leser auf sozial- und gesellschaftskritische Inhalte ist schnell gefunden: In einer Umgebung, in der es keine offene Diskussion über gesellschaftliche Entwicklungen und Fehlentwicklungen gibt... sind Bücher der letzte öffentliche Ort, wo politische Meinungsverschiedenheiten ausgetragen werden... Der Autor steht in einer Zwangslage, er hat nur die Wahl zwischen zwei Pressionen: Entweder gibt er dem Druck der Zensur nach, oder er widersetzt sich diesem Druck.» [3]

Diese Optionen klingen schon ganz anders als die ersterwähnten von Sana. Das wirkliche Leben hat sich zwischen den Schwarzweiß-Polen abgespielt. Im inneren Kampf um die Grautöne lag die eigentliche Dramatik.

Ein Kollege, der zu DDR-Zeiten zunehmend aufrechte Bücher schrieb, die auch alle gedruckt wurden, der seine unerwünschten Hörspiele im Westen produzieren durfte, wodurch es ihm früher als vielen anderen Autoren möglich war, ausgedehnte Westreisen zu unternehmen, der nach einer Gastdozentur sogar mit seiner jungen Frau in einem Mietwagen quer durch Amerika gefahren ist, der nach all diesen Reisen immer wieder pünktlich nach Hause kam, wo man ihn in Berlin gelegentlich auf Verbandsversammlungen traf und wo sowohl seine Stadtwohnung als auch sein Bauernhaus Zentren geselliger Aufmüpfigkeit für Kollegen aus Ost und West waren, ein solcher Kollege hat sich nach der Wende im Lexikon des West-PEN plötzlich zu der Formulierung veranlaßt gesehen, er habe seit 1984 in der «*inneren Emigration in Mecklenburg*» gelebt. Was ihm im Freundes- und Bekanntenkreis nur Hohngelächter eingebracht hat. Er ist auf diese These nie wieder zurückgekommen.

Zu solchen abstrusen rückwirkenden Interpretationen der eigenen Existenz kommt es durch die inquisitorische Situation, der sich Ostintellektuelle allein schon deshalb ausgesetzt sehen, weil sie im Lande geblieben sind. Nach dieser Logik müßten alle Intellektuellen der Welt, die in einem verfehlten System leben, jede soziale und politische Mitverantwortung für die weitere Entwicklung von sich weisen und auswandern. Wohin? Ins nächste verfehlte System. Und so weiter. Das Argument: Ich wohne hier, wird nicht akzeptiert.

Es sei dem reichen und selbstbewußteren Westen schuldhaft zuzurechnen, daß der größte Teil der Bevölkerung der ehemaligen DDR einer äußerst folgenreichen Demütigung unterworfen wurde, stellte man im Mai 1994 während der zweiten «Aktion für mehr Demokratie» fest. Der Initiator dieser bemerkenswerten Bürgerinitiative, Klaus Staeck, hat inzwischen mehrfach Künstler, Wissenschaftler und SPD-Politiker zu einem solchen Ideentreff geladen. (An meiner Rolle als suchender Pendler in der rot-rosagrünen Parteienlandschaft, in Kirchen- und sonstigen Gesprächskreisen hat sich nichts geändert.) Oskar Negt faßte die Diskussion in Potsdam zusammen:

«Immer wieder ist darauf hingewiesen worden, daß man nicht die Biographien eines ganzen Volkes mit einem Schlage für null und nichtig erklären kann, daß in dem Maße, wie Kompetenzen und Orientierungen der Menschen, die sich in langen geschichtlichen Zeiträumen gebildet haben, der völligen Entwertung verfallen, jede Möglichkeit der differenzierten Aufarbeitung der Vergangenheit ausgeschlossen ist. Wer alles falsch gemacht hat und wem alles, was er tut, als absolut unzulänglich demonstriert wird, der beginnt mit der Wiederherstellung seiner Würde auf einer ganz anderen Ebene, nicht mit neugierigem Lernen gegenüber dem Ungewohnten, sondern mit trotzigem Beharren und am Ende mit der entschiedenen Verteidigung des Vergangenen. Hier werden, manchmal hat man sogar das Gefühl, es sei ein politisches Mittel, das bewußt eingesetzt wird, verbogene sozialpsychologische Potentiale eigens produziert und damit der erfahrene Objektstatus, den die Menschen aus dem gerade überwundenen System mitgebracht haben, unter den neuen Vorzeichen zementiert. Aber es ist auf die Dauer unmöglich, daß Teile eines Volkes oder ein ganzes Volk in solchen Entwertungszuständen und im Gefühl der Demütigung ruhig bleiben, irgendwann gibt es eine explosive Rebellion, an der dann sichtbar wird, welche Chancen der Selbstaufarbeitung prekärer Vergangenheiten versäumt worden sind.» [4]

Eine Chance, die Rebellion zu verhindern, sehe ich darin, die Spezies der Ostdeutschen von dem totalen Verteidigungsverbot zu befreien, das ihnen bislang, bei Strafe des lebenslänglichen Geoutetseins als ideologische Altlast, auferlegt ist. Es muß einfach erlaubt sein, sich an die normalen, angenehmen und aufrechten Momente des früheren Lebens zu erinnern.

Um die Sicht auf Biographien ging es auch an einem Runden Tisch, an dem sich auf Initiative von Günter Grass im September 1995 Autoren aus dem Ost- und dem West-PEN trafen, um über Möglichkeiten der Annäherung zu diskutieren. Das war ein überaus angenehmer Nachmittag. Doch auch hier fiel ein Satz, der mich merkwürdig berührt hat (und, wie ich später hörte, auch andere Ostkollegen). Zur Begründung, weshalb man den moralischen Anspruch der Unversöhnlichen aus dem West-PEN ernst nehmen müsse, gab uns eine sehr auf Verständigung bedachte Kollegin aus dem Westen zu bedenken: *Du kamst aus der DDR nicht raus, ohne schuldig zu werden.*

Schuld? Jeder Ort, überall

Mit diesem Satz im Kopf flog ich kurz darauf zu einer Vortragsreise in die USA. Selbst der Ortswechsel hielt den Satz präsent, denn dort spielte das Thema *Schuld* durch den Simpson-Prozeß in der Öffentlichkeit plötzlich eine dominierende Rolle. So sei dieser nur scheinbar *abwegige* Exkurs gestattet: Am Tag der Urteilsverkündung hatte ich eine Lesung in New York. Am späten Vormittag wußte niemand genau, wann die Live-Übertragung des Urteils beginnen würde. Vor der News-Leuchtschrift am Times Square hatte sich eine Menschenmenge angesammelt, die Radios wartender Taxis wurden umlagert, Imbißbuden, Geschäfte und Restaurants mit Fernsehapparaten machten beste Umsätze, während die Büros verwaist waren. Die Arbeit ruhte weitgehend. Endlich kam Unruhe unter den Leuten auf, die Stimme des Richters hatte angehoben, aber man sah ihn nicht. Man ließ ihn seine wichtige Botschaft aus dem Off sprechen, während alle Fernsehkameras auf Simpsons angespanntes Gesicht gefahren waren. Atemberaubende Stille. Dann ging ein Aufschrei durch die Nation.

Kaum jemand hätte für möglich gehalten, wie sehr in diesem Land *Meinung* noch von *Hautfarbe* bestimmt ist. «Die Weißen nehmen nur ungern die schwarze Logik zur Kenntnis, nach der wirkliche Gerechtigkeit von wirklichen sozialen Chancen kommt», schrieb Norman Mailer in einem Essay in der Zeitschrift *New York*. Die Konzentration auf die Frage nach individueller Unschuld oder Schuld würde nach Meinung vieler Schwarzer die sozialen Belange aus dem Gericht fegen und das weiße Establishment begünstigen. Der Autor zog dann eine überraschende Parallele: Vierzig Jahre lang seien die Amerikaner in dem Glauben belassen worden, die Sowjetunion sei das «Reich des Bösen». Als der kalte Krieg zu Ende ging, entdeckten sie plötzlich, daß die Russen nicht in der Lage gewesen wären, die Weltherrschaft zu übernehmen. Statt dessen hätten sie versucht, ihren miserablen Lebensstandard zu verbessern, und schafften es nicht. Weil sie zuviel in die Rüstung stecken mußten.

> «Wir haben nicht den kalten Krieg gewonnen, wir haben die Russen ruiniert. In Wirklichkeit ging es um eine große Bank, die die Reserven einer kleineren aufgebraucht hat... Es war, als ob wir 40 Jahre lang magnetisierte Feilspäne gewesen wären, alle aufgereiht in die gleiche Richtung. Da waren wir – vereint gegen das Reich des Bösen. Jetzt ist es, als ob ein großer Schalter abgestellt wurde. Das magnetische Feld brach zusammen. All die Späne sind verstreut. Wir haben keinen Feind mehr, den wir hassen können. Aber wir haben noch 40 Jahre Haß und Angst in uns.» [5]

Und so suche jeder blindlings und schnell nach irgendeinem anderen Sündenbock. Der Simpson-Prozeß habe endlich wieder ein magnetisches Feld geschaffen.

Welche Kräfte, so fragte ich mich, versuchen nun bei uns, die Feilspäne neu auszurichten? Wohl wissend, daß im Schatten solch entindividualisierender Ausrichtung eigene Lobbyinteressen gedeihen, ja, daß Menschen, unabhängig davon, ob sie in einer Demokratie oder in einer Diktatur «magnetisiert» werden, sich zu irrationalem, mitunter sogar zu verbrecherischem Verhalten motivieren lassen.

Wohl nicht zufällig veröffentlichte die *New York Times* am Tag der Verkündung des Simpson-Urteils einen Artikel, in dem eine von Clinton eingesetzte Kommission fordert, die USA möge sich endlich für die 30 Jahre lang von der Regierung gesponserten radioaktiven Versuche an ahnungslosen Bürgern entschuldigen. Obwohl erst ein Bruchteil der 32 Millionen Seiten des geheimen Materials über diese Opfer freigegeben wurde, ist das Entsetzen groß: Viele tausend Menschen, von der Atomenergie-Behörde meist dem *mindernützlichen Teil der Bevölkerung* zugerechnet, sind durch radioaktive Injektionen von Plutonium und Eisen oder eigens zu diesem Zweck kontaminierte Lebensmittel elend zugrunde gegangen oder schwer geschädigt worden: Eskimos, Afroamerikaner und Indianer sowieso, aber auch weiße schwangere Frauen, Säuglinge und behinderte Kinder, Gefangene oder einfach Patienten in angesehenen Universitätskliniken. Und all das im Namen des Kampfes gegen das Böse.

Denn daß die Bombe nach dem Sieg über Hitler nur noch gegen die Sowjetunion zielte, war seit den militärisch unnötigen Abwürfen auf Hiroschima und Nagasaki klar. Nach dem Ende des kalten (Atom-)Krieges wird nun genauer danach zu fragen sein, ob das von der westlichen Strategie der Abschreckung ausgelöste Wettrüsten nicht die schwerwiegendste Regierungskriminalität der letzten 50 Jahre gewesen ist. Was, zum Teufel, darf der Staat? Im Frieden zerstören, was er im Krieg beschützen will? Mit dem Anspruch von Würde würdelose Geschäfte betreiben? Leben opfern, um angeblich Leben zu bewahren? Im Namen der nationalen Sicherheit andere Nationen verunsichern?

Die Antwort der Völker war eindeutig: Der Stockholmer Appell zum Verbot von Atomwaffen trug 500 Millionen Unterschriften. Doch die Adressaten blieben weitgehend unbeeindruckt. Unrechtsstaaten? Unrecht – Schuld – Verbrechen: Offenbar ist es an der Zeit, etwas nach Größenordnung zu sortieren. John Gofman, der unter Oppenheimer das erste Milligramm Plutonium isolierte, war auch der erste, der forderte, die Nürnberger Kriegsverbrechergesetze als Maßstab für die moralische Beurteilung der Atomrüstungslobby aller Länder anzuwenden. Das seien «die schlimmsten Schurken der Welt». Sie alle würden bewußt verheimlichen, daß ihre Waffen die tödliche Wirkung bereits beim Herstellen, Lagern und Testen entfalten.

Zu fragen wird auch sein, wie die Verantwortung für diese Regierungskriminalität auf beide Seiten zu verteilen ist. Waren die Feilspäne durch nichts zu erschüttern? Unbestritten ist, daß kein Land die UNO von 1946 an mit so viel Abrüstungsvorschlägen und einseitigen Testmoratorien in Atem gehalten hat wie die Sowjetunion. Alles nur Propaganda? Kein bißchen Eigennutz, um sich vor dem Aushungern durch die *große Bank* zu schützen? Eine seriöse Geschichtsschreibung hat noch manches zu tun.

Mit Clinton ist *Glasnost* auch in Amerika eingezogen, zögerlich öffnen sich die Akten, und wir sehen in einen Abgrund, hörte ich am Loyola-College in Baltimore, wo gerade eine Vorlesungsreihe mit namhaften Wissenschaftlern zu den Folgen des radioaktiven Fallouts bei Atomtests begonnen hatte. (Sicher könnten Experten aus Kasachstan das gleiche berichten, aber ich komme eben gerade aus Amerika.) Seit 1951 sind in der Wüste von Nevada unter freiem Himmel 126 Nuklearexplosionen ausgelöst worden, jede einzelne von ihnen hat so viel radioaktive Strahlung freigesetzt wie die Havarie in Tschernobyl. Hunderttausende Soldaten und Bewohner von Utah und Arizona sind wissentlich der direkten Strahlung ausgesetzt worden. Als sie erwartungsgemäß erkrankten, hat man jahrzehntelang verschiedenste Medikamente und Therapien an ihnen ausprobiert. Wissenschaftler, die schon in den fünfziger Jahren gewarnt haben, wurden gnadenlos attackiert, einigen ihre Forschungsgelder gestrichen, andere unter Hausarrest gestellt. Und den Opfern ist unter Androhung strafrechtlicher Verfolgung verboten worden, öffentlich über ihr Schicksal zu reden. «Wir sind die Wegwerfbürger der Vereinigten Staaten», meint heute Darlene Philipps, eine Malerin aus Utah, bitter. Genauso dachte etwa Eisenhower, der über die Menschen, die in Windrichtung vom Testgelände leben, gesagt hat:

«Wir können es uns leisten, ein paar tausend Menschen da draußen der Verteidigung der nationalen Sicherheit zu opfern.» [6]

Ein Colonel der Air Force, der auf Flügen die Strahlungsintensität überprüft hat, kam sogar zu dem Schluß: Es gibt niemanden in den USA, der kein Falloutopfer ist. In Fachzeitschriften erfährt man jetzt, daß selbst sehr niedrige Dosen radioaktiver Strahlung vieltausendfach gefährlicher sind, als ursprünglich behauptet. So richten sie bei der fötalen und frühkindlichen Gehirnentwicklung bleibende Schäden an. Bei den amerikanischen Geburtsjahrgängen von 1945 bis 1963, der Zeit der überirdischen Atomtests, lassen sich nach Angaben der Wissenschaftler überdeutliche Schwächen in der Begabung und im Intelligenzquotienten nachweisen. Radioaktivität beeinträchtigt auch das Immunsystem erheblich. Die Wiederkehr besiegt geglaubter Krankheiten, die beängstigende Ausbreitung von Krebs und Aids sind also wahrscheinlich Folgen des angeblich *kalten* Krieges.

Auf der 2. Weltkonferenz der Strahlenopfer im September 1995 in Berlin gingen Experten davon aus, daß unter der bisher weltweit freigesetzten Radioaktivität *30 Millionen* Menschen leiden. Zahlen, die an einem vorbeirauschen? Ein nicht erheblicher Teil dieser Opfer entfällt auf den Umgang mit der Bombe.

Am Ende des Jahrhunderts erwächst eine bittere Ahnung: Ging man bisher davon aus, daß die beiden Totalitarismen – Faschismus und Stalinismus – die *Katastrophen der Neuzeit* waren, so muß man jetzt zur Kenntnis nehmen, daß auch die Torheit einer dritten Ideologie Millionen Leben zerstört hat: der Antikommunismus.

Ich erwähne all dies keineswegs, um mich beim Rückblick auf die DDR hinterm «nuklearen Schutzschild» zu verbergen. Ich will nur meine Auffassung veranschaulichen, wonach die derzeitige deutsche Schulddebatte von unglaublichem Provinzialismus geprägt ist. Das völkerrechtlich umstrittene Verdikt vom *Unrechtsstaat* und die Fixierung auf die zwei Prozent der DDR-Leute, die für die Stasi gearbeitet haben, verzerrt die Wahrnehmung wesentlicher Proportionen.

Deutschland, so hört man, ist der weltweit zweitgrößte Waffenexporteur. Deutsches Kapital ist hinter den Kulissen seit langem vielen Ländern behilflich, atomwaffenfähiges Material herzustellen. Frauen aus den Entwicklungsländern haben auf dem Welttreffen in Peking ein Zelt für bei der Feldarbeit von Landminen verstümmelte Mütter und Kinder eingerichtet. Deutschland exportiert diese Minen massenhaft. Die Frauen aus der Dritten Welt haben ihren Schwestern aus der Ersten Welt sehr deutlich zu verstehen gegeben, daß sie sie – Patriarchat hin, Patriarchat her – nicht mehr automatisch als Verbündete ansehen können, solange sie nichts gegen dieses Morden unternehmen. Unternehmen wir etwas? Bestenfalls ergibt sich die Frage, ob es noch opportun sei, französischen Wein zu trinken. Vernunft scheint nur über den Markt einklagbar. Doch der Zeitgeist trinkt weiter. Und die paar Querköpfe werden zur Entziehungskur eingewiesen. Entzogen wird Respekt.

So bleiben Stimmen wie die von Luise Rinser einsame Rufer in der Wüste:

«Ist es nicht purer Zynismus, wenn man, wie es schon geschah, zwei kriegsführenden Nationen gleicherweise durch Waffenlieferung hilft? Das alles würde man im zivilen Strafrecht Beihilfe zum Mord nennen. Aber innerhalb der Weltpolitik ist es einfach Geschäft. Tatsächlich ist es, ethisch und auch politisch gesehen, Beihilfe zum Massenmord. Wir sind alle bezahlte Mörder.» [7]

Viele Ostdeutsche machen jetzt die Erfahrung, daß der früher empfundene Druck sich nur verlagert hat, geringer ist er kaum geworden. Und es scheint ihnen, als hätten mehr westliche Intellektuelle mit diesen Mißständen ihren Frieden geschlossen als östliche einst mit den ihrigen. Natürlich sind weder die Rechtsbrüche gleichzusetzen noch die Chancen, sich öffentlich darüber zu äußern. Aber wann immer ich westlichen Bekannten vorgeschlagen habe, wir mögen doch einmal die mit Zivilcourage verbundenen Episoden unserer Biographien auf die Waagschale legen, verspürten sie wenig Lust zu diesem Gesellschaftsspiel und verwiesen auf den fehlenden Eichmeister.

Du kamst aus der DDR nicht raus, ohne schuldig zu werden? «Gegen diesen Satz ist nichts zu sagen, außer daß er jemandem aus dem oben beschriebenen Westen so pur nicht zusteht», schrieb ich nach meiner Rückkehr jener Kollegin.

Wolfgang Thierse fragte im Herbst 1991 in einem Rundschreiben nach der Berechtigung eines Tribunals: «Es gibt wirkliche Täter und wirkliche Opfer, Schuldige und Unschuldige und dann auch noch und dazwischen die vielen anderen – wir, die darin gelebt haben, beschäftigt mit unserem Überleben, mehr oder minder anständig, mehr oder minder klug, mehr oder minder feige und mutig.»

«Dieses Menschenbild ist mir zu dualistisch», antwortete ich ihm. «Ich bin nicht bereit, uns ins unverbindliche Zwischenland jenseits von Schuld und Unschuld zu entlassen. An die Nur-Guten und Nur-Bösen, an Engel und Teufel kann ich nicht glauben. Daß es Schuldige gibt, wird niemand bestreiten. Ich wage zu bezweifeln, daß es Unschuldige gibt. Worin wir uns unterscheiden – und dies allerdings erheblich –, ist lediglich der Grad unserer Schuld. Wir alle haben geheuchelt, geschwiegen, gelogen, verraten, vernachlässigt. Wie oft haben wir menschlich versagt, gegenüber dem Partner, den Eltern, den Kindern, den Kollegen, den Freunden? Die Grenzen zwischen privatem und gesellschaftlichem Versagen sind fließend. *Leben heißt sich schuldig machen.*»

Darauf verweisend, fuhr ich in meinem Schreiben an die Kollegin fort: «Dann wären wir uns also einig in unserem moralischen Rigorismus? Nein. Denn Sie betonen ja den feinen Unterschied: Leben *in der DDR* heißt sich schuldig machen. Ich bitte Sie, mir nur eine durchaus nicht rhetorisch gemeinte Frage zu beantworten. Glauben Sie ernsthaft, man kommt aus dem *Magnetfeld Bundesrepublik* heraus, ohne schuldig geworden zu sein? Wieviel muß getan oder auch nur billigend in Kauf genommen werden, um die Schwelle von *verzeihlich* zu *schuldig* übertreten zu haben? Soll die Mauer auch diese Grenzziehung gewesen sein? Das scheint mir die entscheidende Frage beim Aufeinanderzugehen.»

Die Banalität des Guten
Mein Unbehagen als Antifaschistin

Ist es nicht paradox? Da hat man uns Ostler nach der Wende des Hochmuts bezichtigt, weil wir angeblich alle angenommen hatten, der Mensch sei durch Einsicht dauerhaft veränderbar, erziehbar, formbar. Wir sahen uns verlacht und verhöhnt für die Utopie vom neuen Menschen. Bescheidenheit und Demut wurden angemahnt. So weit, so berechtigt.

In einem Punkt aber besteht man seither hartnäckig und unbescheiden auf diesem besseren Menschen: Da der Antifaschismus nun mal Staatsdoktrin war, verlangt man von uns den geläuterten Bürger mit der durchgearbeiteten, durchtrauerten, durchreuten, durchbüßten, durchdachten, durchwachten NS-Vergangenheit, der mitsamt seinen Nachkommen durch diese famose Geschichtsbewältigung gegen Rückfall, gegen Gewalt und Ausländerfeindlichkeit ein für allemal gefeit ist.

Wenn dies irgend jemandem gelänge – wäre er dann nicht der wandelnde Beweis für die Existenz des *neuen Menschen*? Oder ist seine Nichtexistenz vielmehr der Beleg dafür, daß dunkle, ungute Anwandlungen, aggressives Überlegenheitsgebaren und Verdrängung von Schuld zu den konstituierenden Größen des Menschen gehören, ihre restlose Überwindung unmöglich und damit auch vom DDR-Antifaschismus nicht einzufordern ist?

Ich meine nur, der traditionelle Grundsatz des Denkens, das Gesetz vom ausgeschlossenen Dritten, gebietet es, sich in der DDR-Geschichtsschreibung für einen Vorwurf zu entscheiden. Entweder: Es ist schlimm, daß man gottgleich versucht hat, neue Menschen zu schaffen. Oder: Es ist schlimm, daß es nicht gelungen ist, Gott zu sein und neue Menschen zu schaffen.

Hat er aber nicht wenigstens ein paar Spurenelemente hinterlassen, der *Antifaschismus*? (Es geht mir nicht um den Begriff, obwohl er mir sehr vertraut ist. Auch habe ich wenig Lust auf den Eroberungszug um die politische Besetzung der Wortbedeutungen. National*sozialismus* ist für mich eine Nazi-Prägung mit Orwellscher Verhöhnqualität. Wenn ich von Faschismus spreche, so meine ich primär das, was auch im Ausland sofort assoziiert wird: die prägende deutsche Variante, die Spielarten wie die italienische aufs unrühmlichste in den Schatten gestellt hat. Sollte eine Verständigung daran scheitern, daß mein Gegenüber auf *Antinazismus* besteht, so werde ich nicht streiten.)

Nach dem Beitritt hat das überraschende Wiederaufleben des innerdeutschen kalten Krieges die Prioritäten verschoben. Die 68er-Bewegung hatte in den siebziger Jahren die Bundesrepublik in einer Weise erschüttert und verändert, wie wir es jenseits der Mauer in vollem Umfang kaum wahrnehmen und würdigen konnten. Ehe wir dies noch nachholen können, nehmen wir staunend zur Kenntnis, daß der Zeitgeist der Studentenbewegung inzwischen vorwirft, sie habe einen undemokratischen Umsturz der liberalen Gesellschaft des Westens versucht (Sontheimer). Die Studenten hätten die Demokratie mit dem Faschismus verwechselt und «ein grenzenloses Unverständnis für die zivilen Austarierungsmechanismen» offenbart (Herzinger).

(Zwischenruf eines 68ers: Die prügelnde Polizei hat uns dieses Verständnis schon eingebleut. Denkt ihr, der damalige Obrigkeitsstaat hätte sich auch im Selbstlauf gezähmt?) Eine Generation später jedenfalls haben sich die konservativen Kräfte längst wieder durchgesetzt. Sie geben den Ton an in den meisten Universitäten, Behörden und Ministerien, und um diejenigen 68er, die sich ihre Haltung bewahrt haben, ist es auffällig still geworden.

Während der letzten Drehungen dieses Rollback beabsichtigten die diesbezüglich ziemlich ahnungslosen DDR-Bürger nun beizutreten. Hatte die Westlinke Angst, sie könnte von den Hereinströmenden ertappt werden auf ihrem verlorenen Posten? War sie deshalb urplötzlich so unversöhnlich mit dem zweifellos instrumentalisierten DDR-Antifaschismus? Und war jene Instrumentalisierung dem Antifaschismus schuldhaft anzurechnen oder nicht vielmehr der mangelnden Demokratie, einem System, durch das letztlich alles zu propagandistischen Zwecken mißbraucht werden konnte? Geht es überhaupt noch um die Klärung von Sachfragen oder nur noch darum, wer sich in der wieder(nicht)ver-

einigten Linken die letzten zerknüllten Lorbeerblätter vor seine
Blöße halten darf?

Postfaschistisches Finanzgebaren

Tatsächlich hat es der bundesdeutsche Umgang mit der Vergangenheit nach der Einheit geschafft, nicht nur ein paar Autonome,
Studenten und Intellektuelle in ihrem ehrlich verinnerlichten antifaschistischen Engagement schwer zu kränken, sondern sogar
breiteste, oft unpolitische Schichten der DDR-Bevölkerung zutiefst zu empören.

Ich rede natürlich nicht von den alten Geschichten um Globke,
Oberländer und Lübke. Vom Gefühl her wird das in meiner Generation bereits unter Historie abgebucht, ähnlich wie die Verbrechen, die vor Stalins Tod in der DDR passiert sind. (Daß die Wald-
heim-Prozesse von 1950 das schwärzeste Kapitel in der DDR-
Justiz waren, wissen wir nun. Daß in den letzten 30 Jahren alle
Prozesse gegen Naziverbrechen in der DDR offenbar rechtmäßig
liefen, wissen wir auch.) Selbst die bundesdeutschen Vorfälle
jüngeren Datums (Bitburg, Jenninger-Rede) sind für die meisten
Ostdeutschen kein Thema.

Es geht einzig um die Verhaltensweise nach der Einheit. Und
auch da meine ich nicht die die Rechtsstaatlichkeit ins Zwielicht
bringenden Urteile wie die vom Bundesgerichtshof im März 1995
verkündete Freisprechung des Kriegsverbrechers Wolfgang Leh-
nigk-Emden. Schließlich wußte man ja, daß man einem Staat beitritt, in dem Leute wie der wegen Einrichtung des «Judenamtes»
von einem französischen Gericht zu lebenslanger Haft verurteilte
Franz Lischka, der SS-Sturmbannführer Kappler, der KZ-Aufse-
her Anton Malloth oder der Lagerkommandant Gerhard Maywald frei herumlaufen. (Maywald war im Lager Trostenez bei
Minsk verantwortlich für die Massenvernichtung von Juden. Von
1941 bis 1944 wurden dort 206000 Menschen ermordet. Er erhielt eine vierjährige Haftstrafe, die ihm jedoch erlassen wurde. Er
lebt seitdem unbehelligt im Saarland.)

In den USA sind solche Praktiken der ehemaligen Bundesrepublik immer mit Distanz betrachtet worden. Die für Aufklärung

von NS-Verbrechen zuständige Abteilung des amerikanischen Justizministeriums hatte gute Kontakte zu den entsprechenden DDR-Behörden. Als der Chef dieser Abteilung, Meal Sher, im Juni 1990 die Generalstaatsanwaltschaft der DDR zum letzten Mal besuchte, betonte er nachdrücklich, nur eine Bitte zu haben, wenn es zur Einheit käme: Man möge im Umgang mit Naziverbrechen die juristischen Maßstäbe aus der DDR übernehmen. Man bedeutete ihm, daß er solche Wünsche auf der westlichen Seite vorbringen müsse, da die Forderungen des Ostens bereits kein Gehör mehr fänden. Wie dieses Gespräch auf westlicher Seite lief, ist nicht verbürgt – bekannt ist nur das Ergebnis: Kein einziges DDR-Gesetz wurde übernommen. Dafür gab es keine Lobby. So ist die Chance verpaßt worden, die Unverjährbarkeit von Verbrechen gegen die Menschlichkeit zu übernehmen, wie sie im DDR-Recht fixiert war und auch in Frankreich, Italien und anderen westlichen Demokratien selbstverständlich ist.

All das haben die Ostdeutschen bestenfalls kopfschüttelnd zur Kenntnis genommen. Sie haben andere Sorgen. Etwas mehr Aufregung hat schon die Umbenennungswut westlicher Behörden hervorgerufen. Insbesondere die Bundeshauptstadt mußte bereinigt werden von Straßenschildern mit den Namen von kommunistischen Widerstandskämpfern, Spanienkämpfern und russischen Befreiern wie General Bersarin.

Während Verteidigungspfarrer Eppelmann in vorauseilendem Gehorsam sämtliche NVA-Kasernennamen, auch die von Antifaschisten, tilgte, wartet die Bundeswehr immer noch mit Dutzenden Namen fragwürdigster Nazigeneräle, Freikorpskommandeure und Kaiserlicher Kolonial-Offiziere auf. Auch die Pommern-, Ostpreußen-, Ostmark- und Deutschordenkaserne berechtigen zu den schönsten Hoffnungen.

Aber all das hat die Ostler nicht auf die Barrikaden gebracht. Was sie unter den neuen Bedingungen wirklich im Innersten trifft, ist das GELD. Die Zuweisung oder Aberkennung von Geld ist das täglich stattfindende Jüngste Gericht. Darin materialisiert sich die verordnete Moralität. Finanzdaumen nach oben – schon reservieren die Englein ein himmlisches Plätzchen. Finanzdaumen nach unten – schon bereiten die Teufelchen einen höllischen Kessel.

Ein paar Beispiele mögen genügen, den Trend zu verdeutlichen. Das *Bundesbesoldungsgesetz vom März 1992* hat folgendes verordnet: Als öffentlich-*rechtliche* Dienstherren werden im § 29 nicht nur alle Körperschaften, Anstalten und Stiftungen aus dem Dritten Reich anerkannt, sondern ausdrücklich auch jene Herren im *öffentlichen* Dienst, die bis zum 8. Mai 1945 Personen deutscher Staatsangehörigkeit oder Volkszugehörigkeit in den durch Kriegseroberung dem Reich angegliederten, besetzten Gebieten beschäftigt hatten. Mit anderen Worten: Alle Tätigkeiten in Institutionen des Reichs und in den eroberten Gebieten waren öffentlich und rechtlich, so daß diese Dienstjahre heute uneingeschränkt für Gehalt und Rente angerechnet werden.

Gleich im darauffolgenden § 30 geht es um Tätigkeiten in der DDR. Erhebliche Abstriche bei der Berechnung von Dienstjahren für die Entlohnung haben alle in Kauf zu nehmen, bei denen eine «besondere persönliche Nähe zum System» vermutet werden kann. Den Vermutungen wird dann auch gleich freier Lauf gelassen: Als belastet gilt, wer «eine hauptamtliche oder hervorgehobene ehrenamtliche Funktion in der SED, dem FdGB, der FDJ oder einer vergleichbaren systemstützenden Partei oder Organisation innehatte oder als mittlere oder obere Führungskraft in zentralen Staatsorganen... tätig war oder hauptamtlich Lehrender an den Bildungseinrichtungen der staatstragenden Parteien oder einer Massen- oder gesellschaftlichen Organisation war oder Absolvent der Akademie für Staat und Recht oder einer vergleichbaren Bildungseinrichtung war».

Zu diesen Oberrichtlinien gibt es ein unüberschaubares Gestrüpp aus Rundschreiben und Empfehlungen, die von Evaluierungskommissionen in Ländern, Städten, selbst in einzelnen Stadtbezirken unterschiedlich ausgelegt werden. Die Betroffenen haben die Evaluierer, die über sie entscheiden, nie gesehen und schildern ihren Zustand als «kafkaeskes Zittern».

Das nach der Wende erlassene Bundesbesoldungsgesetz legt also fest, daß es nicht ehrenrührig war, den Nazis zu dienen, um so mehr aber den Kommunisten. Das Dritte Reich war ein unrechter Rechtsstaat, die erste DDR ein Unrechtsstaat, und das muß sich, bitte schön, auch in der Dienststellung und im Portemonnaie abzeichnen zur ewiglichen Mahnung.

Zur Nichtanerkennung der DDR-Dienstjahre kam im Juni 1991 bereits die Nichtanerkennung von in der DDR erworbenen Rentenansprüchen durch das *Rentenüberleitungsgesetz*. In seiner «Problemstellung» behauptet es einfach, daß die Rentenlösung des Einigungsvertrages «weder zu sachgerechten noch zu sozialpolitisch vertretbaren Ergebnissen führen würde. Die Vorgaben des Einigungsvertrages ... sind deshalb nicht einzuhalten» (BT-DS 12/405). Damit war der Weg frei zu einem seit Bismarck in der Sozialgesetzgebung einmaligen Strafrecht. Pauschale Rentenkappungen sind eine Form von Enteignung. Folgerichtig kam das Kasseler Bundessozialgericht im Sommer 1995 nicht umhin, sie als grundgesetzwidrig zu bewerten. Inzwischen liegen von allen Parteien Novellierungsentwürfe vor. Bereinigt werden sollten nur noch überhöhte Einkommen von Stasi, Armee und Polizei. (In anderen Bereichen sind keine Gehaltsprivilegien festgestellt worden.) Wahlkämpfe wurden dazu mißbraucht, den Eindruck zu erwecken, als stünde eine solche Korrektur der Rentenüberleitung unmittelbar bevor. Doch das würde Geld kosten, und deshalb tut sich in Bonn bislang überhaupt nichts.

Wenn es dabei bleibt, würden in dieser und der nächsten Generation rund vier Millionen ostdeutschen Versicherten Ansprüche aus eingezahlten Beiträgen vorenthalten: Fast 1,8 Millionen Rentnerinnen und 400 000 Rentnern werden die Auffüllbeträge abgeschmolzen, obwohl die Ostrenten erst 77 Prozent der gleichartigen Westrenten betragen. Über eine Million Frauen mit eigenem Rentenanspruch erhalten ungünstigere Zurechnungszeiten, zum Beispiel für Kindererziehung und Studium, aber auch Frauen, die in der Landwirtschaft tätig waren, und mitarbeitende Ehefrauen von Handwerkern und Selbständigen, die in der DDR bis 1970 von Beitragszahlungen befreit waren. Befreit waren auch Blinde und Behinderte, ihre Zeiten der Berufstätigkeit werden jetzt nur als Jahre mit Invalidenrente berechnet. Benachteiligt sind ebenso bestimmte Berufsgruppen, deren frühere Sonderregelungen nicht übernommen wurden: Pädagogen, Beschäftigte der Bahn, der Post und des Gesundheitswesens. Die Treuhand hat außerdem arbeitsrechtlich geschützte Betriebsrenten abgeschafft. 358 000 Empfänger von Zusatz- und Sonderversorgungen, darunter 72 000 Angehörige der Intelligenz, sind auf eine willkürlich reduzierte Kappungsgrenze festgelegt worden, die Rentenerhöhungen ausschließt.

Das Gesetz erfüllt nicht einmal die Ansprüche an ein Jüngstes Gericht, da es keine Einzelurteile ausspricht, sondern, als Geschichtsjustiz verkleidet, ganze Berufsgruppen abstraft: Mitarbeiter von Parteien, Organisationen und aus dem Staatsapparat, Generaldirektoren und LPG-Vorsitzende, Juristen, Ärzte, Apotheker, Wissenschaftler, Journalisten, Ingenieure und Feuerwehrmänner. In Kollektivhaftung werden sie – ganz ohne Ehrenkommission und IM-Vorwurf – von vertraglich erworbenen vermögenswerten Rechten enteignet. (Kein Krimineller in der Bundesrepublik verliert den Anspruch auf seine eingezahlten Rentenbeiträge. Normalerweise unterscheidet eine Rentenversicherung Versicherte und Nichtversicherte, nicht aber Täter und Opfer.) Die DDR-Elite, die man mit diesem Gesetz glaubt erfaßt zu haben, wird ohne Gerichtsurteil kriminalisiert und praktisch lebenslänglich zu hohen monatlichen Geldstrafen verurteilt. Gleichzeitig werden den Kindern der so unter das Existenzminimum Geratenen erhebliche Versorgungslasten aufgebürdet.

Eben diese doppelte Degradierung hat bei sehr vielen Menschen Empörung und Verbitterung erzeugt. Ein Teil reagierte gedemütigt und resigniert, ein anderer versuchte seine Wut konstruktiv zu machen. So entstand eine Vielzahl von Zusammenschlüssen: die Gesellschaft zum Schutz von Bürgerrecht und Menschenwürde, der Akademische Ruhestandsverein, die Brandenburger Rentnerinitiative, der Sächsische Verein für Gleichstellung und sozialen Schutz, das Sozialwerk des Demokratischen Frauenbundes, die Interessenvertretung der Verfolgten des Nationalsozialismus, die Komitees für Gerechtigkeit und andere mehr.

Unzählige Details belegen den staunenden Beigetretenen die *Rechts*lastigkeit bundesdeutscher Geldgunst: Den Antifaschisten aus der DDR, die als Kämpfer gegen den Faschismus galten, sind ihre VdN-Renten nach der Wende um 300 Mark gekürzt worden, auf den Status der Verfolgtenrenten, die in den Altbundesländern allerdings noch viel niedriger sind. Sicher, 1700 Mark waren in der DDR eine Menge Geld, aber verglichen etwa mit den über 5000 Mark Pension, die der Bund monatlich an die Witwe des Volksgerichtshofspräsidenten Freisler zahlt, natürlich ein Klacks.

Durch die Herabsetzung drängt sich der Eindruck auf: Aktiver Widerstand lohnt sich nicht. Angesichts deutscher Zurückhaltung in Sachen Zivilcourage eine kontraproduktive finanzielle Stimulierung.

Wie anders soll man es deuten, wenn deutsche (auch deutschjüdische) Emigranten, die in den Armeen der Alliierten oder bei den Partisanen in den besetzten Ländern gegen Hitler kämpften, diese Zeiten weder auf die Rente angerechnet bekommen, noch Anspruch auf Entschädigung haben? Dagegen ist das seit Anfang der fünfziger Jahre geltende *Gesetz über die Versorgung der Opfer des Krieges* eigentlich eher ein Täterversorgungsgesetz. Preußisch pingelig werden alle zu Ansprüchen berechtigenden, ehrenhaften Tätigkeiten der Wehrmachtsangehörigen aufgelistet. Dazu zählt nicht nur das Kriegführen allein, es werden etwa auch die zur Wehrmacht abgeordneten Reichsbahnbediensteten, ja sogar «das ständige Begleitpersonal der Sonderzüge» (!) nicht vergessen (§ 3 Abs. 2 e). Auch der Dienst in der Armee «eines dem Deutschen Reich verbündet gewesenen Staates» wird anerkannt.

Nur so konnte passieren, daß plötzlich – kaum hatte Lettland seine Unabhängigkeit von der Sowjetunion erklärt – die deutsche Justizbürokratie auf die Idee kam, Kriegsversehrtenrenten nach dem Bundesversorgungsgesetz nun auch an die lettischen Legionäre der Waffen-SS auszuzahlen. Dabei handelt es sich wohlgemerkt um Hilfswillige, die mit großer Wahrscheinlichkeit an der massenhaften Ermordung lettischer Juden beteiligt waren. Was in den Köpfen solcher Ministerialbeamten vorgeht, möchte ich wirklich gern wissen. Zumal diese Großzügigkeit formaljuristisch nicht einklagbar wäre. Schließlich ist die SS in Nürnberg zu einer verbrecherischen Organisation erklärt worden; diese Urteile sind geltendes Völkerrecht, welches laut Grundgesetz (Art. 25) wiederum Bestandteil des Bundesrechts ist.

Während der öffentlichen Anhörung der Enquete-Kommission «Zur Auseinandersetzung mit den beiden Diktaturen in Deutschland» im Mai 1994 sprach der Mitbegründer von Demokratie Jetzt, Ludwig Mehlhorn, das Problem an: «Es ist bis heute, jedenfalls für mich, eine Verletzung des Rechtsempfindens, wenn etwa Angehörige der Deutschen Wehrmacht, sogar der SS, auch wenn sie Bürger anderer Staaten sind, eine reguläre Rente der Bundesrepublik Deutschland beziehen, während ehemalige KZ-Häftlinge und Zwangsarbeiter bestenfalls mit einer symbolischen Einmalzahlung abgefunden werden.» Die anwesende westliche Wissenschafts-, Philosophie- und Politprominenz ließ ihre Totalitarismusreflexionen auf so profane Niederungen nicht herabziehen. Der langjährige Leiter für die Wiedergutmachung von NS-Unrecht, Eberhard Hubrich, verwies immerhin auf das Gesetz zu Art. 131 GG, wonach auch ausländische SS-Angehörige wie Berufssoldaten entschädigt werden, und fügte – dabei nicht sehr glücklich wirkend – hinzu: «Das ist eine Entscheidung des deutschen Gesetzgebers gewesen.»

Ich kann aus dem vieldiskutierten Art. 131 GG keine Notwendigkeit zur Entschädigung von SS-Angehörigen ableiten. Wenn Juristen das können, muß dieser Artikel des Grundgesetzes eben geändert werden. Er ist sowieso eine reine Luftnummer: «Die Rechtsverhältnisse von Personen», die während der Nazizeit im öffentlichen Dienst tätig waren, «sind durch Bundesgesetz zu regeln». Nicht der geringste Anhaltspunkt dafür, in welcher Weise sie zu regeln wären. Ein Gesetz, das zu dem Schluß gekommen wäre, daß Nazibeamte auf Grund ihres außerordentlichen Anteils am Funktionieren der deutschen Kriegs- und Mordmaschine ihre *althergebrachten Rechte* verwirkt haben, da sie sich in dieser Zeit auch nicht an ihre *althergebrachten Pflichten* gehalten haben, wäre eine durchaus angemessene *Regelung* gewesen. Ein solches Gesetz hätte auch der Kontrollratsdirektive der Alliierten vom 12. Januar 1946 entsprochen, wonach einem aktiven NSDAP-Genossen «*kein Anspruch auf Ruhegehälter oder andere Beamtenrechte*» eingeräumt werden sollte, «*um seinem Einfluß ein Ende zu setzen*».

Das Bundesgesetz hat dann im Mai 1951 den unklaren Verfassungsauftrag allerdings sehr klar als beabsichtigte Fürsorgeregelung verstanden: Nazibeamte haben Anspruch auf Versorgung und sind – noch wichtiger – zu übernehmen. Solche Privilegien billigt das Grundgesetz keiner anderen (Opfer-)Gruppe zu. Zwar waren «Entnazifizierte» mit der Einstufung *Hauptschuldiger* oder *Belasteter* von den Ansprüchen ausgeschlossen, aber diese Kategorien waren 1951 «so gut wie inexistent», schreibt Jörg Friedrich. «Solche Spruchkammerbescheide waren selten ergangen. Ausnahmen beseitigte der Gnadenweg.»[8] Als sich der Polizeipräsident von Westberlin dagegen wehrte, Gestapo- und SS-Offiziere einzustellen, wurde er unter Berufung auf Art. 131 GG dazu gezwungen. Man kann sich also in dieser Frage immer durch das Grundgesetz legitimieren, obwohl dort inhaltlich gar nichts darüber steht.

Diese fatale Rechtslage hat übrigens dazu geführt, daß in der frühen Bundesrepublik prozentual mehr (einstige) NSDAP-Mitglieder verbeamtet waren als in der Nazizeit selbst. Denn schließlich mußten auch alle ins Land strömenden Beamten aus den verlorenen Ostgebieten und der sowjetischen Besatzungszone beschäftigt werden.

Und heute? Überflüssig zu erwähnen, daß das Bundesarbeitsgericht in Kassel die Auffassung des Berliner Senats bekräftigt hat, wonach ehemalige Offiziere der Volkspolizei keinen Anspruch darauf haben, im höheren Polizeidienst weiterbeschäftigt zu werden. Art. 131? Wer eine aktuelle Ausgabe des Grundgesetzes hat, wird dort eine kleine Fußnote finden und im Anhang dann den Satz: «Für das Gebiet der ehem. DDR gilt Art. 131 gem. Einigungsvertrag vorerst nicht.» So geht das.

Es wäre ein Trugschluß, anzunehmen, alle Freiwilligen seien so zuvorkommend behandelt worden wie die der lettischen SS. Ein Beispiel: Solange Franco an der Macht war, nahm man in der Bundesrepublik auf diesen Diktator Rücksicht und ließ die deutschen Freiwilligen in den Internationalen Brigaden ohne rechtliche Versorgungsansprüche. Erst Ende der achtziger Jahre ist die Kriegsopferversorgung auch auf die Spanienkämpfer ausgedehnt worden. So klammheimlich allerdings, daß viele (der wenigen noch lebenden) Betroffene und auch viele Behörden gar nichts davon wissen. Rentenrechtlich ist die Zeit in Spanien nach wie vor eine verlorene.

Die Kriegsdienstverweigerer und Deserteure müssen noch etwas länger durchhalten. Sie galten nicht als Kriegsopfer, da sie sich ja heimtückisch und feige aus dem Morden und Gemordetwerden davongestohlen hatten. Erst 50 Jahre nach Kriegsende scheint es dank andauernder, unermüdlicher Gesetzesinitiativen der Grünen nun zu gelingen, im Bundestag eine Mehrheit für eine Rehabilitation zu gewinnen. Dennoch nahmen Abgeordnete der

CDU/CSU die NS-Militärjustiz teilweise in Schutz und mahnten, auch die Gefühle jener deutschen Soldaten zu beachten, die in dem Glauben gekämpft hätten, ihrem Land zu dienen. So viel Zartgefühl kann ich nach 50 Jahren Kriegsaufarbeitung und Enthüllungen über Wehrmachtsgreueltaten wirklich nicht mehr aufbringen. (Die Gefühle jener deutschen Soldaten, die in dem Glauben gelebt haben, der DDR zu dienen und die, soviel ich weiß, nie Krieg geführt haben, dafür heute aber Strafrenten kriegen, beachtet doch wohl auch niemand.)

Ganz offensichtlich wird die Doppelmoral in folgenden Fällen: Wenn ein junger Wehrmachtsangehöriger oder NS-Staatsdiener später Antifaschist wurde und in der DDR einen der zahlreichen Berufe ergriff, die heute als staatsnah gelten, so wird er bei der Berechnung seiner heutigen Rente belohnt für seine Leistungen unter Hitler, aber bestraft für die unter Honecker. Muß man sich das bieten lassen?

Renten dürfen nicht zu politischer Disziplinierung mißbraucht werden. Selbst in der DDR gab es kein Rentenstrafrecht für Nazis. Insofern ist der Bundesrepublik auch nicht vorzuwerfen, daß in der Nazizeit erworbene Rentenansprüche anerkannt wurden, sondern daß darüber hinaus durch Art. 131 GG, für den es in der DDR nichts Gleichwertiges gab, die alte Elite vor allen anderen privilegiert, in die einflußreichsten und damit bestbezahlten Posten gehievt wurde und sich so zusätzlich neuerworbene Ansprüche auf Höchstrenten sichern konnte. Dagegen hat die einstige DDR-Elite im öffentlichen Berufsleben heute keine Chance – was bei der sattsam bekannten Sorte von Funktionären und Apologeten angebracht, in vielen anderen Fällen aber, wie in der Industrieforschung, in der Medizin, in weiten Bereichen des Hochschulwesens und der Kultur, völlig unangemessen ist. Statt eines differenzierenden Artikels 131 haben wir Ostdeutsche obendrein noch das Rentenstrafrecht bekommen – eine Ungleichbehandlung, für die es keine juristische und politische Rechtfertigung gibt.

Entschädigt wird, und das ist gut so, wer mit der DDR in politischen Konflikt geraten ist und dabei Repressionen aller Art zu erleiden hatte. Die Unabhängige Untersuchungskommission, in der ich lange gearbeitet habe, gehörte zu den ersten, die ein solches

Gesetz forderten. Inzwischen konnte dafür gesorgt werden, daß die Betroffenen wenigstens etwas Genugtuung erhielten.

Dennoch bleiben auch hier Beunruhigungen. Zwei Beispiele, die die Tendenz verdeutlichen: Der unlängst im Alter von 71 Jahren verstorbene Philosoph Wolfgang Harich gehörte zu den prominentesten politischen Häftlingen der DDR. Wegen «Bildung einer konspirativen staatsfeindlichen Gruppe» mußte er über acht Jahre in Bautzen absitzen, was nicht ohne gesundheitliche Folgen blieb. Als erster in der DDR überhaupt kümmerte er sich seit 1971 um ökologische Fragen. Resigniert ging er Ende der siebziger Jahre nach Österreich, um schon drei Jahre später, von der westlichen Welt ebenfalls desillusioniert, wieder in die DDR zurückzukehren. Daß er ein sehr eigenwilliger, unberechenbarer Kopf war, daß er nach der Wende eine Alternative Enquete-Kommission Deutsche Zeitgeschichte ins Leben rief, die den Weg zur Einheit scharf kritisierte, hat ihm nicht nur Sympathien eingebracht. Als er einen Antrag auf Entschädigung nach dem SED-Unrechtsbereinigungsgesetz stellte, reichten den Behörden seine Prozeß- und Haftunterlagen nicht aus. Er sollte nachweisen, welche Einkünfte er im Laufe seines Lebens hatte. Doch Philosophen sind keine Sammler von Steuerbelegen. Da er jahrelang nicht publizieren durfte, gab es auch nicht viel zu belegen. Der geschwächte Harich, der sich mit seiner Rente von 1340 Mark keine Pflegekraft leisten konnte, sah sich zu dem Aufwand, die geforderten Bescheinigungen zu besorgen, nicht in der Lage. So ging er leer aus. Ob seine Witwe etwas bekommt, ist noch nicht entschieden.

Das andere Beispiel: Nachdem Margot Pietzner öffentlich aus einem Manuskript über ihre zehnjährige Haft in Bautzen gelesen hatte, bekam sie eine Entschädigung von 64 350,– Mark. Die Bearbeitungszeit in der zuständigen Behörde betrug ganze zwölf Arbeitstage. Im Hintergrund hatten einige Gönner die Fäden gezogen. Frau Pietzner bekam Post von einem unbekannten Anwalt: «Wir hatten uns auf Anregung des Bundesministers der Justiz, Dr. Kinkel, bereit erklärt, unentgeltlich Ihre Rehabilitation zu betreiben und Entschädigungsansprüche geltend zu machen und durchzusetzen» (*taz* 1.12.94). *Durchsetzen* also. Keine Rede von Lohnbescheinigungen. Sonst hätte man den Namen auf den Gehaltslisten der SS für das Frauen-Konzentrationslager Ravensbrück gefunden. Aber die Gönner wußten auch so Bescheid – Frau Pietzner hat nie einen Hehl aus ihrer Tätigkeit als KZ-Aufseherin gemacht. Nur den von Überlebenden in einer Broschüre veröffentlichten Aussagen, nach denen sie für Schläge, Quälereien und Bestialitäten bekannt gewesen sein soll, widersprach sie heftig. Außer an eine Backpfeife mochte sie sich an nichts erinnern.

Trotz erheblicher öffentlicher Aufregung wurde die Zahlung für Rechtens erklärt. An Zufälle zu glauben wird einem mit bürokratischer Bemessung ausgetrieben, die Maßeinheit für staatlich anerkanntes Leid ist: Deutsche Mark. Ein Haftmonat in einem DDR-Gefängnis bringt 550 Mark. Ein Monat im KZ bringt ganze 150 Mark.

Es ist dieses *postfaschistische Finanzgebaren* der Bundesrepublik, das viele Ostdeutsche in ihrem Rechtsempfinden verletzt. Jene langen schwarzen Schatten in den Ministerien der Finanzen, der Arbeit und der Justiz waren es, die mich nach dem Beitritt das Gruseln gelehrt haben.

In Osteuropa leben schätzungsweise noch 600 000 KZ-Häftlinge, die bis heute keinen Pfennig bekommen haben. Zwar existiert seit Mitte 1994 eine Stiftung, die wenigstens betroffenen Russen, Weißrussen, Ukrainern und Polen bei Bedürftigkeit einen *einmaligen Härteausgleich* zwischen 1100 Mark und 1800 Mark zahlen kann, aber ein Rechtsanspruch besteht nicht. Und die Bearbeitungszeit im für Ausländer einzig zuständigen Archiv im hessischen Arolsen kann bis zu drei Jahre dauern.

Zügiger geht es da schon beim Bundesamt zur Regelung offener Vermögensfragen zu, das über den Fonds für die Entschädigung der von den Sowjets nach dem Krieg Enteigneten verfügt. Auch Aktien von IG Farben stapeln sich in den Tresoren des Bundesamtes. Wenn dessen Präsident Schäfer, unter anderem zuständig für die Anleitung und Schulung der 5500 Mitarbeiter in den Ämtern und Landesämtern, öffentlich erklären kann: «Ich kenne den Fall IG Farben nicht so genau, nur so als Bürger und Interessierter... Es ist ja auch allgemein bekannt, daß sie sich an Sachen beteiligt haben, die wir heute sehr mißbilligen», ist das schon bemerkenswert. «Ich war damals noch nicht geboren», sagt Schäfer, angesprochen auf die Lieferungen des Giftgases Zyklon B für die Konzentrationslager. Er wisse nicht, «ob das ein Unternehmen von IG

Farben war. Ich habe mal gelesen, das war ein Hamburger Unternehmen.» [9]

Wenn so der oberste Sachkundige auf diesem Gebiet redet, und in der Öffentlichkeit gibt es keinen Aufschrei, dann habe ich wirklich nicht das Gefühl, auf ein von den 68ern geistig vorbereitetes Terrain geraten zu sein. Vielmehr entsteht der Eindruck: Wir müssen noch einmal ganz von vorn anfangen! Wo sind sie denn geblieben, die Väter, die damals von ihren Kindern so unbarmherzig befragt wurden? Und wo die Töchter und Söhne, die damals so viel aus den Antworten ihrer Eltern gelernt haben?

Verdrehung von Quellenmaterial

Unbegreiflich, daß man selbst die aus dieser Generation stammende Antonia Grunenberg darauf aufmerksam machen muß, daß es verfehlt ist, von «nationalsozialistischen Systemen» zu reden. Wenn schon dieser Begriff, dann steht uns Deutschen der Plural nun mal nicht zu. In ihrem Buch [10] behauptet die Autorin – und darauf baut ihr ganzes Gedankengebäude auf –, der Antifaschismus-Begriff der Linken sei von Anfang an gar nicht wirklich gegen den Faschismus, sondern primär gegen die Demokratie gerichtet gewesen. Immer wenn ich etwas mir völlig Neues höre, bin ich natürlich dankbar und erwarte neugierig die Beweise. Wenn die dann aber so dünn ausfallen wie in diesem Fall, hält sich meine Dankbarkeit in Grenzen.

Für ihre schwerwiegende These gibt es bei Antonia Grunenberg nur zwei Belege: Erstens wurde der Begriff Antifaschismus nach dem Geschmack der Autorin schon verräterisch früh aufgegriffen, «nicht erst zu Beginn oder in der unmittelbaren Vorphase der nationalsozialistischen Herrschaft», sondern «1924 in der Stabilisierungsphase der Weimarer Republik». *Premature* (verfrühten) *antifashism* nannte Thomas Mann ähnliche Vorwürfe in den USA, die eine Geisteshaltung verdächtigten, die schon vertreten wird, bevor sie staatlich sanktioniert ist.

War 1924 zu früh? Hatte nicht bereits im Herbst 1920 im Reichstag und ein Jahr später in der Berliner Stadtverordnetenversammlung die *Ostjudendebatte* veranschaulicht, daß Antisemitismus unter Politikern mehr als latent gegenwärtig war? Ich erinnere an die Bücher der mutigen Anna Rosmus, in denen sie beschreibt, wie die Hakenkreuzfahne 1923 ganz offiziell im Passauer Dom geweiht wurde und der Begriff *Konzentrationslager* zu dieser Zeit bereits ein normales Umgangswort des Passauer Bürgertums war. Und welches Bild bot Europa? Hatte nicht zum Beispiel Ungarn im Zeitraffer alles schon vorweggenommen? Im März 1919 proklamierte der von Sozialdemokraten und Kommunisten gebildete Revolutionäre Regierende Rat die Ungarische Räterepublik. Die innere und äußere Reaktion brauchte nur ein halbes Jahr, um diese Regierung zu stürzen. Sodann wurden eilig alle Vorbereitungen getroffen, um dem Faschisten Horthy 1920 die Macht zu Füßen zu legen. In Italien übernimmt Mussolini 1922 die Regierung. 1923 findet in Bulgarien ein blutiger faschistischer Staatsstreich statt; im gleichen Jahr errichtet General Primo de Rivera eine faschistische Militärdiktatur.

Ab wann, bitte schön, soll es denn legitim gewesen sein, sich gegen all das zu wehren? Und sei es auch nur mit einem Begriff? Und dieser Begriff war natürlich unsicher und suchend und sehr kontrovers in der Linken. In der Kommunistischen Internationale hat er erst im Dezember 1933 mit der später Dimitroff zugeschriebenen Definition einen mehrheitlichen Konsens gefunden: Faschismus als offene, terroristische Diktatur der reaktionärsten, am meisten chauvinistischen, am meisten imperialistischen Elemente des Finanzkapitals, die alle bürgerlich demokratischen Freiheiten vernichtet. Diese Erklärung war zweifellos unzureichend, da sie das Phänomen nur von oben, nicht aber von unten, von den Ambitionen der Volksmassen, betrachtete. Die Analyse des unheilvollen Zusammenspiels von Kapital und politischer Macht war dennoch der richtige Schlüssel zum Verständnis der eigentlichen Interessenlage hinter den Kulissen.

Als zweiten Beleg für ihre These führt Antonia Grunenberg eine historische Quelle an, nämlich die Eröffnungsrede der Alterspräsidentin des Deutschen Reichstages vom 23. August 1932. Die 75jährige Clara Zetkin war zu diesem Zweck auf geheimen Wegen aus ihrem sowjetischen Exil angereist. Augenzeugen beschrieben die atemlose Spannung im Reichstag, als die alte Dame, geleitet von Wilhelm Pieck, ans Pult trat. Grunenberg liest diese Rede heute als «Beurteilung der Weimarer Republik», in der Demokratie als etwas latent Faschistisches angesehen wird, und nicht wie ich als verzweifelten Notruf am Vorabend von Hitlers Machtübernahme:

> «Die politische Macht hat zur Stunde in Deutschland ein Präsidialkabinett an sich gerissen, das unter Ausschaltung des Reichstags gebildet wurde... Schwerstens belastet ist das Schuldkonto des Präsidialkabinetts durch die Morde der letzten Wochen, für die es die volle Verantwortung trägt durch die Aufhebung des Uniformverbots für die nationalsozialistischen Sturmabteilungen und durch die offene Begönnerung der faschistischen Bürgerkriegstruppen.» [11]

Unzweifelhaft wird hier nicht die Demokratie angegriffen, sondern der Abbau von Demokratie. Doch diese Passage zitiert die Professorin für Politische Wissenschaft nicht. Sie stützt ihre These auf eine andere Stelle der Zetkin-Rede:

> «‹Die Ohnmacht des Reichstags und die Allmacht des Präsidialkabinetts sind der Ausdruck des Verfalls des bürgerlichen Liberalismus, der zwangsläufig den Zusammenbruch der kapitalistischen Produktionsweise begleitet. Dieser Verfall wirkt sich auch voll aus in der reformistischen Sozialdemokratie, die sich in Theorie und Praxis auf den morschen Boden der bürgerlichen Gesellschaftsordnung stellt. Die Politik der Papen-Schleicher-Regierung ist nichts anderes als die unverschleierte Fortsetzung der Politik der von den Sozialdemokraten tolerierten Brüning-Regierung, wie dieser ihrerseits die Koalitionspolitik der Sozialdemokratie als Schrittmacherin vorausgegangen ist.› Clara Zetkins Rede zeigt exemplarisch eine Denkungsart, die mit Zirkelschlüssel arbeitet, um die komplexe Welt auf einfache Kausalitätsverhältnisse zu reduzieren», [12]

kommentiert Antonia Grunenberg. Unabhängig vom historischen Wahrheitsgehalt der Zetkinschen Thesen fällt mir sofort eins auf: Zirkelschlüsse sind in dieser Passage (und in der gesamten Rede) weit und breit nicht zu finden, ja, es gibt nicht nur keinen Circulus vitiosus, sondern überhaupt keinen Syllogismus in diesen Zeilen. Wenn jemand eine Kontinuität in der Geschichte zu erkennen glaubt, können nur Vulgärlogiker daraus einen Denkkreis machen. Gerade weil Clara Zetkin nicht die für die Beweisführung benötigten Schlüsse zieht, muß die zitierte Passage noch mal ins Grunenbergsche übersetzt werden:

48

«Sie (sagt A. G. über C. Z.) argumentiert folgendermaßen: Wenn es zutrifft, daß die kapitalistische Entwicklung auf den Zusammenbruch hinausläuft, dann kann die Schwäche des Parlaments ebenso als Zeichen des Zusammenbruchs gewertet werden, wie die Reformstrategie der Sozialdemokraten (wenn doch jede reformistische Partei gleich eine Reformstrategie hätte! D. D.) als nutzloser Versuch anzusehen ist, diesen Zusammenbruch aufzuhalten. Wenn die Sozialdemokratie die Papen-Schleicher-Regierung unterstützt, dann ist sie ebenso eine Helfershelferin des Faschismus, wie Papen/Schleicher die Statthalter des Faschismus sind. Eine solche Kette formal logischer Schlüsse kann beliebig fortgesetzt werden.»[13]

Zunächst fällt mir wieder die pejorative Deutung von *formal logisch* auf. Als ob solche Schlüsse niemals wahr sind. Die formale Logik ist aber die *Lehre vom richtigen Denken*. Wer gegen die formale Logik verstößt, denkt falsch. Die Regeln des deduktiven Schließens, in denen sich die Autorin hier versucht, bestimmen, daß jeder Syllogismus, also jeder logische Schluß, einen Mittelbegriff haben muß, der sowohl in einer der Prämissen vorkommt wie auch in der Schlußfolgerung. Wird dagegen verstoßen, handelt es sich um eine *unzulässige Verallgemeinerung*. In der Grunenbergschen Zetkin-Übersetzung kommen im Schlußsatz gleich zwei Termini vor, die durch keinerlei Mittelbegriff eingeführt sind: Papen-Schleicher-Regierung und Faschismus. So was ist selbst in verkürzten Syllogismen streng verboten. Ich kann nicht umhin, darauf zu verweisen, daß solche Pseudoschlüsse eben nicht logisch, sondern ideologisch sind. Mit Überraschung mußte ich zur Kenntnis nehmen, daß die bewußte Verdrehung von Quellenmaterial auch in der westlichen Betrachtung von Zeitgeschichte ein probates Mittel ist. Ich komme darauf in anderen Kapiteln zurück.

Zetkin, deren Rede mir in manchem, nicht zuletzt in der Sprache, fremd ist, bringt jedenfalls die Sozialdemokraten in keinen direkten Zusammenhang mit den Faschisten – obwohl sich die KPD zu dieser Zeit von ihrer verhängnisvollen Sozialfaschismus-Theorie noch nicht getrennt hatte. Aber darum geht es ja eigentlich auch gar nicht. Die zu beweisende These war, daß der Antifaschismus in der Weimarer Republik Zeichen für ein fehlendes demokratisches Grundverständnis war. Und genau dazu taugt als einziger Beleg Zetkins Rede «Es gilt, den Faschismus niederzuringen!» nicht:

> «Das Gebot der Stunde ist die Einheitsfront aller Werktätigen, um den Faschismus zurückzuwerfen, um damit den Versklavten und Ausgebeuteten die Kraft und die Macht ihrer Organisation zu erhalten, ja sogar ihr physisches Leben. Vor dieser zwingenden geschichtlichen Notwendigkeit müssen alle fesselnden und trennenden politischen, gewerkschaftlichen, religiösen und weltanschaulichen Einstellungen zurücktreten.» [14]

Der vorgeschlagene Weg ist freilich radikal, aber auch angesichts der drohenden Diktatur nicht außerhalb der Demokratie: Begleitet von Massenstreiks, möge es der Reichstag als seine zentrale Aufgabe erkennen, die verfassungswidrige Regierung, die den Reichstag durch weitere Verfassungsbrüche vollständig zu beseitigen drängt, zu stürzen.

Für den Nachweis, daß Kommunisten den Weimarer Zuständen nicht trauten, könnte ich mit viel besseren Zitaten aufwarten. Trotzki etwa hielt den Reichstag von 1932 schon nicht mehr für eine Demokratie, sondern für ein «bonapartistisches Experiment», also für den Versuch, eine «militärisch-polizeiliche Diktatur» zu errichten. Das Parlament ohne Mehrheit, mit unversöhnlichen Flügeln, ließe mit aller Anschaulichkeit die Grenzen der Demokratie hervortreten. «Wo es um die Grundfesten der Gesellschaft selbst geht, entscheidet nicht die parlamentarische Arithmetik. Da entscheidet der Kampf.» Zu dieser zunächst nur von den Kommunisten benannten Einsicht kamen zehn Jahre später auch andere: Als 1942 Verschwörer des 20. Juli Geheimkontakte zu dem Gewerkschafter Wilhelm Leuschner aufnahmen, um abzuklären, ob ihre Umsturzpläne mit einem Generalstreik zu unterstützen seien, wurden ihre Hoffnungen gedämpft: Die Arbeiterorganisationen waren zerschlagen, die besten Leute ermordet oder im KZ.

Nein, die Behauptung, der Antifaschismus sei von Anfang an verfehlt gewesen, ist unbewiesen. Da muß auch Antonia Grunenberg noch einmal ganz von vorn anfangen.

Nichts als bloße Verordnung?

Warum eigentlich besteht man so vehement auf dieser Delegitimierung? Ist es die Angst, sich bei der Vereinigung mit Leuten konfrontiert zu sehen, die auch nur den geringsten Anlaß haben könnten, sich moralisch gleichwertig oder gar überlegen zu fühlen? Ist es die Angst vor einem Antifaschismus, der «ein Mittel zur Diffamierung der BRD» ist, wie es Joachim Bloch, Direktor des Bundesamtes für Verfassungsschutz, ausgekundschaftet hatte?

Ein konsequenter Antifaschismus hätte auch ein Mittel zur Kritik totalitärer Tendenzen der DDR sein müssen. Genau hier liegt sein Versagen und die Berechtigung des Einwandes, er sei in dieser Zeit zu machtpolitischen Zwecken instrumentalisiert worden. Selbst wenn die analytische Frage: Welche Kräfte haben den Faschismus eigentlich wozu gebraucht? im Osten eine genauere und plausiblere Gesellschaftskritik ermöglichte, blieben die eher dunklen Motive der verführten Massen unberührt und Ähnlichkeiten zu realsozialistischen Strukturen tabuisiert. Daran hatten offenbar sowohl die Massen als auch die Herrschenden Gefallen.

Die Debatte über den verordneten Antifaschismus hat zahllose Beispiele zu diesem Phänomen angeführt. Vieles davon war mir bekannt, manches wußte ich nicht, manches hätte ich wissen können, habe es mir aber nicht bewußtgemacht. Viele Vorwürfe bestehen auch aus Halb- oder Viertelwahrheiten oder sind schlicht Blödsinn. Ich komme darauf noch zurück. Was aber in der Debatte völlig fehlt, das sind die Gegenbeispiele. Denn es ist absurd anzunehmen, ein letztlich doch richtiger Impetus könne nur von den Falschen benutzt, eine gute Sache nur von unguten Leuten instrumentalisiert werden. Natürlich hat sich auch die andere Seite den Antifaschismus zunutze gemacht; natürlich habe auch ich ihn, mal mehr, mal weniger erfolgreich, für meine Zwecke instrumentalisiert.

Ein Beispiel: 1968 – das bedeutete für uns nichts anderes als *Prager Frühling*. Ich stand unmittelbar vor dem Abitur. Enthusiasmiert von der möglich gewordenen Öffnung und Demokratisierung unserer Gesellschaft, kümmerten wir uns herzlich wenig um die Prüfungsvorbereitung. Eine Gruppe von acht Schülerinnen und Schülern entwarf eine überdimensionale Wandzeitung, auf der mit großen Lettern freiheitliche Zitate standen, von Alexander Dubček und Ota Sik, von Eurokommunisten wie Roger Garaudy und Enrico Berlinguer, von Vordenkern wie Gramsci und «Renegaten» wie Ernst Fischer: «Wir brauchen eine Opposition innerhalb der Partei.» Wir riefen die bis dahin schweigende Schülermehrheit zur Diskussion und setzten unsere Namen unter das aus Tapetenrollen (!) zusammengeklebte Pamphlet. In einer Freistunde hängten wir es heimlich im Schulgebäude auf. Während der darauffolgenden großen Pause drängelte sich eine riesige Traube von interessierten Schülern vor der Wandzeitung. Dann ließ sie der Direktor abfetzen.

Es begann ein in seinen Ausmaßen für uns völlig überraschendes Kesseltreiben, nicht enden wollende «Aussprachen» beim Direktor, der wohl den Ehrgeiz hatte, uns als Sprachrohr einer dahinterstehenden intellektuellen Szene zu enttarnen. Der Vorfall wurde an den Bezirksschulrat und von dort ans Volksbildungsministerium weitergeleitet. Man bedeutete uns, wir seien vom Abitur ausgeschlossen. Nun gab es also gar keinen Grund mehr, sich vorzubereiten. Erst drei Tage vor Beginn der mündlichen Prüfungen, als die Termine für alle Schüler ans Schwarze Brett gehängt wurden, fanden wir unsere Namen doch plötzlich dabei. Was sich hinter den Kulissen abgespielt hatte, haben wir damals nicht erfahren.

Nach der Wende wurde im Auftrag des Brandenburger Ministeriums für Kultur und Bildung ein Film über diese Episode gedreht. Die Dokumentaristen fanden Akten der damaligen Schulverwaltung. Darin wird ein Detail erwähnt, das ich längst vergessen hatte, das mir beim Nachlesen aber plötzlich wieder ganz gegenwärtig war: Bei den hochnotpeinlichen Verhören, die alle Beteiligten vor dem Bezirksschulrat und anderen, sich nicht näher vorstellenden Herren hatten, beriefen wir uns, um unsere Motivation zu begründen, auf die Geschwister Scholl. Beide Aktionen überhaupt in einen Zusammenhang zu bringen war einerseits natürlich eine ziemliche Chuzpe, andererseits durchaus ehrlich gemeint: Die Gruppe um die Scholls hatte mehr als Zivilcourage bewiesen, sie hatte in Zeiten, in denen Ungeheures geschah und andere schwiegen, die Stimme erhoben. Wir fühlten uns ihnen sehr nah. Dieser Umstand hat den Herren die Sprache

52

verschlagen und dazu beigetragen, daß die Sache relativ glimpf-
lich ausgegangen ist.

Der Antifaschismus bot also durchaus die Möglichkeit, sein eigenes «Anti» nicht nur zu rechtfertigen, sondern in gewisser
Weise auch unangreifbar zu machen. Das hat in der Kunst der
DDR eine enorme Rolle gespielt. Hinter der antifaschistischen Pa-
rabel wurden immer wieder Geschichten von Zivilcourage und
Widerstehen erzählt. Ich habe letztlich aus der literarischen (und
manchmal auch persönlichen) Begegnung mit solchen Menschen
meinen moralischen Rigorismus bezogen.

Die eigentliche Botschaft des Antifaschismus ist doch nicht, daß
man die Mutigen verehren müsse, sondern daß man im Leben
mutig sein muß. Die Banalität des Guten. Wer heute behauptet,
der DDR-Antifaschismus sei für ihn ein Knebel gewesen, instrumentalisiert ihn nachträglich, um eine Ausrede dafür zu haben,
daß er nicht mutiger war, daß er nicht mehr Courage aufgebracht
hat, zu seiner Meinung zu stehen.

Ich will noch ein Beispiel aus späteren Jahren erzählen: Meine
durch die Flucht aus Breslau nach Bayern verschlagene Tante Lilo
hat mich von Kind an mit Büchern versorgt. Erst Kästner, dann
eine Kinderbibel, dann Anne Frank (die in der DDR immer ver-
griffen war), dann einen Dokumentarband über die «Weiße
Rose» (über den wir in unserer Schülergruppe diskutiert haben),
später Böll und Grass. Es gab nie Schwierigkeiten. Erst 1982 fand
ich einen Zettel in einem Paket, der belegte, «1 Stück Buch» sei
entnommen worden, da es gemäß Ziffer soundso zur «Liste der
verbotenen Gegenstände» gehöre. Die Nachfrage bei meiner
Tante ergab, daß es sich um den von mir gewünschten Titel: «Die
Juden, das rätselhafte Volk» von Ernest van den Haag handelte.
Ich schrieb dem Zoll eine empörte Eingabe: «…Unabhängig davon, daß ich das Buch zu Arbeitszwecken brauche, halte ich es für
eine politisch nicht zu akzeptierende Entscheidung, eine Abhand-
lung über die 2000jährige Leidensgeschichte des jüdischen Volkes
unter den Paragraphen 2.1.6.2. zu stellen. Ich erwarte, daß die
Beschlagnahme zurückgenommen wird.» Ein Hauptkommissar
Klanter antwortete ganz allgemein, daß Literatur nur eingeführt
werden dürfe, wenn sie «nicht im Widerspruch zu den Interessen
unseres Staates und seiner Bürger steht». Hartnäckig verlangte

ich nochmals eine Begründung dafür, was gerade gegen *dieses* Buch einzuwenden sei, «damit ich mich nicht gezwungen sehen muß, die Jüdische Gemeinde der DDR in die Klärung dieser Angelegenheit einzubeziehen».

In heiklen Angelegenheiten haben staatliche Institutionen selten etwas Schriftliches aus der Hand gegeben. Ich bekam also eine Vorladung zu einer Aussprache beim Zoll. Jener Kommissar versicherte mir, daß man selbstverständlich nichts gegen die Darstellung der jüdischen Geschichte habe, daß aber im Vorwort extrem zionistische Positionen vertreten würden, deren Weiterverbreitung man nicht befördern wolle. Auf meine Frage, ob man mir nicht zutraue, ein Vorwort selbst zu beurteilen, bekam ich ein überraschendes Angebot: Man dürfe nicht gegen die Vorschriften verstoßen, aber aus beruflichen Gründen (ich machte damals meine ersten Gehversuche als freie Autorin) sei ich berechtigt, eine Einfuhrsondernummer zu beantragen, über die ich dann alle staatsfeindlichen Schriften beziehen dürfe. Ich wußte, daß einzelne Kollegen, aber auch Institutionen wie zum Beispiel die Bibliothek der jüdischen Gemeinde solche Nummern besaßen und damit praktisch alles, selbst Zeitschriften, empfangen konnten. Doch darum ging es mir ja nicht. Es gab für mich in Berlin mit Hilfe von Tagesbesuchern, Diplomaten oder durch Austausch im Freundeskreis im Grunde immer die Möglichkeit, an Index-Literatur heranzukommen. Mir ging es vielmehr um eine offene Kritik dieser Index-Kriterien, die doch ganz absurd waren und die Mehrzahl derjenigen traf, die nicht so privilegierte Beziehungen hatten. Ich wurde also relativ ungehalten und fuhr den Zöllner an, daß ich für meine Arbeit keine staatsfeindliche Literatur benötige, vielmehr der Meinung sei, daß sie ihr Feindbild mal auf den neuesten Stand bringen müßten, denn es gehe doch wohl nicht an, daß man sich in der DDR nicht über jüdische Geschichte informieren könne. Das brachte nun wiederum Herrn Klanter aus der Fassung, er würde laut: «Wir sind ein Arbeiter-und-Bauern-Staat», und daran sei alles zu messen. Er hielt das offenbar für ein Argument. «Ein Arbeiter-und-Bauern-Staat deutscher Nation», sagte ich entschieden und sah ihn sehr verdutzt hinter seinem Schreibtisch sitzen, bevor ich türknallend den Raum verließ.

Das Buch habe ich nicht wiederbekommen. (Ich konnte es aber

mühelos in der jedem zugänglichen Bibliothek der jüdischen Gemeinde, die ich natürlich unterrichtet hatte, ausleihen.) Andererseits hatte mein Auftritt auch keine nachteiligen Folgen für mich, im Gegenteil: Künftig kamen wieder alle Bücher an. Dies könnte allerdings auch daran gelegen haben, daß meine Tante, die die Kosten meiner Erziehungsversuche des DDR-Zolls ja aus ihrer Rente begleichen mußte, keine allzu großen Risiken mehr einging. Wie auch immer, eine Geschichte zweifelhaften Erfolges, die zumindest belegt, daß man sich unter dem Deckmantel der Verteidigung antifaschistischer Werte schon einiges herausnehmen konnte.

Was mich an der DDR-Position gegenüber der israelischen Politik aufregte, war oft gar nicht der Umstand, daß sie kritisch war, sondern daß diese Kritik jegliche Sensibilität dafür vermissen ließ, daß sie von einem deutschen Staat geäußert wurde. Der mit deutscher Perfektion betriebene Holocaust gab den Juden ein für allemal das historische Recht, in einem eigenen Staat nach eigenem Ermessen zu leben. Zu dieser Selbstbestimmung gehörte freilich auch, daß 1982 in Israel 400000 Juden auf die Straße gingen, um den Präventivschlag ihrer Regierung gegen den Libanon zu kritisieren – der massenhafteste Protest, den es weltweit je gab. Spätestens seitdem war klar, daß Kritik an Israel nichts mit Antisemitismus zu tun haben muß.

Als Teile Palästinas 1946 noch mit tschechischen Waffen gegen die Engländer kämpften, als weitere Kibbuze entstanden, hoffte die Sowjetunion, indem sie 1947 in der UNO der Gründung Israels zustimmte, dieser neue Staat würde eine Karte in ihrem Blatt werden. Doch später wechselten die Waffen und die Verbündeten. Alle Beziehungen erstarrten in politischem und ökonomischem Machtdenken. Auf beiden Seiten übrigens. Auch mit Rücksicht auf die arabischen Staaten ließ sich die Bundesrepublik 17 Jahre Zeit, Israel überhaupt anzuerkennen. Und auch das geschah nur, weil Nasser Ulbricht nach Ägypten eingeladen hatte und die Anerkennung der DDR in Aussicht stellte. Doch der Ölschock Ende 1973 verursachte erneut eine Ökonomisierung der bundesdeutschen Außenpolitik.

55

«Israels arabische und palästinensische Widersacher mußten umworben werden, um Öl zu bekommen und gewinnträchtige Märkte zu halten. Bonns UNO-Botschafter sprach sich vor allen anderen EG-Staaten im November 1974 für das Selbstbestimmungsrecht der Palästinenser aus und löste in Israel Verärgerung aus.»[15]

Von da an verschlechterten sich die westdeutsch-israelischen Beziehungen zusehends und zuhörends. Im Oktober 1980 bezeichnete Bundeskanzler Schmidt den israelischen Ministerpräsidenten Begin als «Gefahr für den Weltfrieden». Im April 1981 sprach er im Fernsehen von dem Leid, das Deutschland über andere Völker gebracht hat, ohne die Juden zu erwähnen. Unmittelbar darauf machte Begin das deutsche Volk und den «früheren Oberleutnant Helmut Schmidt» für die Verbrechen am jüdischen Volk verantwortlich. «Politiker und Bevölkerung beider Staaten solidarisierten sich mit ihrem jeweiligen Regierungschef; der Tiefstand der beiderseitigen Beziehungen war erreicht», schreibt Michael Wolffsohn und fährt fort: «Israel wird, das mag uns gefallen oder nicht, weiterhin Geschichte als Argument und Instrument verwenden. Der jüdische Staat hat Deutschland gegenüber kein anderes Instrument, und kein Politiker gibt seine Einsatzmittel freiwillig aus der Hand.»

Die DDR instrumentalisiert den Antifaschismus, um sich über die Bundesrepublik zu erheben, die Bundesrepublik (miß)braucht die mit der DDR verbündeten arabischen Staaten als Tankstelle, woraufhin Israel die Bundesrepublik ob ihres mangelnden Antifaschismus instrumentalisiert. Wer wen? Jeder jeden. Die müßige Frage: Wer am meisten? hat der Zeitgeist längst beantwortet. Der Täter ist immer der Gärtner. Der Gärtner ist immer die DDR. Schon weil sie nicht in der Lage war, ihre Landschaften zum Blühen zu bringen. Die neuen Landschaften zeichnen sich hauptsächlich durch Tankstellen aus. Aber das führt jetzt wohl zu weit… «Wenn eine Idee mit einem Interesse zusammenstößt, ist es allemal die Idee, welche sich blamiert», hätte Engels kommentiert.

Ulbricht begriff sehr wohl, daß ihm ein konsequenter Antifaschismus gefährlich werden könnte, weil er sich auch gegen die Mißachtung von Demokratie wenden würde. Also mußte er der Bewegung die Spitze nehmen – und tat es auch, wie ich erst nach der Wende erfuhr: 1949 war der Verein der Verfolgten des Nazi-regimes zwangsläufig eine Organisation, zu der sehr viele Betroffene gehörten. In der SBZ und in Berlin hatte er 40000 Mitglieder. Ähnlich in der Bundesrepublik, wo er, weil er sich auch gegen Remilitarisierung einsetzte, von Anfang an als kommunistisch unterwandert bekämpft wurde. 1951 wurde dort die Dachorganisation, der Rat des VVN, verboten. Später beantragte die Bundesregierung beim Präsidenten des Bundesverwaltungsgerichtes, einem früheren NSDAP- und SA-Mitglied, die Vereinigung der Naziopfer ganz verbieten zu lassen. Nur eine Welle von internationalen Protesten verhinderte dies.

1953 löste sich in der DDR der VVN – so die offizielle Version – selbst auf. Angeblich war die Aufgabe, die Wurzeln des Faschismus zu beseitigen, in der DDR erfüllt. In Wirklichkeit war die Parteiführung verärgert, weil führende Leute aus den jüdischen Gemeinden (und damit der VVN) sich bei verhörartigen Gesprächen nicht zustimmend zu den Schlußfolgerungen des Slansky-Prozesses geäußert hatten. Hinter den Kulissen erhielten Dahlem und Schirdewan von Ulbricht den Auftrag, auf der 3. Konferenz des VVN die Auflösung vorzubereiten. Nach dem Geschmack des Politbüros wurden in dieser Vereinigung zu viele sektiererische Fragen diskutiert: Jugoslawien, Schauprozesse, Zionismus, Wiedergutmachung. Gegründet wurde statt dessen das *Komitee für Antifaschistische Widerstandskämpfer*, bestehend aus 40 handverlesenen Leuten, die unter stetiger Parteikontrolle agierten. Erst als Honecker Ulbricht ablöste, gab es 1974 einen ZK-Beschluß, dem Ganzen wieder eine größere Massenbasis zu geben. In wenigen Wochen wurden über 100 Kreiskomitees gegründet. Auf Wunsch von Margot Honecker wurde etwas später das antifaschistische Literaturangebot in den Schulen erhöht: auf die Hälfte der Lektüre in den 8. bis 10. Klassen, ein Drittel in den Abiturklassen – was zwar Überdruß hinterließ, aber auch prägte.

Des Antifaschismus haben sich in der DDR also durchaus sehr verschiedene Kräfte sehr verschieden bemächtigt. Und was hat es gebracht? Ging es nicht doch etwas weniger aggressiv, etwas weniger ausländerfeindlich und antisemitisch, etwas weniger gewalttätig zu? «Was ausgegrenzt ist, von dem glaubt man, es sei überwunden. Das ist eine Täuschung», sagt Oskar Negt[16] zu Recht. Nein, was ausgegrenzt ist, ist nicht überwunden, aber es ist ausgegrenzt. Das soll man mal nicht unterschätzen. Und zwar so weit ausgegrenzt, daß schon keiner mehr genau weiß, ob es nicht doch verschwunden ist. Kaum wird die Ausgrenzung aber aufgehoben, siehe, da kriecht es wieder aus den dunklen Löchern hervor. Im ersten Moment scheinbar schlimmer als anderswo. Doch das war nur der erste Schreck. Inzwischen haben mehrere Studien belegt, daß rassistische und neofaschistische Einstellungen in Ostdeutschland signifikant geringer sind als im Westen. (EMNID ermittelte zum Beispiel 1991, wie viele Personen mit ausgeprägt antisemitischen Haltungen es in beiden Teilen gibt: Ex-DDR 4 Prozent, alte Bundesländer: 16 Prozent.)

Daraus lassen sich nur zwei Schlußfolgerungen ziehen: Entweder war der Antifaschismus in der DDR eben doch mehr als bloße Verordnung, oder aber mit Verordnungen lassen sich tatsächlich nachhaltig Einstellungen prägen.

> «Es kommt darauf an, Gewaltpotentiale, Gewaltneigungen zu Gegenständen, ja zu Arbeitsmaterialien zu machen. Das muß alles bearbeitet werden. Das ist ein Arbeitsgegenstand, Aggression, nicht ein Ausgrenzungsgegenstand.»[17]

Ach, Oskar, das ist einfach rührend. Tabus waren die ersten ungeschriebenen Gesetze. Und heute? Alle sozialdarwinistischen Freudianer scheinen wieder mal darin bestätigt worden zu sein, daß ein ziemlich erschreckendes Maß an Aggression, an Lust auf Unterwerfung und Verletzung des Schwächeren, an neidvoller Verdrängung des anderen, an Hackordnung und Hang zur Lüge und Denunziation für viele Menschen ein konstituierendes Moment ihrer psychischen und physischen Gesundheit ist. All das erzeugt beim Gegenüber Angst, die wiederum am besten durch Aggression abgebaut wird. Wie durchbricht denn die vielbeschworene Zivilgesellschaft, wohl wissend, daß der neue Mensch nicht zu haben ist, nun diesen Teufelskreis? Durch Bearbeitung oder durch Verordnung? Vorschlag zur Güte: mit beidem gleichzeitig. Wenn der Mensch angeblich nicht veränderbar ist, dann wäre die Ausgrenzung verachtenswerten Verhaltens das einzige, das zu erreichen ist. Der Gegenstand der gesellschaftlichen Ächtung müßte natürlich demokratisch legitimiert sein.

Wie entscheidend gleichzeitig Zivilcourage von unten ist, muß man mir nicht erklären. Wenn es Antifa-Gruppen und Jungsozialisten aus Rotenburg/Wümme im Herbst 1994 gelungen ist, der «Stillen Hilfe», einer Art Amnesty National für Kriegsverbrecher, in Niedersachsen die Gemeinnützigkeit und damit die Steuerbegünstigung aberkennen zu lassen, so ist dies aller Ehren wert. (Der Verein ist inzwischen nach Nordrhein-Westfalen gezogen.) Genauso wenn öffentlicher Protest verhindert, daß die Kieler Universitätsleitung einen Preis für Kinderheilkunde nach dem verstorbenen Prof. Werner Catel benennt, einem Mann, der als führender Gutachter im Reichsausschuß zur wissenschaftlichen Erfassung schwerer erb- und anlagenbedingter Leiden etwa 5000 Euthanasie-Empfehlungen gegeben haben soll, die dann an Kindern zwischen drei und sechzehn Jahren exekutiert wurden. Und schließlich wenn Studenten des AStA den vergeblichen Vorschlag machen, das Hauptgebäude der TU Berlin, die als Hochburg des Nationalsozialismus galt und deren Wehrtechnische Fakultät wesentliche Beiträge zum Kriegspotential geleistet hat, nach dem in Westdeutschland weitgehend unbekannten jüdischen Widerstandskämpfer Herbert Baum zu benennen. All solche Aktivitäten sind prägend für das Klima in der Zivilgesellschaft, in der auch die Gegenseite natürlich ihre restaurativen Energien entwickelt, wie die Beispiele zeigen. Wer sich schließlich durchsetzen kann, wird nicht nur an der Basis entschieden, sondern auch durch Protektion von oben.

Die Zivilisation ist im wesentlichen durch Verordnung entstanden. Die Zehn Gebote waren natürlich eine verordnete Moral. Der liebe Gott hat nie lange diskutiert, das brachte schon seine konspirative Existenz mit sich. Außerdem muß man ihm wohl einiges Herrschaftswissen darüber zugestehen, wie mit der Schöpfung umzugehen ist. Sodom und Gomorrha, die Sintflut, dann Moses: Von da an waren jedenfalls Raub und Mord, Diebstahl und Ehebruch ausgegrenzt. Leider haben die göttlichen Strafandrohungen allein nicht ausgereicht, das Mittelalter mußte mit seinen geistigen und körperlichen Züchtigungen kräftig nachhelfen.

Die verordnete Stigmatisierung von Verordnung ignoriert in geradezu kindischer Weise, daß wir von Verordnungen umstellt sind. Was für eine Heuchelei, so zu tun, als ob Verordnung einzig eine Erfindung der Diktatur sei. In seinem *Gesellschaftsvertrag* hat Rousseau bereits die unvermeidliche Brutalität jeglicher Vorschrift benannt:

> «Wer den Mut hat, einem Volke eine Rechtsordnung zu geben, muß sich fähig fühlen, sozusagen die menschliche Natur zu ändern, jedes Individuum, das in sich selbst und für sich allein ein vollkommenes Ganzes ist, in den Teil eines größeren Ganzen umzuwandeln, von dem dieses Individuum in gewisser Weise sein Leben und Sein empfängt, an die Stelle einer physischen und unabhängigen eine moralische Teilexistenz zu setzen. Er muß dem Menschen seine eigenen Kräfte nehmen, um ihm fremde dafür zu geben, die er nur mit Hilfe anderer gebrauchen kann.»[18]

Auf die andererseits auch entlastende Wirkung des Normativen hat Habermas im Mai 1994 vor der Enquete-Kommission hingewiesen:

> «In einem hohen Maße sind die Handlungskontexte das Ergebnis sozialer Normierungen und institutioneller Ordnung. Wenn man nun alle Handlungen innerhalb eines Kontextes auf das Individuum zurechnet, dann entsteht eine Übermoralisierung des einzelnen.»[19]

Den Ehebruch hat die Zivilisation zum Glück aus dem Strafregister gestrichen, alles andere ist geblieben. Die Gesetze zum Schutz von Ausländern und Minderheiten sind natürlich eine verordnete Gewaltlosigkeit. Die Gesetze zum Schutz vor Verleumdung sind verordnete Ehrlichkeit, die zum Schutz von Meinungs- und Religionsfreiheit verordnete Toleranz. Das Urteil des Bundesgerichtshofes, wonach die «qualifizierte» Auschwitz-Lüge strafbar ist, ist ein klassisches Stückchen verordneter Antifaschismus.

Jedes Gesetz ist eine Verordnung. Es gibt zweifellos sinnvolle, weniger sinnvolle und sinnlose Verordnungen. Und man muß jeweils die Frage stellen, wie und warum sie zustande kommen. In der repräsentativen Demokratie werden Gesetze jedenfalls nicht durch die Mehrheit beschlossen. Sonst müßte nämlich jeder Gesetzentwurf durch Volksentscheid bestätigt werden. Und das wäre ja ent-setz-lich. Unge-setz-lich. Schließlich tun die Parteien im Wahlkampf so, als informierten sie uns darüber, was sie im Falle ihrer Wahl zu verordnen gedenken. Und dann dürfen wir unter verschiedenen Verordnungsangeboten auswählen. Niemand findet genau die Verordnung, die er sich wünscht. Man wählt das kleinere Übel.

In der DDR war der Antifaschismus Gesetz. Es gab wahrlich Gesetze, die fragwürdiger waren. Umfragen, die Anonymität garantierten, da sie von vornherein zur Geheimhaltung bestimmt waren, haben immer wieder eine hohe Akzeptanz gezeigt. Das kann auch nicht überraschen, da der Antifaschismus ja eine massenhafte Entschuldung mit sich brachte und die einstigen Mitläufer zunächst mal auf die gleiche Lauterkeitsstufe stellte wie ihre im Widerstand erprobte Führung. Hätte diese auf *Aufarbeitung* gesetzt, hätte sie wahrscheinlich mehr Autoritätsvorsprung herausholen können. Im Grunde war Honecker wohl lieber ein Meister unter Dachdeckern als ein Held unter Versagern.

Im Gegensatz zu anderen Verboten, die immer wieder unterlaufen wurden, wurden die vom Antifaschismus gesetzten Tabus jedenfalls weitgehend freiwillig eingehalten. Immerhin mußten vor Synagogen und jüdischen Kultureinrichtungen keine bewaffneten Polizisten stehen. Und niemand wäre auf die Idee gekommen, Flugblätter zu schreiben wie das eines gleich nach der Wende aktiv gewordenen Freundeskreises Deutschland für Deutsche, der, unter Angabe seines Vorsitzenden, seiner westdeutschen Adresse und Kontonummer, sich darüber aufregt, daß die von ihm aufgelisteten 180 bekanntesten jüdischen SED-Funktionäre, DDR-Intellektuellen und sogenannten Kulturschaffenden «ungeschoren» frei herumlaufen, allen voran jene aus dem «verjudeten, roten Schriftstellerverband».

Verfolgte oder privilegierte jüdische Minderheit?

Den Antisemitismus der DDR zu entdecken ist ein beliebtes Modethema geworden. Was nutzt das schon, zu sagen, ich habe es anders erlebt. Seit Mitte der siebziger Jahre hatte ich lose, aber beständige Kontakte zum Kulturleben der Ostberliner jüdischen Gemeinde, seit Mitte der Achtziger gehörte ich zur «Wir für uns-Gruppe». Das waren Leute meiner Generation mit einem oder zwei, manchmal auch drei oder vier jüdischen Großelternteilen, allesamt atheistisch und fern jüdischer Tradition erzogen, die sich für ihre Wurzeln zu interessieren begannen.

Zu den Initiatoren der Gruppe gehörte der Autor Wolfgang

Herzberg, der mir heute rückblickend sagt: «Aus der Erfahrung meiner Familie und deren Freunde weiß ich, daß heimgekehrte jüdische Emigranten und deren Nachfahren, als eine ambivalente, DDR-interne Wiedergutmachung, vor allem bei Wohnungszuweisungen und in ihren Bildungs- und Berufswegen vorzugsweise gefördert wurden. Die traumatische Erfahrung der Nazizeit hat viele sozialistisch gesinnte Juden motiviert, DDR-Geschichte mit dem oft widersprüchlichen Einsatz ihrer ganzen Persönlichkeit mitzuschreiben. Als namhafte Ärzte, Politiker, Wissenschaftler, Rechtsanwälte, besonders aber im Kultur- und Medienbereich besetzten sie meinungsbildende Positionen. Und zwar sowohl bei den Staatstragenden als auch bei den Dissidenten. Trotz aller Illusionen und Opportunismen, die nicht nostalgisch geschönt werden sollen, erlebte die DDR nach Auschwitz eine bisher kaum reflektierte Blüte jüdisch-deutscher Kunst und lebendiger politischer Intellektualität, die weiter wirken wird.»

Nicht nur unsere Gruppe war Indiz dafür, daß Bewegung in die Gemeinde gekommen war. Seit 1983 liefen Verhandlungen zwischen den DDR-Behörden, dem US State Department und dem American Jewish Committee über die Entsendung eines Rabbiners nach Ostberlin. Sowohl diese Bemühungen wie auch die verfügte Bereitstellung enormer Mittel für den Wiederaufbau eines Teils der Synagoge in der Oranienburger Straße und die Benennung einer Straße in Berlin-Hellersdorf nach dem 1965 verstorbenen letzten DDR-Rabbiner Martin Riesenburger lassen sich nicht ausschließlich mit Honeckers Buhlen um Anerkennung erklären. Mit der Ankunft von Rabbiner Isaak Neumann begann in der Gemeinde die Wende jedenfalls schon im September 1987. Von da an waren alle Veranstaltungen weltoffen, westliche Gäste wurden zur Normalität.

In dieser Zeit lernte ich nach einem Synagogenkonzert die kanadische Autorin Robin Ostow kennen, die lange für ihr Buch «Jüdisches Leben in der DDR» recherchierte. Es erschien 1988 im jüdischen Athenäum Verlag in Frankfurt am Main und enthält vor allem Interviews mit Gemeindemitgliedern sowie ein resümierendes Nachwort. Die Autorin dankt einleitend allen Mitarbeitern des American Jewish Committee, des Leo-Baeck-Instituts in

New York und des American Joint Distribution Committee sowie der Bibliothek der jüdischen Gemeinde in Westberlin und dem Steinheim Institut in Duisburg für den Zugang zu ihren Dokumenten und für wertvolle Ratschläge. Namentlich genannt werden 40 Wissenschaftler, Lektoren und Mitarbeiter aus aller Welt, die zum Gelingen beitrugen. Es handelt sich also nicht um eine rein subjektive Sicht einer ahnungslosen Jüdin aus Übersee. Es lohnt sich immer wieder, solche Vor-Wende-Zeugnisse mit dem zu vergleichen, was sich heute als Geschichtsschreibung durchzusetzen scheint. Die Autorin zitiert ein Rundschreiben des ZK der SED vom Dezember 1952 zum Slansky-Prozeß. Darin werden der Zionismus und internationale jüdische Organisationen als «Werkzeuge des amerikanischen Imperialismus» bezeichnet, die das Mitgefühl der arbeitenden Klassen für die jüdischen Opfer des Faschismus dazu ausnutzten, in den Volksdemokratien Spionage und Sabotage zu betreiben. Daraufhin wurden Juden aus führenden Positionen entlassen, es kam zu Verhaftungen und Hausdurchsuchungen, die Vorsteher der jüdischen Gemeinden in der DDR wurden unter Druck gesetzt, ein Großteil ihrer Mitglieder floh nach Westberlin. Robin Ostow besteht gleichwohl darauf, daß die DDR kein verlängertes 1953 war:

«Bei dem Versuch, die antijüdischen Maßnahmen der frühen fünfziger Jahre und die Spaltung, die zum Entstehen der Ostberliner jüdischen Gemeinde in ihrer heutigen Form führte, zu analysieren, darf man folgende Punkte nicht außer acht lassen:

1. Die Ereignisse, so schrecklich sie auch waren, spielten sich vor dem Hintergrund eines kalten Krieges einschließlich des ‹Schauprozesses› der Rosenbergs in New York mit all seinen antisemitischen Begleiterscheinungen ab.

2. Die DDR wurde zwar offiziell 1949 gegründet, die Souveränität der DDR wurde jedoch von der UdSSR erst am 20. September 1955 anerkannt. Bis zu diesem Datum spiegelte der offizielle Standpunkt der Berliner Behörden die Ansichten der sowjetischen Kontrollkommission und der UdSSR wider. Die Verantwortung der DDR-Regierung für Beschlüsse, die vor der Anerkennung der Souveränität gefaßt wurden, ist daher umstritten.

3. Juden waren nicht die einzige Gruppe von DDR-Bürgern, die von den ‹Säuberungsaktionen› Anfang der fünfziger Jahre betroffen waren.»[20]

Robin Ostow betont, daß die jüdischen Gemeinden in der DDR bereits drei Monate nach Stalins Tod rehabilitiert wurden. Seit 1953 sei die Regierung der DDR «in allem, was die Juden betrifft, außerordentlich zuvorkommend und hilfsbereit», was auch die geführten Interviews belegten. Obwohl es von den Behörden geleugnet würde, gebe es noch Antisemitismus (zum Beispiel Friedhofsschmierereien), «aber in kleinerem Ausmaß als in vielen westeuropäischen Ländern wie der Bundesrepublik, Österreich und Frankreich». Die Juden seien in der DDR vom Staat geschützt «und sind praktisch eine privilegierte Minderheit». Genau das entsprach auch meiner Erfahrung. Wo sind all die genannten Institutionen und Einzelpersönlichkeiten, wenn heute das Gegenteil behauptet wird?

Die offiziöse DDR-Geschichtsschreibung hat sich allerdings, zum Beispiel bei der Darstellung von Widerstand, bekanntlich auch gern durch Einseitigkeit ausgewiesen:

> «Der antifaschistische Aktivismus wurde überwiegend von jüdischen Jugendlichen getragen, die sich in erster Linie der deutschen Arbeiterbewegung und nicht der jüdischen Gemeinschaft verpflichtet fühlten... Viele von diesen jungen Sozialisten und Kommunisten waren Atheisten und sind eher als ‹Randjuden› zu bezeichnen... Das Hauptkontingent des jüdischen Widerstandes waren jugendliche Kommunisten.» [21]

Die Haltung klingt nach Dietz-Verlag, nicht wahr? Die Sprache allerdings nicht. Das Zitat stammt von Arnold Paucker, Leiter des Leo-Baeck-Institutes in London. Er bestätigt also die Dominanz der Kommunisten im jüdischen Widerstand, beklagt aber zu Recht, daß in der DDR wiederum die jüdischen Aspekte dieses Kampfes «unterdrückt oder schlankweg geleugnet» wurden. Gleichzeitig spart er nicht mit Kritik an der westlichen Lesart:

> «Der illegale, antifaschistische jüdische Widerstand ist bis 1970 von der deutsch-jüdischen Geschichtswissenschaft so gut wie ausgeklammert worden. Gegen Widerstand gab es leider Widerstand, wobei ich auch mein eigenes Leo-Baeck-Institut von der Kritik nicht ausnehmen kann. Diese Einstellung ist nicht zuletzt mit einem gewissen Unvermögen verbunden, jüdische Verhaltensweisen unter dem NS-Regime kritisch zu beleuchten... Hier gab es Vorbehalte und Hemmungen, die man verstehen und respektieren muß.» [22]

Sensibilität beim Umgang mit gegenseitigen Schuldzuweisungen ist also allemal geboten. So behauptet Eike Geisel, daß der Vorschlag der Exil-KPD an ihre jüdischen Genossen in Deutschland, zu emigrieren oder sich in separaten jüdischen Gruppen zu organisieren, um das eigene Leben und das der deutschen Kommunisten nicht zusätzlich zu gefährden, «in der DDR-Geschichtsschreibung mit peinlichem Schweigen übergangen»[23] wurde. Wer ist *die Geschichtsschreibung*? In meinem 1987 erschienenen Text «Aus der Cohn-Schule geplaudert» habe ich sehr wohl beschrieben, was es bedeutete für einen kommunistischen Juden, der durch die Rassengesetze bereits alle Bürgerrechte verloren hatte, dem alle Kontakte mit Ariern verboten, alle Berufsmöglichkeiten genommen, alle Bibliotheken verschlossen blieben, der Zeitungen nicht mehr kaufen, Radios nicht mehr besitzen durfte, wenn er also nach alldem auch noch Verständnis für seine Genossen aufbringen sollte, die ihn aus Gründen der verdoppelten Gefährdung abwiesen und in eine weitere Isolation zwangen. Schwierigkeiten mit der Zensur gab es in diesem Fall nicht. Ich habe oft die Erfahrung gemacht, daß man nicht viel fragen darf, was erlaubt ist, sondern einfach das für nötig Erachtete tun muß.

Die heute dominierende Geschichtsschreibung über die DDR wiederum ist voll von Verzerrungen, Verkürzungen und Verleumdungen. Ich könnte mühelos den Rest des Buches damit füllen, solche Fehlinformationen richtigzustellen. Aber das bringt einen ja in eine würdelose Position. Zuerst regt man sich noch auf, dann schüttelt man nur noch den Kopf, schließlich langweilt es einen, und man sagt: Laß sie, sie reden über ein Land, in dem ich nicht gelebt habe.

Ich lasse mich dennoch hinreißen, dies an einem einzigen Satz zu demonstrieren. Elisabeth von Thadden schreibt über das Verhältnis der DDR zu ihren Juden in der *Wochenpost* (49/1994):

> «Der jüdische Friedhof in der Berliner Großen Hamburger Straße wurde eingeebnet, das jüdische Altersheim abgerissen, und – nur ein Beispiel – drei junge Leute, die vor der Synagogenruine Ende der 60er Jahre am 9. November Kerzen entzündeten, wurden aufs Revier mitgenommen.»

Die Wahrheit ist: Wäre die junge Journalistin in die Hamburger Straße gegangen, hätte sie an der einstigen Friedhofsmauer eine Gedenktafel gefunden, der zu entnehmen ist, daß dieser älteste Begräbnisplatz der Berliner jüdischen Gemeinde 1943 auf Befehl der Gestapo zerstört wurde. 1945 hat die Wehrmacht die Ruhestätte zum zweitenmal entweiht, als Verteidigungsgräben quer durch das Gelände gezogen wurden. Wenig später taugten diese Gruben nur noch als notdürftige Massengräber für die durch Kämpfe in den letzten Kriegstagen umgekommenen Bewohner der Gegend – was einer dritten Entweihung gleichkam. Als der Magistrat die Grünanlage in den siebziger Jahren umgestaltete, bat die jüdische Gemeinde, man möge doch die nach 1945 vereinzelt aufgestellten Grabsteine mit christlicher Symbolik durch eine neutrale Gedenktafel ersetzen. Dies geschah.

Übrigens sind Gerüchte von staatlichen Übergriffen auf jüdische Friedhöfe besonders beliebt. Freya Klier behauptete unlängst, 1986 habe man einen Teil des größten jüdischen Friedhofs Europas, den in Weißensee, «plattmachen» wollen, um mittendurch eine Straße zu bauen. Tatsache ist: Der Plan einer Nord-Ost-Tangente ist uralt. Als die jüdische Gemeinde den Friedhof 1880 einweihte, tat sie dies mit der Auflage, ein bestimmtes Flurstück in doppelter Straßenbreite, das Eigentum der Stadt blieb, nicht zu belegen. Daran hielt sich die Gemeinde auch strikt. Zwar sollte die geplante Straße im Laufe der Jahre immer mal wieder gebaut werden, den Bauarbeiten kamen aber stets wieder Finanznöte, Krisen und Kriege dazwischen. Erst als der Ausbau von Hohenschönhausen zu einem permanenten Verkehrschaos in Weißensee führte, brachte der damalige Berliner SED-Chef Konrad Naumann fatalerweise das immer noch freie Flurstück wieder in die Debatte. Während die Gemeinde mit dem Magistrat noch über eventuelle Bedingungen verhandelte (Hoch- oder Tiefstraße), organisierten Anwohner eine Unterschriftensammlung gegen die pietätlosen Ansprüche der Stadt. Das war insofern bemerkenswert, als solche kollektiven Protestbekundungen eigentlich verboten waren. In solchen Momenten war es kein Nachteil, einen Klaus Gysi als Staatssekretär für Kirchenfragen zu haben. Stimmen aus dem Ausland kamen hinzu, und schließlich gab Honecker, angeblich mit den Worten: Was der Kaiser den Juden nicht zugemutet hat, werden wir ihnen auch nicht zumuten, eine Verzichtserklärung ab und übergab der Gemeinde das staatliche Flurstück erstmals zur eigenen Verfügung. Darüber hinaus finanzierte die Stadt eine kilometerlange neue Friedhofsmauer mit in Sandstein gegossener Menora-Ornamentik.

Zurück zu den Behauptungen vom «abgerissenen Altersheim» und den festgenommenen «Kerzenhaltern». Die Wahrheit ist: Das jüdische Altersheim, das die Gestapo 1942 als Sammellager mißbrauchte, ist bei anglo-amerikanischen Bombenangriffen im Februar 1945 völlig ausgebrannt und bald nach dem Krieg, auf jeden Fall vor Gründung der DDR, abgerissen worden. Später wurde ein Gedenkstein errichtet – mehr war nicht zu retten. Das einstige jüdische Waisenhaus ist mit Hilfe der DDR-Behörden in ein jüdisches Altersheim umgebaut worden. Auch wenn es bescheiden war, lag es in seiner Ausstattung über dem miesen Durchschnitt der sonstigen Altersheime im Lande.

Die Wahrheit ist: In der jüdischen Gemeinde ist der Vorfall mit den drei Kerzen nicht bekannt. Nachdem ich 1989/90 eineinhalb Jahre in einem Untersuchungsausschuß zu Polizei- und Stasi-Übergriffen gearbeitet habe, traue ich den «Organen» zwar so ziemlich alles zu. In diesem Falle liegt jedoch die Vermutung nahe, daß auch diese Behauptung nichts als ein Gerücht ist. Denn der Brauch mit den Kerzen kam erst zehn Jahre später auf. 1975 gründete Pfarrer Hildebrandt (ein Schwager der Brandenburger Mutter Courage) von der Sophiengemeinde in der Großen Hamburger Straße die Arbeitsgemeinschaft Judentum–Christentum. Er strebte damit eine innerkirchliche Entgiftung an, denn der Antisemitismus sei ja, bevor er sich verselbständigt habe, ein Kind der Kirche gewesen. Seit 1978, dem 40. Jahrestag der sogenannten Kristallnacht, war der 9. November in der Sophienkirche ein festes Datum. Nach dem Gottesdienst gingen die 300 bis 500 Teilnehmer zunächst zu besagtem Gedenkstein am geschleiften Friedhof, zündeten dort ihre Kerzen an und setzten ihre Prozession den halben Kilometer bis zur Synagogenruine in der Oranienburger Straße fort. Andere Menschen schlossen sich an. Vor der Synagogenruine lagerten bereits Kränze und Blumen, die Gemeinde, Magistrat und andere gesellschaftliche Organisationen alljährlich hier niederlegten. Dazwischen wurden nun die brennenden Kerzen auf Treppen, Simsen, Fenstern und im Vorgarten abgestellt und immer wieder ersetzt. Ich erinnere mich gut an diesen Anblick, denn manchmal war ich am selben Tag zu Veranstaltungen im benachbarten Kulturraum der Gemeinde. Wenn wir spätabends auf die Straße traten, flackerten Hunderte Kerzen im Novemberwind. Einmal waren junge Leute aus Potsdam angereist. Sie lasen vor den kleinen Flammen Gedichte von Nelly Sachs und Else Lasker-Schüler und hielten die ganze Nacht Mahnwache, damit die Kerzen keinen Schaden anrichteten. Obwohl die Stasi alles mißtrauisch beobachtete, griff sie in den elf Jahren bis zur Wende nie ein. Manchmal kam ein Generalleutnant und sagte den Prozessionsteilnehmern, sie möchten doch ihre Kerzen erst an der Synagoge anzünden, damit das Ganze nicht wie ein Fackelzug aussehe. Offenbar hatte man ein Gespür dafür, daß mit der Demonstration mehr gemeint sein könnte als eine Erinnerung an einstigen Machtmißbrauch. Doch die Beschwichtigungsversuche waren immer vergeblich. «Es handelte sich um eine nichtgenehmigte Demonstration», sagt Pfarrer Hildebrandt, «denn ich habe sie nur angekündigt, nie ordnungsgemäß angemeldet. Ich rechne es den Behörden heute noch hoch an, daß sie in all den Jahren außerordentlich flexibel reagiert haben. Diese kleine Pflanze wurde nicht zerstört.»

So viel Richtigstellung ist also nötig, um einen einzigen Zeitungssatz zu widerlegen. Vielleicht versteht man, daß Ostler zu solchem Kraftakt auf die Dauer keine Lust haben und oft nur abwinken: Ihr werdet es *nie* verstehen!

Als ich im Herbst 89 die Kerzen vor der Gethsemane-Kirche sah, war das ein Déjà vu. Bis heute fragt man sich, wie das Wunder zu erklären sei, daß ein unmündig gehaltenes Volk mit so viel politischer Reife und Besonnenheit eine so friedliche Revolution vollbracht hat. Wer dabei war, weiß, wie Wunder entstehen. Es gibt rationale Erklärungen: Wandzeitungen, Protestbriefe, Unterschriftensammlungen, Gesprächskreise, Kirchengemeinschaften, Kerzendemos und Mahnwachen – die «Waffen» der friedlichen Revolution sind ganz wesentlich unter dem Schutzschild des Antifaschismus geschmiedet worden und haben sich letztlich folgerichtig gegen die Verräter an einer wahrhaft antifaschistisch-demokratischen Ordnung gerichtet. Ohne diese verinnerlichte Zivilcourage wäre die Wende so nicht möglich gewesen.

Ist es dieses Widerstandspotential, was heute gefürchtet wird? Was kann Antifaschismus? Muß ein neuer Antifaschismus nicht entschieden gegen ein Wirtschaftssystem Front machen, das Profit über das Schicksal von Menschen stellt, fragt Axel Hauff,[24] und muß er nicht «die Gegenfrage nach einer alternativen humanistischen Gesellschaftsordnung» mit beantworten? Schön wär's ja. Wenn sich das aus der Banalität des Guten zwangsläufig mit ergibt, wie eben beschrieben, um so besser. Das vordergründige Ziel des Antifaschismus kann es nicht sein. Er ist doch nicht der Oberguru über alle Gesellschaftswissenschaft, keine Institution für künftige Wahrheiten, sondern eine für das Durchlittene: Nie wieder! Der Antifaschismus ist gegen den Faschismus, ist gegen den Faschismus, ist gegen den Faschismus. Insofern fällt es mir immer noch schwer, nachzuvollziehen, wie es jemand für sich ablehnen kann, Antifaschist zu sein.

Auch hier werden gern Definitionsschwierigkeiten vorgetäuscht, um nicht zugeben zu müssen, daß jeder weiß, was gemeint ist: ein offenkundiger moralischer Imperativ zum Widerstand gegen heutigen Rechtsextremismus, gegen imperiale und totalitäre Anwandlungen aller Art. Schlimm genug, daß nach 50 Jahren immer noch keine Synthese aus ökonomisierender Faschismus- und psychologisierender Totalitarismustheorie gefunden werden konnte.

Der Antifaschismus ist dafür, daß er dagegen ist. Darüber hinaus braucht er kein Pro. Mit einer maßlosen und anmaßenden Überforderung würde er letztlich der totalen Unwirksamkeit preisgegeben. Um das Pro sollen alle gesellschaftlichen Kräfte konkurrieren, die Roten und die Grünen, die Schwarzen und die Gelben. Über das Anti sollen sie nicht konkurrieren. Sonst gute Nacht, Deutschland. Der Wald steht schwarz und schweiget, und aus den Wiesen steiget...

Vor Tische las man's anders

Mein Unbehagen als Linke

Das ist der Weisheit letzter Schluß: Nur der verdient sich Freiheit wie das Leben, der täglich sie erobern muß. Als ich achtzehn war, interpretierten wir in der Schule den Faust. Gleichzeitig las ich «Wie ich mir die Zukunft vorstelle» von Andrej Sacharow, der seinem Buch jenes Goethe-Motto vorangestellt hatte. Ich konnte Goethes Logik jedoch nicht recht folgen. Der Satz war inkonsequent. Schon damals befiel mich manchmal ein manischer Zwang, Autoritäten anzuzweifeln, die ich viel lieber uneingeschränkt verehrt hätte. Mein Eigensinn ließ keine Ruhe, bis ich den Satz verbessert hatte: Nur der verdient sich Freiheit wie das Leben, der täglich sie *erobert*. (Müssen muß schließlich jeder.) Ein ähnliches Bedürfnis, den großen Meister aktivistisch abzuwandeln, hatte unlängst auch Friedrich Schorlemmer, als er seinen 8000 Zuhörern beim Kirchentag provokativ zurief: «Nur der verdient die Freiheit der Demokratie, der täglich sie erarbeitet.»[25]

Sacharow hatte sich die Freiheit jedenfalls verdient. Heldenhaft prangerte er die Politik Stalins und vor allem den Neostalinismus der Sowjetunion an: die Bedrohung der geistigen Freiheit, die Zensur, das verfassungsfeindliche Strafrecht, Antisemitismus.

> «Obwohl alle diese schändlichen Erscheinungen noch weit entfernt sind von dem monströsen Ausmaß der Stalinschen Verbrechen und in ihrer Größenordnung eher dem traurig-berühmten McCarthyismus, der Zeit des kalten Krieges, ähneln, so ist doch die sowjetische Öffentlichkeit äußerst beunruhigt, empört und mißtrauisch gegen alle, sogar die geringsten Anzeichen von Neostalinismus in unserem Land.»[26]

Das war die Sprache, die wir Abiturienten hören wollten. «Ihrem Wesen nach sind meine Ansichten tief sozialistisch», schrieb Sacharow, und auch das war mir wichtig. Ebenso unbestechlich kritisierte er den Vietnamkrieg, dieses «schamlose Verbrechen gegen die Menschlichkeit». Er prophezeite die «Aussichtslosigkeit und Wirkungslosigkeit der antikommunistischen Aufgaben der amerikanischen Politik». Sein Bild von der Zukunft war stark von der damals aktuellen Konvergenztheorie geprägt, wonach sich die Gesellschaften über einen längeren Zeitraum annähern würden, bis nur noch die beiderseitigen Vorteile übrigblieben. Dabei ließ Sacharow keinen Zweifel daran, wie er sich das vorstellte: Der linke Flügel der Bourgeoisie würde sich durchsetzen und «das Programm der Annäherung an den Sozialismus» annehmen. Soziale Reformen, eine «Änderung der Eigentumsstruktur», Frieden und Freiheit für alle wären die Folgen. «Nur der Wettbewerb mit dem Sozialismus und der Druck der Arbeiterklasse» hätten den sozialen Fortschritt des 20. Jahrhunderts ermöglicht. Ohne ihn «führte nationaler Egoismus zu kolonialer Unterdrückung, zu Nationalismus und Rassismus».

Auf diesen Steinen konnten wir bauen. Einen solchen Genossen hätten sie im Kreml mit offenen Armen empfangen müssen. Statt dessen schickten sie ihn in die Verbannung. Es war nicht zu fassen. Sich täglich die Freiheit zu erobern würde bedeuten, Partei zu ergreifen. So viel ahnte ich mit achtzehn. Eine Phase *dogmatischer* Gläubigkeit hatte ich nie gehabt. Aber etwas Religiöses war allemal im Spiel. Max Frisch zeigte sich im Nachwort des Buches von Sacharows Theorien eher enttäuscht, weil es sich um eine *systemimmanente Kritik* handelte. Vieles schien ihm unerklärlich: «Der Verfasser spricht von Sozialismus. Warum nicht von Kommunismus?» Das haben die meisten im Westen bis heute nicht verstanden.

Die *Schrift* hatte uns gelehrt, daß der Kommunismus die letzte, höchste Phase der gesellschaftlichen Entwicklung sein würde. Die Details blieben ziemlich vage, aber die Phantasie substituierte die Leerstellen durch paradiesähnliche Bilder. Das war wohltuend für die Seele. Unsere miese Realität auch nur in die Nähe dieses höchsten Glücks zu rücken wäre reine Gotteslästerung gewesen. Dem Paradies glich die DDR nur in einem: Vom Baum der Erkenntnis sollte nicht gegessen werden. Gut und Böse waren vorgegebene Größen. Das einzig Kritische, das ich in der Schule jemals über die Sowjetunion hörte, war der Hinweis, daß es verfrüht war, 1936 den Kommunismus auszurufen. Die Partei hätte dies später auch korrigiert. Sie reduzierte den Anspruch dann noch weiter, als klar wurde, daß selbst die Ideale der *ersten* Entwick-

71

lungsstufe vorerst unerreichbar waren. Der minderwertige Terminus hieß *Real*sozialismus – ein offensichtliches Zugeständnis. Und da hätten kritische Intellektuelle von Kommunismus sprechen sollen?

Eine schonungslose Sicht auf die Gegenwart, erträglich gemacht durch eine ferne Heilserwartung – das waren die Pole, zwischen denen mein Denken und Handeln als Achtzehnjährige zurechtkommen mußte. Dem waren *Kindheitsmuster* vorausgegangen. Ein paar Episoden seien erwähnt, um nachvollziehbar zu machen, wie sich Haltungen konstituieren. Jede Biographie ist unerklärlich widersprüchlich und hat zugleich ihre innere Logik.

Hineingeboren

Ich bin gutbürgerlicher Herkunft. Das war schon mal schlecht in der DDR. Vielleicht waren meine Vorfahren sogar großbürgerlich – ich kenne mich da nicht so aus. Wir wohnten zur Miete und fuhren Wartburg wie alle im Ort. Der einzige Unterschied, der mir zu den Gewohnheiten in den Familien meiner Mitschüler auffiel, war der, daß bei uns zu Hause nicht Skat gespielt wurde, sondern Bridge. Und wenn meine Eltern nicht wollten, daß wir Kinder sie verstehen, sprachen sie französisch miteinander. In den ersten Jahren sind sie noch demonstrativ als Fremdkörper behandelt worden. Daß sie dies überhaupt auf sich nahmen, erklärt sich aus ihren Erfahrungen in der Nazizeit. Motiviert durch den Wunsch, am Aufbau einer wirklichen Alternative beteiligt zu sein, zogen meine Eltern, zwei Wochen vor meiner Geburt, von West- nach Ostberlin. Die DDR war noch keine zwei Tage alt, da wurde ich *hineingeboren*.

Die politische Härte der fünfziger Jahre wurde von mir und meiner jüngeren Schwester weitgehend ferngehalten. Wir erfuhren davon erst in späteren Erzählungen, ohne uns wirklich ein Bild machen zu können. Unangefochten von alldem hatten wir eine behütete Kindheit in einem schönen Haus am Rande Berlins. Die Oma wohnte bei uns und Tante Hedel, eine fürsorgliche Haushälterin, die wir sehr liebten und die bis zu ihrem Tod im vorigen Jahr zur Familie gehörte. Nur einmal fehlte sie für ein paar Monate, da vertrat sie eine sehr eigenwillige, unternehmungslustige Person, Lisa, was für mich nicht ohne Folgen blieb!

Es muß 1957 gewesen sein, meine Eltern waren gerade in ein internationales Journalistenheim nach Bulgarien geflogen, als die *Berliner Zeitung* annoncierte, die DEFA suche ein achtjähriges Mädchen für die Hauptrolle in einem Kinderfilm. Interessenten mögen sich am kommenden Sonntag im Prenzlauer Berg vorstellen. Interessenten waren Lisa und etwa tausend ehrgeizige Mütter mit ihren Petticoat- und Korkenzieherlöckchen-geschmückten Töchtern. Da rechnete ich mir nicht viel Chancen aus mit meinem Baumwollkleidchen und der frischen Zahnlücke. Jedes Mädchen bekam eine Art Eingangsnummer, meine war 863. Zu fünft wurden wir zum Gespräch mit Regisseurin, Produzent und Kameramann hereingerufen. Schließlich wurden etwa 20 Mädchen fotografiert, steckbriefartig, mit dem Nummernschild vor der Brust. Als wir gingen, sagte Lisa mitleidvoll: Fotografieren hätten sie wenigstens alle können, die Rolle kriegst ja doch du. So ein Floh im Ohr kann einem arge Enttäuschungen bescheren, offenbar aber auch das nötige Selbstvertrauen einflößen. Kurzum, nach den Probeaufnahmen wurde Lisa zur Vertragsunterzeichnung geladen. Erst da stellte sich heraus, daß wir ja nicht den gleichen Namen hatten, ja Lisa nicht einmal mit mir verwandt war und demnach auch nicht unterschriftsberechtigt. Der Produzent war wütend, schließlich sollten die Vorbereitungen beginnen, Kostüme genäht und meine Zahnlücke überbrückt werden. Nach Bulgarien zu telefonieren war damals offenbar noch ausgeschlossen. So blieb nichts, als zu warten. Schließlich fuhren der Produzent, Lisa und ich zum Flughafen, um meine überraschten Eltern sofort an Ort und Stelle den Vertrag unterschreiben zu lassen.

Erst als die Dreharbeiten begannen, erfuhr ich Näheres über die Filmhandlung und machte aus meiner Enttäuschung kein Hehl: Ich hatte gedacht, es sei ein Abenteuerfilm, statt dessen die didaktische Geschichte eines Mädchens, das keine Lust hat, Schularbeiten zu machen, woraufhin plötzlich alle Erwachsenen keine Lust haben, irgend etwas für dieses Mädchen zu tun. Und dann noch der Titel: «Ohne Fleiß kein Preis»! Nie würde mich ein solcher Titel ins Kino locken, nörgelte ich immer wieder rum.

Daß der Film schließlich «*Ein ungewöhnlicher Tag*» hieß, darauf war ich mit meinen acht Jahren stolzer als auf die langweilige Rolle.

Frühe Ahnungen blieben: Ich lebe in einem Land mit Angeboten. Und wenn ich hartnäckig bin, kann ich sogar etwas beeinflussen.

Im Winter 1960/61 fuhr meine Mutter mit uns Kindern in den Ferien nach Bayern, wo ihre Verwandten als Flüchtlinge aus Schlesien in einer Kleinstadt hängengeblieben waren. Einst gehörte der Familie ein vierstöckiges Pelzhaus am Breslauer Markt, von dem nichts übriggeblieben war als eine kleine Entschädigung. Damit konnten meine Großmutter und ihre älteste Tochter einen bescheidenen Passagenladen einrichten und zwei Kürschnerinnen beschäftigen. Immer ging es darum, ob man am Monatsende auch den Lohn auszahlen könne, überhaupt kreisten viele Gespräche um Geld und Sparen. Erst nach einer Woche Skifahren wurde uns Kindern eröffnet, daß wegen einer Ehekrise meiner Eltern an eine Rückkehr vorerst oder überhaupt nicht zu denken sei.

Ich heulte drei Tage, dann wurde ich in ein Mädchen(!)-Realgymnasium eingeschult. Alles war ungeheuer fremd. Schon in der ersten Mathe-Stunde bekam ich eine 6. (Bei uns ging es nur bis 5.) Die Gedichte verstand ich nicht. Zum Beispiel das mit dem Riesenfräulein, der Bauer war in der LPG sowieso kein Spielzeug, da brauchte kein Gott davor zu sein.

Die Hauptsorge meiner Mitschülerinnen schien darin zu bestehen, ob beim Beten vor jeder Stunde nun die katholischen oder die evangelischen an der Reihe seien. Eine betende Klasse war ein totales Novum für mich. Ich sollte mit aufstehen und mich nicht rühren. Einmal drehte ich mich um, um mir die Sache genauer anzusehen, was mir einen Anranzer des Lehrers einbrachte. Außer mir war ein einziges Mädchen, Heidi von Rosen, konfessionslos. Wir wurden zusammengesetzt und verbündeten uns sofort – so werden einem Koalitionen aufgenötigt. Mein Milchgeld gab ich jeden Morgen tiefbewegt dem einbeinigen Bettler, der vor der Schule saß. (Ich hatte keine Ahnung, wie unsere Invaliden lebten, jedenfalls saßen sie nicht vor meiner Weinbergschule.)

Da es in der Hinterhofwohnung (mit Außentoilette) meiner Großmutter auf die Dauer zu eng wurde, mußten wir ins Internat.

Dort fragten mich die Schüler, ob ich Chruschtschow schon oft begegnet sei. Sie gingen davon aus, daß man in der DDR nicht deutsch sprechen darf, sondern natürlich gezwungen sei, in Russisch miteinander umzugehen. Sie schienen mir gänzlich ahnungslos, ein Gespräch war nicht möglich. (Es ist die Generation, die heute den «Aufschwung Ost» kommandiert.) Meine Schwester und ich hielten es dort nicht lange aus, wir zogen zu der Familie einer der Kürschnerinnen, die bei meiner Großmutter angestellt war, in ein nahe gelegenes Dorf. In diesem katholischen Nest gab es außer jungen Kaninchen nun gar nichts mehr, was mich interessiert und gehalten hätte.

Es war verkehrte Welt: Während ich im Osten eine, von den äußeren Bedingungen her, ziemlich unbeschwerte, abwechslungsreiche, eher bürgerliche Kindheit genossen hatte mit Ballettkurs, Laienspiel und einem Kunst und Zeitgeschehen reflektierenden Umfeld, war ich im Westen in eine dumpfe geistige Provinz und in einen Familienbetrieb mit Existenzsorgen geraten. Ich machte Terror, kündigte an, mir mit aus der Ladenkasse stammendem Geld eine Rückfahrkarte zu kaufen. Ich schrieb allen Leuten, auch meiner Klasse, daß ich die Absicht habe, bald zurückzukommen. Mein alter Klassenlehrer, den ich sehr mochte, ließ jeden Schüler einen Brief an mich schreiben, was so passiert war und wie sie sich angeblich auf mich freuten. Und selbst von der DEFA hörte ich, es wäre schön, wenn ich an den Probeaufnahmen für «Rotkäppchen» teilnehmen würde.

Meine Mutter hatte keine sie interessierende Arbeit gefunden, sie litt darunter, uns keine besseren Bedingungen bieten zu können. Im Sommer gab sie schließlich auf, wir kehrten zurück nach Ost-Berlin, wo mein Vater uns erwartete.

Am darauffolgenden Sonntag erreichte uns die Nachricht vom Bau der Mauer. Zu dem Schreck und der diffusen Ahnung, was für im wahrsten Wortsinn einschneidende Begrenzungen unser Leben erfahren würde, mischte sich bei mir aber auch Erleichterung: Gott sei Dank, da kann mich keiner mehr hinschicken! Dieses Gefühl hat sich in der folgenden DDR-Zeit nie ganz aufgebraucht.

Das mag alles hochgradig untypisch sein. Dennoch erlaube ich mir die für Literatur unstatthafte Rechtfertigung: Es ist eben so gewesen. Es gibt Geschichten, die kann man kaum glaubwürdig machen, selbst wenn sie genauso passiert sind. Ist das Wissen um solche Unmöglichkeit der Stachel, der eines Tages zum Schreiben verdammt? Obwohl doch das Schreiben wiederum von vornherein das Gegenteil ermöglicht: etwas glaubwürdig machen zu können, was so nie war. Weil die erfundenen Bilder oft stimmiger sind als die Wirklichkeit. Die anarchisch ist und in der Wunschprojektionen die eigene Wahrnehmung deformieren.

Auch künftig pickte ich mir die bürgerlichen Rosinen aus dem sozialistischen Kuchen. Sehr bald trat ich mit meiner besten Freundin in die DTSB-Sektion Reitsport im nahe gelegenen Seehof ein. Für einen monatlichen Mitgliedsbeitrag von gerade einmal 20 Pfennig lernten wir Kinder reiten. Wir hatten Futterdienst, mußten ausmisten, Pferde putzen, die Heuernte einbringen und das Stallgebäude in Ordnung halten. All das war für uns genauso exotisch wie das Reiten selbst. Ich verbrachte meine halbe Jugend im Stall, auf Turnieren, bei Reiterbällen – eine Zeit, die ich nicht missen möchte. Als Oberschülerinnen waren meine Freundin und ich übrigens schon die bürgerlichsten Elemente im Verein. Alle anderen waren Leute, die in den umliegenden Teltower Industriebetrieben arbeiteten.

Daneben besuchte ich einen Theater- und einen Literaturzirkel, und ich nahm privaten Französischunterricht, da meine Eltern das Schulenglisch und -russisch für unzureichend hielten. Später schickten sie mich auch noch einmal in der Woche zu einer befreundeten russischen Malerin, Elena Liessner-Blomberg, die in der Nähe wohnte. Mit dieser alten, auch einsamen Dame sollte ich beim Tee russische Konversation üben. Frau Blomberg sagte: «Strastwoi.» Dann erzählte sie mir, auf deutsch, versteht sich, den Krimi, den sie am Morgen im Fernsehen gesehen hatte. Und bei der zweiten Tasse erzählte sie die Krimis ihres Mannes, als er durchbrannte, als er im Spielkasino alles verspielte, als sie mit den Kindern allein dasaß. Wieder alles auf deutsch. Ich hörte fasziniert zu, wann werden einem vierzehnjährigen Mädchen schon solche Geschichten geboten. Zum Abschied sagte sie: «Fsjewo choroschewo.» Beim nächsten Mal blätterten wir in ihren Mappen, und sie erzählte von ihrem Studium in Moskau bei Chagall und Kandinsky, und manchmal schenkte sie mir eine der Zeichnungen aus den zwanziger Jahren, die heute an meinen Wänden hängen. Wir schlossen eine eigenwillige Freundschaft, und meine Eltern wunderten sich, weshalb ich so gern zum Russischunterricht ging. Dabei habe ich tatsächlich viel mitbekommen von russischer Kunst und Denkart.

Das Internationale war überhaupt ziemlich dominant bei uns zu Hause. Die Freundschaftsgesellschaft Frankreich-DDR organisierte für Schüler und Studenten aus Paris, Lyon oder Marseille Ferienaufenthalte in der DDR. Zwei Wochen arbeiteten sie in einem Betrieb oder bei der Obsternte, zwei Wochen erholten sie sich an der Ostsee, im Harz oder sonstwo. Ende der sechziger Jahre bin ich ein paarmal als Helferin mit solchen Gruppen mitgefahren. Es waren wohl meist Kinder von Gewerkschaftern oder Kommunisten. Sie zeigten sich angetan von der DDR und erzählten ernüchternde Dinge über den real existierenden Kapitalismus, die ich kaum glauben mochte.

Meine Mutter arbeitete gelegentlich als Französischdolmetscherin, wobei sie hauptsächlich mit Delegationen aus Entwicklungsländern zu tun hatte. Nicht selten brachte sie Leute aus den Befreiungsbewegungen mit nach Hause. Gut erinnere ich mich an Amadou aus Angola. Ich muß 16 gewesen sein, er Anfang 20. Obwohl er nur wenige Stunden bei uns war, freundeten wir uns sofort an, schrieben später lange Briefe. Dann kam die Nachricht, er sei gefallen. Mich hat das sehr bestürzt: jemanden gemocht zu haben, der im Krieg getötet wurde – das gab's doch nur im Kino. Wer hatte diese Erfahrung schon in meiner Generation? Übrig blieb zunächst die Gewißheit, daß *Befreiungskampf*, Kampf für die Freiheit, etwas sein muß, was anderswo vonnöten ist.

Ich gehöre zu der ersten Generation, deren Weltbild weitgehend durchs Fernsehen geprägt wurde. Solche Selbstkasteiungen wie «Kein Westfernsehen!» haben meine Eltern nie mitgespielt. Mein Vater, inzwischen selbst Journalist, nötigte uns geradezu, um halb acht die Ost-, um acht die Westnachrichten zu sehen. In der Schule war bekannt, wer zu Hause nicht den «Beatclub» sehen durfte, konnte zu mir kommen. Dabei war ich in der 10. Klasse die FDJ-Sekretärin. Das hatte sich mehr oder weniger zwangsläufig ergeben, weil dieses Amt normalerweise dem oder der Klassenbesten zukam. Die anderen schlugen einen mit dieser Begründung vor und waren froh, daß der Kelch an ihnen vorbeiging. Ich habe mich nicht geweigert, wurde aber ständig wegen mangelnder Aktivität gerügt. Als ich mich dann endlich mit jener erwähnten Wandzeitung aktiv zeigte, war es auch wieder nicht recht. Es verschlug mir fast die Sprache, als gerade diejenigen, die meine ständigen «Beatclub»-Gäste waren, am lautesten nach meiner Bestrafung schrien. Jeder Gefallen rächt sich.

Die Klassenlehrerin, selbst wegen des Vorfalls unter Beschuß, schrieb im Mai 1968 eine Beurteilung über mich, die alle Mitschüler, mitten in den Abiturprüfungen, genötigt wurden zu bestätigen. Darin heißt es:

> «Daniela gelang es nicht, die Aktivität der Klasse besonders in der Behandlung politischer Fragen zu entwickeln. Sie verhielt sich eher abwartend und passiv. Darunter litt auch die Arbeit der FDJ-Gruppe. Daniela denkt und handelt selbständig, es wäre widersinnig anzunehmen, daß das Verfassen der Wandzeitung ohne Überlegung und ohne begründete Zielstellung geschehen ist. So wird deutlich, daß ihre Position negativ im Sinne eines parteilichen Standpunktes ist. Es muß gesichert werden, daß sie von ihren Fähigkeiten immer im Sinne der Arbeiterklasse und unseres Staates Gebrauch macht. Ihr soll die Möglichkeit gegeben werden zu beweisen, daß ihr Auftreten ein einmaliges Versagen war. Die Klasse beantragt einen Verweis und die Aussetzung des geplanten Volontariats auf ein Jahr. In dieser Zeit soll sie in einem anderen Bereich tätig sein.»

Das bedeutete Bewährung in der Produktion. Während diese und ähnliche Empfehlungen für die anderen an der Wandzeitung beteiligten Schüler beim Bezirksschulrat landeten, wurden wir, wie erwähnt, überraschend zu den mündlichen Abi-Prüfungen zugelassen. Es gab Lehrer, die sich uns gegenüber durch demonstrative Ablehnung profilierten. Aber es gab auch solche, die sich offen oder verdeckt mit uns solidarisierten. Mein Deutschlehrer, Herr Graupner, aber auch die Musiklehrerin, Frau Uhlenbrock, und der Chemielehrer, Herr Tunnert, verrieten mir aus Mitgefühl über die unfaire Behandlung und aus Sympathie für unsere Haltung im voraus das Prüfungsthema. Das war natürlich streng verboten. Zur Überraschung des Direktors legten alle inkriminierten Schüler ein auffallend gutes Abitur ab. Nicht nur die Lehrer verhielten sich differenziert; bei den Vorladungen beim Bezirksschulrat nahmen auch Eltern und selbst die Behördenvertreter verschiedene Positionen ein.

Und wieder bahnte sich eine Erfahrung an: Diejenigen, die einen aus ideologischen Gründen angreifen, sind fast immer Genossen. Aber unter denjenigen, die einen verteidigen, sind auch fast immer Genossen. (Nicht in der Partei gewesen zu sein ist allein noch kein Beweis für Charakterstärke. Es gab auch Nichtgenossen, deren Anbiederei und Opportunismus schwer zu überbieten waren.) Es würde künftig vielleicht nicht unwichtig sein, welche Fraktion man unterstützt.

Welche Fraktion die Geschichte unterstützte, wurde am 21. August 1968 auf brutale Weise demonstriert. Meine Wut und Enttäuschung über den Einmarsch in unsere größte Hoffnung war grenzenlos. Wieder hatten Genossen Genossen gekippt. Wann würde sich nun die Chance für einen menschlichen, demokratischen Sozialismus wiederholen? Mit 18 denkt man noch nicht: *Nie.* «Einen neuen Himmel und eine neue Erde will ich schaffen, daß man der vorigen nicht mehr gedenke» (Jes. 65,17). Selbst Gott glaubte an den zweiten Versuch.

Etwa fünf Jahre später zerschlug ein Militärputsch der anderen Seite weitere sozialistische Hoffnungen. Diesmal wurde der Hoffnungsträger Salvador Allende sicherheitshalber ermordet, die Handschrift der CIA. Ein Teil der ins Ausland geflüchteten Chilenen lernte nun am Leipziger Herder-Institut Deutsch. Ich studierte in dieser Stadt inzwischen Journalistik. Natürlich interessierten wir Studentinnen uns für diese jungen Männer mit den dunklen, traurigen Augen. Sie erzählten uns, Allende sei der einzige Präsident Lateinamerikas gewesen, der nicht von der CIA eingesetzt war. Und von dem Terror Pinochets, unter dem Zigtausende Menschen auf Nimmerwiedersehen verschwanden. Wir versuchten, etwas Trost zu geben. Manche Freundschaft hat sich bis heute erhalten. Daß die DDR ein Land war, in dem man vor Diktaturen wie Griechenland und Chile Zuflucht fand, haben wir nicht nur gehört, sondern gelebt. Eine nicht zu unterschätzende Erfahrung.

Leipzig war für uns überhaupt eine relativ welthaltige Stadt. In jedem November verfolgten wir nach den Filmen der Internationalen Dokumentarfilmwoche im Foyer des Astoria-Hotels die Mitternachtsdiskussionen, auf denen es zwischen den Teilnehmern aus aller Welt oft hoch herging. Und wenn wir während der Messe nicht gerade als Hostessen im internationalen Pressezentrum eingesetzt waren, liefen wir sicher ins Buchmessehaus, um uns durch die Produktionen der Westverlage zu lesen und die begehrtesten Exemplare auch *abzustauben*. In diesem Sport hatten wir eine gewisse Meisterschaft entwickelt. Wir wurden immer anspruchsvoller. Ein dicker Kunstband über Beardsley gehört zu meinen besten Trophäen.

Das Studium selbst war eher dröge. Bei Lenins Lehre von der Presse als kollektivem Propagandisten und Organisator kam wenig Freude auf. Ganz anders Engels. In seinem Brief an Bebel vom 19. 11. 1892 heißt es:

> «Abhängig zu sein, selbst von einer Arbeiterpartei, ist ein hartes Los. Und auch abgesehen von der Geldfrage, ist es eine unfruchtbare Stellung für jeden, der Initiative hat, Redakteur eines der Partei gehörigen Blatts zu sein. Darüber waren Marx und ich von jeher einig, daß wir nie eine solche Stellung annehmen, nur ein auch von der Partei selbst pekuniär unabhängiges Blatt haben könnten. Eure ‹Verstaatlichung› der Presse hat ihre großen Übelstände, wenn sie zu weit geht. Ihr müßt absolut eine Presse in der Partei haben, ... die in der Lage ist, innerhalb des Programms und der angenommenen Taktik gegen einzelne Parteischritte ungeniert Opposition zu machen und innerhalb der Grenzen des Parteianstandes auch Programm und Taktik frei der Kritik zu unterwerfen.» [27]

In der studentischen Pflichtlektüre kam dieser Brief natürlich nicht vor. Ich fand ihn dennoch, wie auch viele andere Aussagen, die mich hellhörig machten und mit dem platten Marxismus, der uns an der Schule eingebleut wurde, nichts gemein hatten. Während wir bislang nur Sekundärliteratur vorgesetzt bekommen hatten, war die Lektüre von Originalschriften eine Offenbarung.

Auch Lenin, so begriff ich jetzt, hatte die Ansicht vertreten, daß die Partei unter den Bedingungen ihrer Alleinherrschaft zugleich die Rolle der Opposition wahrnehmen müsse. (Selbst lebende Funktionäre wie der liberale ungarische Parteichef Kádár bezogen sich auf diesen Gedanken.) Wir hätten uns also auf unserer vielgescholtenen Schul-Wandzeitung mit der Meinung: Wir brauchen eine Opposition in der Partei, gar nicht auf den Dissidenten Ernst Fischer zu berufen brauchen, sondern die *Klassiker* zitieren können.

Als Ulbricht abgesetzt wurde und die neue Dreierbande (wie ich sie lästernd nannte) Honecker-Sindermann-Stoph eine kollektive Leitung ohne Personenkult versprach, als der unter uns Studenten als Hoffnungsträger geltende Werner Lamberz verkündete, die Massenmedien sollten nun tabufreie Tribünen der Meinung des Volkes werden, da trat ich in die Partei ein. Es gab ja nur die eine, wenn man die Absicht hatte, sich einzumischen. (In den Blockparteien war der geistige Spielraum eher noch geringer.) Fast alle engagierten, reflektierenden Leute, die *ich* bis dahin kannte, waren in der SED. Es schien mir eine Art Intelligenzclub, in dem Streit angesagt war. Durch die betriebliche Organisation kam man ja nur mit Leuten der eigenen Berufsgruppe in Kontakt. Es bestand kein Zweifel daran, daß man hier seine wichtigsten Verbündeten *und* seine ärgsten Widersacher treffen würde. Ich will nachträglich nicht behaupten, ich wollte von Anfang an nichts als Opposition machen. Aber zu Beginn der siebziger Jahre herrschte eine deutliche Aufbruchsstimmung. Vielleicht waren es überhaupt die besten Jahre der DDR. Als Studentin im letzten Studienjahr hatte ich sehr wohl das Gefühl, gerade jetzt würde es darauf ankommen, *die* Leute in der Partei zu stärken, die Anstand und Zivilcourage hatten. Und daß es die gab, hatte ich selbst erfahren.

Ob ein solches Motiv heute überhaupt noch vermittelbar ist, bezweifle ich, und es ist mir inzwischen auch ziemlich egal. Vor mir selbst aber will ich doch noch einmal die Probe machen, ob ich meine Beweggründe hier nicht beschönige. Läßt sich diese Darstellung biographisch absichern? Daß ich nicht gläubig naiv war, hatte ich schon in der Schule bewiesen. Und daß ich wenig karrierebewußt dachte, hatte ich bald Gelegenheit zu beweisen.

Mein Start in der Jugendredaktion des Fernsehens fiel mit den Weltfestspielen 1973 in Ostberlin zusammen. Ich interviewte – recht und schlecht russisch, englisch und französisch sprechend – junge Leute aus aller Welt. Die Arbeit fand Anerkennung, einer der Fernsehchefs gab mir zu verstehen, daß ich, wenn ich mich bewähren würde, vielleicht einmal Auslandskorrespondentin werden könnte. Das war der Traum aller eingemauerten DDR-

Journalisten. Schon bald bekam ich mit anderen Absolventen die Aufgabe, eine monatliche Sendung über Probleme junger Leute zu entwickeln. Wir nannten sie «Dreieck» – und handelten uns nichts als Scherereien ein. So hatte ich bis zum November 1976 reichlich Verdruß angespart.

Die Ausbürgerung Biermanns berührte mich in dieser Stimmung sehr direkt. Ich machte, wie andere auch, aus meiner Meinung im Kollegenkreis kein Hehl. Die unvermeidliche Versammlung der Grundorganisation, auf der alle unterschreiben sollten, daß sie voll und ganz hinter den Maßnahmen von Partei und Regierung stünden, rückte näher. Mein Bereichsleiter, ein engstirniger FDJ-Kader, ließ mich zuvor wissen, nun sei die *Stunde der Wahrheit* gekommen. Für mich auch, antwortete ich nur, obwohl ich gut verstanden hatte. Es gab ja nur das eine Fernsehen im Lande.

Im Blauen Salon waren etwa 120 Genossen der Redaktionen Kinder, Jugend und Sport versammelt. Die sich zu Wort meldeten, überschlugen sich geradezu in der Schilderung ihres Abscheus gegenüber jenem Kölner Konzert. Das reizte mich noch mehr. Schließlich erhob ich mich und sagte mit zitternder Stimme, daß man Kritik nicht einfach ausbürgern könne, das hätten andere vor uns getan, diese Tradition täte uns nicht gut. Selbstverständlichkeiten. Kein einziger unterstützte mich auf dieser Versammlung. Schlimm waren nicht die eifernden und hysterisch schreienden Kollegen. Man konnte ja zurückschreien. Schlimm waren die zwei Drittel, die gesenkten Hauptes schwiegen und mir nicht in die Augen blickten. Wenn ich einmal beschreiben müßte, was Einsamkeit ist, so würde ich mich wohl dieser Szene unter Genossen erinnern.

Weitere unschöne Szenen folgten. Denn bald stellte sich heraus, daß auch aus anderen Redaktionen kein einziger der vielen hundert Journalisten des Hauses die Klappe aufgemacht hatte. Einige wichtige Regisseure und Schauspieler hatten zum Glück protestiert. Wenig später wurde offenbar von ganz oben eine mildere Gangart angeordnet, jedenfalls hörte man auf, uns paar Hanseln mit *Konsequenzen* zu drohen.

Es bietet sich geradezu an, nach diesem moralischen Happy-End nun auszublenden und es der Phantasie des Lesers zu überlassen, sich mich fortan als ausgegrenztes und schikaniertes Opfer vorzustellen. Aber so linear war das Leben eben nicht. Zwar wurde eine Auslandskorrespondenz nie wieder erwähnt. Aber das Schuldgefühl der Genossen trieb eigenwillige Blüten.

Umgehend bekam ich eine Kur, die ich zwei Jahre zuvor beantragt hatte und eigentlich schon nicht mehr brauchte. Als ich gut erholt zurückkam, wurde ich zum Sekretär der zentralen Parteileitung bestellt, der von unserer Versammlung natürlich gehört hatte. Hannes S. war kein Held, was sich unschwer am von ihm mitzuverantwortenden Fernsehprogramm beweisen ließ. Aber ich hatte ihn einige Male als überraschend toleranten, verständnisvollen Menschen erlebt. Würde er mir die Leviten lesen wollen? Solche Leute wie mich, sagte er statt dessen, brauche er. Ob ich bereit wäre, in der zentralen Parteileitung mitzuarbeiten? Ich traute meinen Ohren nicht. Mit dem Hinweis, an der Basis wirksamer sein zu können, lehnte ich dankend ab. Was nicht sehr überzeugend war, denn es handelte sich ja um eine ehrenamtliche, zusätzliche Aufgabe, die für andere ein Signal bedeutet hätte. Aber je höher man kam, desto enger wurde der Spielraum; so etwas konnte ich mir unmöglich zumuten. Und dennoch – als ich ging, hinterließ ich einen enttäuschten Mann, dessen Angebot wohl auch ein Stück Selbstermutigung sein sollte.

Kurz darauf wurde mir sogar die Leitung des umstrittenen Magazins «Dreieck» übertragen. Mit dem Ergebnis allerdings, daß die Sendung ein halbes Jahr später endgültig eingestellt wurde. Wir hatten eine Jugendbrigade aus dem Walzwerk Hettstedt vorgestellt, die über die Einführung des sogenannten Leistungslohns heiße Debatten führte, und auch noch einen Liedermacher im Studio auftreten lassen, von dem die Redaktionsleitung nicht ahnte, daß er vom Zentralrat der FDJ mit Auftrittsverbot belegt war. Damit hatte ich das Angebot zur Versöhnung ausgeschlagen. In dieser Redaktion bekam ich nun keine Aufgaben mehr. Ich nahm einige Monate unbezahlten Urlaub und begann Kurzgeschichten zu schreiben.

So ließe sich die Kette des ständigen Auf und Ab endlos aneinanderreihen. Kaum hatte sich ein Plan zerschlagen, schmiedete man einen neuen. Ich kann, zumindest für mich, nicht bestätigen, daß es in der DDR generell nicht möglich gewesen sein soll, Initiativen zu entwickeln. Auch Entscheidungen waren ständig zu treffen. Jedes öffentliche Wort war eine Entscheidung. Nicht auf Leben und Tod. Nicht einmal um die Existenz. Aber um die tägliche Eroberung von innerer Freiheit, von Freunden und Feinden.

Als es Anfang der achtziger Jahre immer schwieriger wurde, eigene Gedanken in den Medien unterzubringen, beschloß ich, den Beruf aufzugeben. Ich kündigte im Fernsehen. Keine leichte Entscheidung, denn freier Journalist konnte man zu der Zeit schon nicht mehr sein. Das war steuerrechtlich nicht vorgesehen. Festangestellte waren besser zu kontrollieren. Da blieb nur die Flucht nach vorn. So beschloß ich, Schriftstellerin zu werden.

Uns ist alles erlaubt

Von den 39 Bänden der Marx-Engels-Ausgabe habe ich vielleicht viereinhalb gelesen. An den Rand habe ich Bemerkungen gekritzelt: Ausrufezeichen und Fragezeichen, «hört, hört» oder «Irrtum», «sehr gut» oder «Quatsch». Bin ich deshalb nun eine Marxistin? Noch nie habe ich mich so bezeichnet. Heute, da es kaum etwas Verfemteres gibt, reizt es mich, ja zu sagen. Dabei kann ich mir überhaupt nicht vorstellen, wie es möglich sein soll, daß sich ein denkender Mensch mit einem anderen denkenden Menschen identifiziert. Das gelingt einem doch nicht einmal mit sich selbst. (Auch Marx hat es abgelehnt, als Marxist bezeichnet zu werden.) Und dann noch, wenn es um eine Lehre geht, die seit hundert Jahren nicht überzeugend aktualisiert wurde – absurd. Soweit ich es beurteilen kann, waren Marx und Engels lernfähig und haben sich immer wieder selbst korrigiert. Die größte Wertschätzung, die mir für die Theorie eines anderen möglich ist, besteht doch darin, daß sie mich reizt, ihr zu widersprechen. An allem ist zu zweifeln – diese Marxsche Lieblingsdevise ist das einzige, womit ich mich bedingungslos identifizieren kann. Und dennoch: Wer ein wenig in den Werken der beiden «Klassiker» gelesen hat, der wird eine Begegnung mit humaner Gesinnung, phänomenaler Bildung, historischem Denken, geistvoller Analyse, witzigem Charme und bestechender Logik gehabt haben, der er sich schwer entziehen konnte.

Wenn einem solches Widerstehen heute durch sachkundige Überlegungen der Gegner Marxschen Denkens erleichtert würde, wäre ich wohl dankbar – wer fände sich nicht lieber im Zeitgeist angekommen als in der Geisterzeit. Sehe ich mir diese reichlich zu habenden Einwände genauer an, fühle ich mich allerdings veralbert. Nach der Blamage des Realsozialismus glaubt man offenbar, sich weitere gedankliche Anstrengungen ersparen zu können, da sowieso niemand mehr widerspricht. Man begleicht seinen Einsatz im vorerst gewonnenen Ideenstreit mit intellektuellem Spielgeld. Etwa wenn Heiner Geißler in seiner ansonsten bemerkenswerten Rede auf dem CDU-Parteitag im Februar 1994 behauptet:

«Unser Menschenbild ist das Kriterium, und der Mensch, wie er geht und steht, ist der eigentliche Mensch. Marx hat einmal gesagt, der Mensch, wie er geht und steht, ist nicht der eigentliche Mensch, sondern er muß der richtigen Klasse angehören. Und die Nazis haben gesagt, er muß der richtigen Rasse angehören.»

Marx als Vorläufer der Nazis? Obwohl ich Marx' Schriften, wie gesagt, nur auszugsweise kenne, biete ich Heiner Geißler jede Wette an, daß Marx so etwas niemals formuliert hat. Er war nämlich völlig außerstande, so einfältig zu denken. Marx' Sätze klingen etwa so:

«Endlich gilt der Mensch, wie er Mitglied der bürgerlichen Gesellschaft ist, für den eigentlichen Menschen, für den homme im Unterschied von dem citoyen, weil er der Mensch in seiner sinnlichen individuellen nächsten Existenz ist, während der politische Mensch nur der abstrahierte, künstliche Mensch ist, der Mensch als eine allegorische, moralische Person. Der wirkliche Mensch ist erst in der Gestalt des egoistischen Individuums, der wahre Mensch erst in der Gestalt des abstrakten citoyen anerkannt ... Alle Emanzipation ist Zurückführung der menschlichen Welt, der Verhältnisse, auf den Menschen selbst.»[28]

In seiner Schrift «Zur Judenfrage» reflektierte Marx den Gegensatz von privatem und gesellschaftlichem Individuum und plädierte für die Zurücknahme des abstrakten Staatsbürgers in den wirklichen individuellen Menschen. Also das genaue Gegenteil von dem, was Geißler behauptet.

Nach der Wende hat Klaus Kinkel in kaum einer Rede die Gelegenheit versäumt, darauf hinzuweisen, daß es nun darauf ankäme, «das Unrechtssystem und seine Protagonisten ebenso wie die zugrundeliegende Ideologie, den Marxismus-Leninismus, zu delegitimieren, also deutlich zu machen, daß seine innere Rechtfertigung – gemäß dem Lenin-Zitat: ‹Uns ist alles erlaubt, denn unsere Humanität ist absolut› – auf tönernen Füßen stand» (FAZ vom 2.10.91, S. 8). Dieses wirklich saublöde Zitat trägt Anführungszeichen, hat aber leider keine Quellenangabe.

Nun fühlte ich mich Lenin nie so verbunden wie speziell Engels oder auch Marx, aber er war mir doch als dialektischer Denker begegnet. Diese Äußerung klang mir auch für ihn merkwürdig platt, eindimensional, fremd. An einer Ehrenrettung Lenins lag mir wenig, es ging vielmehr um mich und nebenbei um etwa 30 Millionen osteuropäische Linke, denen nun vorgeworfen wird, sie hätten ihre Sympathien an ein paar Hohlköpfe verschwendet. Ich beschloß, nach der Quelle des Zitats zu forschen.

Dem Büro Kinkel genügten Datum und Seitenzahl des FAZ-Artikels zum Nachforschen nicht, man habe den Artikel nicht finden können, schrieb man und bat um eine Kopie. Nach diesem merkwürdigen Schlaglicht auf das Archivwesen in Bonn bekam das Auswärtige Amt von mir eine Kopie der Rede seines Ministers. Bald darauf folgte die Antwort eines beauftragten Mitarbeiters. Darin heißt es, der damalige Bundesjustizminister Kinkel habe sich «in wesentlichen Passagen auf einen Vortrag gestützt, den der Philosoph Hermann Lübbe zum Thema ‹40 Jahre SED-Unrecht› gehalten hat. Dabei hat er das Lenin-Zitat übernommen, es aber leider versäumt, die Authentizität zu überprüfen. Im nachhinein bestehen erhebliche Zweifel, ob dieses Zitat von Lenin stammt. Persönlich meine ich, es könnte eher von Bertolt Brecht stammen. Im Auftrag gez. K. Briem».

Armer B. B., nun auch noch du. Lübbe war mir durch den Historikerstreit ein Begriff, die Sache begann spannend zu werden. Ich schrieb also an die Universität Zürich, wo der Philosoph einen Lehrstuhl hat, mit der Bitte, mir den Vortrag für ein Forschungsprojekt zukommen zu lassen. Einen Monat später schickte ihn mir der Professor tatsächlich, es handelte sich um ein kurzes Statement über Totalitarismus, das er anläßlich einer Anhörung im Bonner Justizministerium gehalten hatte. Wichtiger als die strafrechtliche Aufarbeitung, heißt es da, sei «die Delegitimierung des ideologischen Wahnsystems» der untergegangenen totalitären

86

Staaten. Als Beleg die Stelle, um die es mir geht: «‹Uns ist alles erlaubt›, ließ Lenin schreiben, und die Begründung für diese Selbstermächtigung zur Gewalt lautete: ‹Denn unsere Humanität ist absolut!›»

Keine Quelle. Und was bedeutet: …ließ Lenin schreiben? Hat er seiner Sekretärin diktiert? Aber das tat er doch immer, wozu es extra erwähnen? Noch einmal muß ich mich an Hermann Lübbe wenden: Sie erwähnen in dem Statement ein bezeichnendes Lenin-Zitat. Es scheint mir wert, diese Art Argumentation im Kontext nachzulesen. Würden Sie mir bitte die Quelle mitteilen?

Diesmal kam ein Eilbrief aus Zürich: «Das Lenin zuzuschreibende Zitat ist aus einem Buch des prominenten Osthistorikers Peter Scheibert entnommen (Lenin an der Macht. Das russische Volk in der Revolution 1918–1922, Weinheim 1984). Die Seitenzahl kann ich Ihnen im Augenblick nicht mitteilen. Sie werden beim raschen Durchblättern des Bandes das Zitat mühelos finden. Ich habe in einigen Arbeiten die Sache auch mit Seitenzahl zitiert. Indessen bin ich im Augenblick von meiner Bibliothek abgeschnitten und muß Sie daher das Nachblättern selber zu besorgen bitten.»

Von seiner Bibliothek abgeschnitten – Zustände sind das am Philosophischen Seminar der Universität Zürich! Das Buch ist nur in einer Berliner Bibliothek zu haben, und dort ist es ausgeliehen. Als ich es nach Wochen endlich in der Hand halte, wird meine Hartnäckigkeit auf eine weitere harte Probe gestellt: Von den 730 Seiten sind allein 253 Seiten Anmerkungen. Der Autor Scheibert hat so korrekt mit Quellen gearbeitet, daß auf einen Satz mitunter mehrere Fußnoten kommen. Ich rechne die Anmerkungen der einzelnen Kapitel zusammen und komme auf sage und schreibe 8565 Fußnoten in diesem Buch. Von wegen Durchblättern und «mühelos finden»! Die Versuchung ist groß, die Sache durch *kommunikatives Beschweigen* auf sich beruhen zu lassen. Wer hat schon Zeit, 500 Seiten zu lesen, um ein Zitat zu finden? Aber kurz vor Ultimo aufgeben ist auch nicht meine Art. Die kompakte Materialsammlung über die russische Revolution liest sich nicht gerade leicht, die Mühe kann mir aber nichts schaden, denn von dem, was da steht, weiß ich wenig, und von dem, was ich weiß, steht da wenig.

Im Kapitel über die «Außerordentlichen Kommissionen zum Kampf gegen Sabotage etc.», die Tscheka, geht es um die Rolle dieser dem Rat der Volkskommissare unterstellten Geheimagenten während der schlimmsten Jahre des Bürgerkrieges. Ihr Vorsitzender, so lese ich, der polnische Adlige und Vertraute Lenins, Feliks Dzerzhinskij, erklärte Anfang 1918, die Tscheka solle nur gegen Spekulanten, nicht gegen politische Feinde eingesetzt werden. In der Presse, selbst in der Wochenschrift der Geheimpolizei, gab es Kritik an der mangelnden Kontrolle über die Truppe, die *Prawda* eröffnete eine Parteikampagne gegen Mißbräuche der Kommissionen, das ZK der Partei beklagte in einem Rundbrief, daß «ungeeignete, manchmal verbrecherische Elemente» in die Polizei eindringen konnten. Draußen im Lande kam es ständig zu Auseinandersetzungen zwischen Räten und Tschekisten. Lenin, noch unter dem Eindruck des Attentats auf ihn, beschwichtigte: Die «augenfälligen Irrtümer» würden von den Tschekisten selbst korrigiert werden. Erst als der äußere Feind Anfang 1920 besiegt und das Neue Ökonomische System eingeführt wurde, stimmte Lenin dem Vorschlag Kamenews zu, einen Großteil der Kompetenzen an zivile Gerichte zu übergeben. Mitten in diesen Auseinandersetzungen formulierte die ukrainische Zeitschrift der Tscheka, *Krasnyj Mec*, im Sommer 1919 ihre Sicht:

«Der Tschekist ist der Wachposten der Revolution. (...) Wir haben eine neue Moral; unsere Humanität ist absolut, sie beruht auf den Idealen der Zerstörung jeden Zwanges und jeder Bedrückung. Uns ist alles erlaubt, wir erheben zum erstenmal in der Welt das Schwert (...) im Namen der allgemeinen Freiheit und der Befreiung von aller Sklaverei.»

Im Buch gibt es nicht den geringsten Hinweis darauf, daß Lenin irgend etwas mit dieser ukrainischen Zeitung zu tun gehabt hätte – wie sollte er auch? Er stand der Moskauer *Prawda* nahe, die sich anders geäußert hatte.

Fazit: Das Zitat stammt nicht von Lenin (auch nicht von Brecht). Seine fragwürdige Moralität spiegelt die Meinung eines ukrainischen Provinzredakteurs mitten im blutigen Bürgerkrieg, in dem selbst innerhalb der Partei gegenteilige Meinungen überwogen. Es ist also ungeeignet, allgemeingültige, parteioffizielle Ideologie zu repräsentieren, wie Lübbe/Kinkel dies unterstellen.

Es ist außerdem unzulässig verkürzt und dadurch zusätzlich sinn-
entstellt.

Delegitimierung des Wahnsystems? Unterstellungen delegitimieren nur denjenigen, der meint, ihm sei alles erlaubt.

Das Evangelium der Proletarier

Der Marximus war ein intellektuelles Projekt, ein Versuch, der
kreatürlichen Hackordnung einen menschlichen Entwurf entge-
genzustellen: das *Denken*. Ein Regulativ des Weltengangs, nicht
durch Gott, nicht durch Geld, nicht durch Genozid, sondern
durch die Gunst wirklich kollektiver Vernunft. Die glaubt, ermu-
tigende Entwicklungsgesetze zu erkennen und diesen zum Durch-
bruch verhelfen zu können.

Dieser Versuch ist zur kollektiven Unvernunft mißraten und
scheiterte folgerichtig. Bemerkenswert aber, wie viele Intellektuelle das *Scheitern der Vernunft an sich* bejubeln. Die Geschichte
von einem Punkt aus gestalten zu wollen sei eine totalitäre Wahn-
idee, meinte auch Rüdiger Safranski bei einem Autorentreffen.
Vielmehr wäre es die Erfahrung des Jahrhunderts, daß die Katastrophe nur noch größer würde, wenn sich eine *Gesamtvernunft*
durchsetze. Dabei seien nicht alle Lösungsvorschläge fragwürdig,
sondern nur die großen, die endgültigen, die vollkommenes Gelingen versprechen. Vorzuziehen seien Ad-hoc-Regelungen, Proviso-
rien, kleinere Übel. Man müsse weg von der Ideenpolitik, hin zu
einem «Durchwursteln durch das Chaos der Geschichte». Damit
werden weit gemäßigtere, sozialdemokratische Ansätze wie die
von Peter Glotz angemahnte «Suche nach einer Rationalität, die
mit der Marktwirtschaft vereinbar ist», gleich mit abserviert. Die
Intellektuellen und Literaten sollten vielmehr endlich aufhören,
nützlich sein zu wollen, und sich in Demut und Bescheidenheit
üben.

Diese Ideologie der Antivernunft ist vielleicht nur der seitenver-
kehrte Versuch, sich in die Geschichte einzumischen. Sie hat aber
durchaus ihren anarchistischen Charme – selbst wenn sie nur ein
eitles Spreizen des Gefieders sein sollte, um die empfundene Ohnmacht zu überspielen. Oder handelt es sich gar um ein feiges Zu-

rückweichen vor dem *Prinzip Verantwortung*? Ist es nicht Selbst-täuschung, anzunehmen, hinter der angeblich spontanen Markt-regulierung stecke keine Idee? Geld ist doch materialisiertes Denken. Ein Gutschein für Gedachtes. Für vermarktbare Ideen. Nur daß Geld nicht vernünftig denkt, im Sinne von egalitär. Es denkt lobbyistisch.

Und hat es gegen diesen Lobbyismus nicht schon erfolgreiche Strategien, so etwas wie Gesamtvernunft, gegeben? Die Antihit-lerkoalition zum Beispiel oder den Atomwaffensperrvertrag. Und verweist der *Club of Rome* nicht seit 20 Jahren darauf, daß die Möglichkeiten der Nationalstaaten begrenzt seien und nur noch globale Strategien weiterhelfen könnten, während die Intellektu-ellen sich beklagenswerterweise vor allem für ihr eigenes Wohler-gehen interessierten? Und schreibt nicht der amerikanische Vize-präsident Al Gore in seinem Bestseller «Wege zum Gleichgewicht. Ein Marshallplan für die Erde» davon, daß es nun endlich darauf ankäme, zusammenzuarbeiten für den *einzigen übergreifenden Endzweck* der ökologischen Rettung der Welt? Eine neue Totali-tät?

Ich gestehe kleinlaut, in meinem vorigen Leben an den histori-schen Fortschritt geglaubt zu haben. Ich dachte tatsächlich, nicht nur die Natur, nein, auch die Gesellschaft würde sich vom Niede-ren zum Höheren entwickeln. Und das Höchste sei das *Glück aller*. Ein Irrtum? Eine schädliche Utopie? Eine Lebenslüge? Warum so schroffe Verdikte. An was für absonderliche Dinge die Menschen nicht alles glauben. Vielleicht sollte man den Marxis-mus als Weltreligion anerkennen und seinen Anhängern die Reli-gionsfreiheit garantieren. Nicht umsonst wurde der Kommunis-mus von den eigenen Leuten das *Evangelium der Proletarier* genannt. Und wie heißt es doch im Evangelium: Man soll sich seines Glaubens nicht schämen.

Gott ist der in der Phantasie befriedigte Glückseligkeitstrieb des Menschen (Feuerbach), aber was mache ich mit meinem Glückse-ligkeitstrieb, wenn ich keinen Gott habe? Der Kommunismus ist die einzig ethische Weltanschauung ohne Gott (Freud). Und Bloch findet in der Bibel immer wieder *Liebeskommunismus*: «Die Menge aber der Gläubigen war ein Herz und eine Seele, auch sagte keiner von seinen Gütern, daß sie sein wären, sondern es war ihnen alles gemein» (Apostelgeschichte 4,32). Reichtum ist verwerflich, das Evangelium widmet sich den Mühseligen und Beladenen. Nur Besitzlosigkeit gilt als moralisch, der reiche Jüngling wird beauftragt, alle seine Güter zu verkaufen und den Erlös mit der Gemeinde zu teilen (Mark. 10,21). Eher geht ein Kamel durch ein Nadelöhr, als daß ein Reicher in den Himmel kommt. (Diese Drohung hat meiner Mutter als Kind schwer zu schaffen gemacht. Immerhin hatte das Geschäft ihrer Eltern, die sich als erste in Deutschland auf Pelz*versand* spezialisierten, in guten Zeiten fast 200 Angestellte. Nach der Kristallnacht hatte sie diese Sorge dann nicht mehr.)

Die Missionierung beider Weltanschauungen hat Millionen Todesopfer gekostet. Kreuzzüge, Christianisierung, Inquisition und stalinistische Säuberung – je schöner die Utopie, desto besser läßt sie sich mißbrauchen. Welche Idee ist stark genug, sich davon zu erholen? Oder gar einfach nur vergessen zu machen?

Mein Glaube, die Gesellschaft würde sich gesetzmäßig entwickeln, hat vor allem mir selbst geschadet. Denn zumindest eine Crux hatte diese Pseudoverwissenschaftlichung natürlich: Was immer an Unsinn passierte, was für Niedertracht, Ignoranz und Machtmißbrauch auch vorkam, man konnte doch sicher sein, daß die sozialistische Vorsehung eines Tages alles mit objektiver Notwendigkeit richten würde. Mit dieser Gewißheit war Opposition reiner Luxus. Etwas für besondere Gelegenheiten, nicht für den harten Alltag. Da genügte ein mißmutiges Grummeln, was gedeutet werden konnte wie: Wartet nur, die Zeit arbeitet für uns. Und während die Zeit arbeitete, merkte man gar nicht, wie weit man mit seinem Rotkäppchen schon vom Wege abgekommen war.

Ich habe niemanden reglementiert. Aber die selbsterfahrenen Reglementierungen und die der anderen habe ich bestenfalls mit halber Kraft verurteilt. Man war eben nicht theoriekonservativ genug. Schließlich gingen Engels, Marx und andere führende Mitglieder des Bundes der Kommunisten von Anfang an davon aus, daß die bürgerlichen Freiheiten selbstverständlich zu gewährleisten, ja zu überbieten seien. Auf ihrem 1. Kongreß im Juni 1847 in London wurde der Entwurf eines «Kommunistischen Glaubensbekenntnisses» erarbeitet, der erst 1968 in der Handschrift von

Engels aufgefunden wurde. Auf die Frage, was der Zweck der Kommunisten sei, wurde in einem Satz geantwortet:

> «Die Gesellschaft so einzurichten, daß jedes Mitglied derselben seine sämtlichen Anlagen und Kräfte in vollständiger Freiheit und ohne dadurch die Grundbedingungen dieser Gesellschaft anzutasten, entwickeln und betätigen kann.»[29]

Wenig später nahm der Gedanke im Manifest seine bekannte Form an. Es gehe darum, eine *Assoziation* zu schaffen, *«worin die freie Entwicklung eines jeden die Bedingung für die freie Entwicklung aller ist»*. In der ersten Ausgabe der *Kommunistischen Zeitschrift* schrieb Karl Schapper im September 1847:

> «Wir sind keine Kommunisten, welche die persönliche Freiheit vernichten und aus der Welt eine große Kaserne oder ein großes Arbeitshaus machen wollen. Es gibt freilich Kommunisten, welche es sich bequem machen und die persönliche Freiheit, die nach ihrer Meinung der Harmonie im Wege steht, leugnen und aufheben wollen; wir aber haben keine Lust, die Gleichheit mit der Freiheit zu erkaufen. Wir sind überzeugt und werden es in unseren folgenden Nummern zu beweisen suchen, daß in keiner Gesellschaft die persönliche Freiheit größer sein kann als in derjenigen, welche sich auf Gemeinschaft gründet.»

Ursprünglich hatten diejenigen, die die Freiheit glaubten geringschätzen zu können, bei den Kommunisten keine Chance. Interessant aber, daß es beide Fraktionen von Anfang an gab. Immer wieder drängte sich nun die Frage auf, wann und wodurch das Ganze so zuungunsten der freiheitlichen Fraktion umkippen konnte. Steckte der Fehler doch in einem diktatorischen Denkansatz? Oder war der praktische Geschichtsverlauf schuld, mit all den Repressionen gegenüber der Linken: Sozialistengesetz, Kerker, Illegalität, Mord, Krieg und Verfolgung? Wann sind Kommunisten demokratisch behandelt worden? Nach dem Krieg in Frankreich und Italien zum Beispiel. Und schon erwiesen sie sich unbestreitbar als Demokraten.

Woher also rührt dieser geradezu irrationale deutsche Antikommunismus? Die Kontroversen darüber sind so alt wie unentschieden. Bisher hatten sie für mich jedoch nur eine akademische Bedeutung jenseits meiner sozialen Existenz. Der Kommunismus lag, wie schon beschrieben, in paradiesähnlicher Ferne – was den Vorteil hatte, daß er, wie alle jenseitigen Projekte, durch die Wirklichkeit nicht blamiert werden konnte. Nachdem nun beide Seiten von Geschichte überrascht wurden, sind alle, die im Osten für Linke gehalten werden, diesem feindlichen Antikommunismus plötzlich leibhaftig ausgesetzt. Kein Wunder, daß dies Unbehagen auslöst. Die Suche nach dem rationalen Kern bekommt erstmalig eine gewisse Dringlichkeit. Warum genügt es nicht, wie ich Anti-*stalinist* zu sein? Wenn ich von Kommunisten rede, meine ich immer nichtstalinistische. Eine Tautologie, in meinem Verständnis. Warum also bezieht sich die jetzige Feindseligkeit nicht gezielter auf die stalinistischen Strukturen? Oder waren diese doch so zwangsläufig, daß es allemal gerechtfertigt ist, den ganzen Sozialismus auf den Müll der Geschichte zu werfen?

Es ist keine komfortable Situation, wenn persönliches Wohlbefinden in gewissem Maße von Jahrhundertfragen abhängt, die in absehbarer Zeit niemand beantworten wird. Was tun? Ich blättere sporadisch in Büchern – und wundere mich.

Nichts als Umstürzler, die sich an die Gesetze halten?

Im Manifest von 1847 spielen Reflexionen über Demokratie noch eine untergeordnete Rolle. Sie wird zwar als wichtiges Ziel erwähnt, aber nur als Herrschaftsform des Proletariats definiert. Marx, der ja das allgemeine Wahlrecht und einen Staat, der soziale Aufgaben übernimmt, nie gekannt hat, war in diesem Punkt auch Gefangener seiner Zeit. Statt dessen starke Worte:

> «Die Kommunisten verschmähen es, ihre Ansichten und Absichten zu verheimlichen. Sie erklären es offen, daß ihre Zwecke nur erreicht werden können durch den gewaltsamen Umsturz aller bisherigen Gesellschaftsordnung. Mögen die herrschenden Klassen vor einer kommunistischen Revolution zittern.»

Doch schon vor nunmehr hundert Jahren gibt Engels in einer seiner letzten Schriften, in der Einleitung zu den «Klassenkämpfen in Frankreich» (1895), zu, daß man sich geirrt habe. Die Geschichte habe die Bedingungen total umgewälzt, die Kampfweise von 1848 sei heute in jeder Beziehung veraltet. Zum einen habe die industrielle Revolution gezeigt, daß die kapitalistische Produktion noch eine sehr *ausdehnungsfähige Grundlage* hatte und zur Beseitigung nicht reif war, zum anderen habe die totale Umwälzung des Kriegswesens durch die Bewaffnung von Millionen Soldaten mit hochexplosiven Geschossen die Rebellion alten Stils, den Straßenkampf mit Barrikaden, unmöglich gemacht. Die neugebauten Viertel der großen Städte, ihre geraden, breiten Straßen, seien wie geschaffen für die neuen Geschütze.

> «Der Revolutionär müßte verrückt sein, der sich die neuen Arbeiterdistrikte im Norden und Osten von Berlin zu einem Barrikadenkampf selbst aussuchte… Haben sich die Bedingungen geändert für den Völkerkrieg, so nicht minder für den Klassenkampf. Die Zeit der Überrumpelungen, der von kleinen bewußten Minoritäten an der Spitze bewußtloser Massen durchgeführten Revolutionen ist vorbei.»[30]

Statt dessen käme es jetzt darauf an, die Vorteile des Wahlrechtes und der parlamentarischen Tätigkeit zu nutzen, neben August Bebel weitere Kandidaten in den Reichstag zu bringen und dort sowie von den Podien der Landtage, Gemeinderäte und Gewerbegerichte die eigenen Ideen zu verbreiten.

> «So geschah es, daß Bourgeoisie und Regierung dahin kamen, sich weit mehr zu fürchten vor der gesetzlichen als vor der ungesetzlichen Aktion der Arbeiterpartei, vor den Erfolgen der Wahl als vor denen der Rebellion… Die Ironie der Weltgeschichte stellt alles auf den Kopf. Wir, die ‹Revolutionäre›, die ‹Umstürzler›, wir gedeihen weit besser bei den gesetzlichen Mitteln als bei den ungesetzlichen und dem Umsturz.»[31]

Im Januar 1996 lese ich in der Zeitung: Die vor 77 Jahren ermordeten Revolutionäre Rosa Luxemburg und Karl Liebknecht wurden an der Gedenkstätte der Sozialisten in Friedrichsfelde von 100 000 Sozialisten, Sozialdemokraten, Kommunisten, Spartakisten, Trotzkisten und anderen Antifaschisten geehrt. Bis heute beneide ich alle, die so genau wissen, was sie sind. Ich habe es nie gewußt.

Als ich klein war, fragte ich meinen Vater: Was ist der Unterschied zwischen evangelisch und katholisch? Er: Die einen glauben an einen Gott ohne Bart, die anderen an einen mit Bart. Ich (nach kurzem, ernsthaftem Überlegen): Welche glauben an den Gott mit Bart? Er: Die Katholiken. Ich: Dann werde ich Katholik.

Als ich später in die Schule ging, fragte ich meinen Lehrer: Was ist der Unterschied zwischen Kommunisten und Sozialdemokraten? Er: Sie erstreben letztlich das gleiche, aber erreichen wollen die einen es durch Reform, die anderen durch Revolution. Ich (nach kurzem, ernsthaftem Überlegen): Welche wollen Revolution? Er: Die Kommunisten. Ich: Dann werde ich Kommunist.

Revolution war natürlich viel schöner, abenteuerlicher, mutiger, konsequenter. (Das hat ja dann die 89er Herbstrevolution, der auch die Konservativen zujubelten, bewiesen.) Doch je mehr ich mich mit Geschichte befaßte, desto mehr mußte ich mir eingestehen, daß die wenigsten gewaltsamen Umstürze auf das Konto von Kommunisten gehen. In der erwähnten Schrift von 1895 erinnert Engels daran, daß ausnahmslos alle modernen Staaten durch Revolutionen entstanden sind:

> «Diese Fanatiker des Anti-Umsturzes von heute, sind sie nicht selbst die Umstürzler von gestern? Haben wir etwa den Bürgerkrieg von 1866 heraufbeschworen? Haben wir den König von Hannover, den Kurfürsten von Hessen, den Herzog von Nassau aus ihren angestammten, legitimen Erblanden vertrieben und diese Erblande annektiert?... Es sind nun fast aufs Jahr 1600 Jahre, da wirtschaftete im Römischen Reich ebenfalls eine gefährliche Umsturzpartei. Sie untergrub die Religion und alle Grundlagen des Staates; sie leugnete geradezu, daß des Kaisers Wille das höchste Gesetz, sie war vaterlandslos, international... Der Kaiser Diokletian konnte nicht länger ruhig zusehen, wie Ordnung, Gehorsam und Zucht untergraben wurden. Er erließ ein Sozialisten-, wollte sagen Christengesetz. Die Versammlungen der Umstürzler wurden verboten, ihre Saallokalitäten geschlossen oder gar niedergerissen, die christlichen Abzeichen, Kreuze etc., wurden verboten wie in Sachsen die roten Schnupftücher. Die Christen wurden für unfähig erklärt, Staatsämter zu bekleiden, nicht einmal Gefreite sollten sie werden dürfen.»[32]

Doch die Christen rissen dieses Ausnahmegesetz wie zum Hohn von den Mauern herunter und zündeten dem Kaiser in Nikomedien den Palast an. Die daraufhin einsetzende Christenverfolgung erreichte das Gegenteil: Nach nur siebzehn Jahren wurde das Christentum zur Staatsreligion erklärt. Wenn also einerseits Revolution alle machen und sich andererseits wichtige Kommunisten bereits seit hundert Jahren auf die Vorzüge des Parlamentarismus besonnen haben, was also ist ihre Besonderheit? Was ist der *wirkliche* Unterschied zwischen Kommunisten und Sozialde-mokraten? Etwa nur, daß die einen das gemeinsame Ziel durch Dogmatismus, die anderen durch Kompromiß verraten haben? Wenn ich ehrlich bin, und das sollte man natürlich nie sein, denn der Ehrliche ist nicht nur der Dumme, sondern auch der Einsame, wenn ich also wider besseres Wissen ehrlich bin, muß ich zugeben, daß ich auf diese Frage bis heute keine klare Antwort weiß.

«Sozialismus bedeutete 1847 eine Bourgeoisbewegung, Kom-munismus eine Arbeiterbewegung», schrieb Engels, um zu be-gründen, welches Adjektiv sie für das Manifest gewählt hatten. Durch die Niederlage der Revolution und Lassalles späteren, etwas weniger kühnen Emanzipationsbegriff nahmen auch die Arbeiter Besitz vom Wort Sozialismus. Als dann aber das *Kapital* erschien, wurde es mehr und mehr *das* geistige Rüstzeug aller deutschen Sozialisten. Bald darauf proklamierte die *Sozialdemo-kratische* Arbeiterpartei unter Liebknecht und Bebel, die Marx und Engels immer *unsere Partei* nannten, offen die Prinzipien des *Kommunistischen* Manifests. Wobei einige Akzente aktualisiert wurden. Engels kritisierte zum Beispiel wiederholt die Verstaat-lichungssucht mancher Sozialdemokraten.

Was aber hat dieser Ausflug in die Geschichte der Arbeiterbewe-gung mit meinem Unbehagen als Linke zu tun? Die Linken wer-den noch lange darüber streiten, wer aus den besseren Gründen verloren hat. Das Unbehagen speist sich aus jenem traditionellen Zwang zur kleinsten Differenz. Und je vergeblicher ich nach der klaren Trennlinie suche, desto paradoxer drängen sich mir die heftig bestrittenen theoretischen Überlappungen und praktischen Inkonsequenzen auf. Die bis heute reichen. Die Konsequenzen werden zu Recht als tragisch beschrieben, dabei sind sie aber auch nicht minder komisch.

Über die Frage der deutschen und russischen Novemberrevolu-tion brach die Arbeiterbewegung vorerst ganz auseinander. Die Sozialdemokraten sagten sich gerade von der Revolution los, durch die sie schließlich an die Macht kamen. Golo Mann schil-dert in seiner «Deutschen Geschichte» diese Zerrissenheit:

«Welche Last auf den Schultern, welcher Widerspruch in den Geistern derer, die zur praktischen Arbeit, aber weniger gut zur Überwindung geistiger Widersprüche taugten, der Sozialdemokraten! Sie hatten alles Menschenmögliche getan, um die Revolution zu verhindern; aber Revolutionäre nannten sie sich früher, und die Männer, deren revolutionäre Versuche sie nun ersticken halfen, waren aus ihren eigenen Reihen hervorgegangen. Sie schlugen die rote Revolution nieder im Bunde mit den Generälen, der Rechten; da sie aber momentweise und notgedrungen die Revolution auch mitmachten, um die unter Kontrolle zu bringen, da ferner alte Theorien und Namen sie mit ihr verbanden, so würden Generäle und Rechte ihnen später vorwerfen, daß sie die Revolution gemacht hätten; indes die radikale Linke ihnen vorwarf, daß sie die Revolution verraten hätten. Sie schienen mit ihren Gegnern im Bunde zu sein, um sich selber zu bekämpfen: den Sozialismus, den sie zu vertreten vorgaben.»[33]

Ja, um den Sozialismus geht es beiden angeblich immer noch. Auch wenn beide ihn auf ihre Art verhindert haben. Wenn es stimmen sollte, was Historiker unlängst mit Dokumenten vorgaben belegen zu können, daß Noske und andere führende Sozialdemokraten in den Mord an Luxemburg und Liebknecht verstrickt waren, so hätten die Sozialisten gerade die einzigen umgebracht, die die spätere Stalinisierung der 1918 gegründeten KPD nicht geduldet hätten. Personenkult (Lassalle), Mord (Luxemburg/Liebknecht), imperiale Gelüste (Zustimmung zu den Kriegskrediten), Gewalt (Zörgiebels Blutmai) – totalitäre Ansätze auch in der SPD.

In keiner Relation natürlich zu dem, was sich später unter Stalin abspielte. Aber der Stalinismus ist genausowenig als lineare Verlängerung kommunistischer Entwürfe und der Oktoberrevolution zu interpretieren wie der National*sozialismus* als lineare Verlängerung der kapitalistischen Weimarer Republik, an deren Regierungen Sozialdemokraten bis fast zuletzt führend beteiligt waren. Der vielzitierte Horkheimer-Satz: «Wer aber vom Kapitalismus nicht reden will, der sollte auch vom Faschismus schweigen», läßt sich ergänzen: Und wer vom Stalinismus schweigt, der sollte auch vom Kommunismus nicht reden. Für mich gibt es zwischen beiden Zusammenhängen Kausalitäten, aber keine Zwangsläufigkeiten. Beide Extremismen stellen totale Perversionen des ursprünglichen Systems dar, entstanden in Konstellationen, in denen sowohl die demokratische als auch die revolutionäre Volksherrschaft außer Kontrolle geriet. Eine Mahnung zu

Wachsamkeit, da es offenbar keine Ordnung gibt, die vor Mißbrauch durch ökonomischen Lobbyismus, Personenkult und paranoide Wahnvorstellungen geschützt ist.

Doch in dem hier erörterten Zusammenhang interessiert mich
weniger die Perversion als das Original. Zumal über den Stalini-
mus zu reden mir schwerer fällt als über den Faschismus, da eine
seriöse Geschichtsschreibung für uns praktisch erst seit dem Ende
der Sowjetunion und der damit verbundenen allmählichen Öffnung der Archive möglich wurde. Was man früher hörte, das
klang wie einzelne röchelnde Stimmen aus dem Hades. Man
konnte sie wahrnehmen oder auch nicht. Erst jetzt ergänzen sich
jene Wortfetzen zu klaren Aussagen: Unter Stalin sind also mehr
Kommunisten umgebracht worden als unter Hitler! Schon deshalb verbietet es sich, die Worte Kommunisten und Stalinisten
synonym zu benutzen, wie es heute üblich geworden ist. Auch das
ist eine Verhöhnung der Opfer.

Um zur Ausgangsfrage zurückzukommen, was denn nun Sozialdemokraten und Kommunisten unterscheide: Wenn ständig
behauptet wird, die einen hätten sich eben zur Demokratie bekannt, die anderen zur Diktatur, so ist mir auch das zu simpel.
Weder ist die BRD mit dem schmückenden Wort *Demokratie* hinreichend beschrieben noch die DDR mit dem stigmatisierenden
Diktatur. Ein weites Feld. Zu DDR-Zeiten verstand man unter
klassischen Diktaturen die in Argentinien, Uruguay und Chile, die
in Kambodscha und Indonesien, wo Zigtausende von Menschen
ohne Gerichtsverfahren spurlos verschwanden. Die altmodische
und endlich fallengelassene Formulierung von der Diktatur des
Proletariats sollte doch eigentlich Volksherrschaft bedeuten und
selbst nur ein Übergangsstadium nach Zerschlagung des alten
Staates zu einer vollkommen freien, selbstverwalteten Gesellschaft sein. Hatte (und hat) die SPD nicht ganz Ähnliches im Sinn?

Der Emigrationsvorstand der SPD zog 1934 in einer als *Prager
Manifest* bekanntgewordenen, programmatischen Schrift Bilanz
von 14 Jahren sozialdemokratischer Politik in der Weimarer Republik: Man habe 1918 die Führung ohne Widerstand übernommen, die Macht aber freiwillig mit den bürgerlichen Parteien, der
alten Bürokratie, ja selbst mit dem reorganisierten militärischen
Apparat geteilt.

«Daß sie den alten Staatsapparat fast unverändert übernahm, war der schwere historische Fehler, den die während des Krieges desorientierte Arbeiterbewegung beging.»

Dafür ruft die Partei nun zur *totalen Revolution* gegen die Nazis:

«Ob Sozialdemokrat, ob Kommunist, ob Anhänger der zahlreichen Splittergruppen, der Feind der Diktatur wird im Kampf der gleiche sozialistische Revolutionär. Die Einigung der Arbeiterklasse wird zum Zwang, den die Geschichte selbst auferlegt.»

(Zwangsvereinigung – eigentlich also eine sozialdemokratische Idee?) Die Ziele der gemeinsamen Revolution werden so beschrieben:

«Sofortige entschädigungslose Enteignung des Großgrundbesitzes, Verwendung des Ackerlandes zur Schaffung lebensfähiger Bauernsiedlungen und genossenschaftlicher Betriebe von Landarbeitern mit ausreichender Förderung durch Staatsmittel. Sofortige entschädigungslose Enteignung der Schwerindustrie... Vergesellschaftung und Übernahme der Großbanken.»

Diese sozialdemokratischen Forderungen wurden tatsächlich Punkt für Punkt erfüllt – allerdings von den Kommunisten in der DDR. (Wie ja überhaupt das Revolutionärste in der DDR die Reformen waren.)

1934 konnte man sich offenbar noch nicht vorstellen, daß die Nazis niemanden übriglassen würden, der totale Revolution machen könnte. Heute sagen mir jüdische Freunde resigniert, nachdem wir von der mit gepanzerten Polizeiwagen umstellten, durch elektronische Sicherheitsschleusen am Eingang und maskierte Scharfschützen auf den umliegenden Dächern charakterisierten Einweihung des Berliner Centrum Judaicum kommen: Es stimmt nicht, daß die Deutschen durch die Alliierten vom Faschismus *befreit* wurden. Er ist ihnen nur weggenommen worden.

Weggenommen und dafür die eigene Ordnung herübergereicht. Die Deutschen hatten ihre Souveränität verspielt. Und die deutsche Linke? Auch. Nach meinem Dafürhalten haben sich Kommunisten und Sozialdemokraten trotz hundertjährigen Hickhacks und zahlloser Abspaltungen und Zusammenschlüsse erst in den fünfziger Jahren, unter den Bedingungen dieses Diktates, endgültig unverwechselbar auseinanderprofiliert. Der besondere deutsche Weg zum Sozialismus wurde den freiheitlich gesinnten Kommunisten um Ackermann oder Herrnstadt und Zaisser von Moskau via Ulbricht nach dem 17. Juni 1953 ausgetrieben. Nichts übrig bleiben durfte von Marx' Auffassung, wonach vollständige Freiheit der höchste Wert ist. Sozialdemokraten wurden diskriminiert und verhaftet.

Im Westen wurden Kommunisten diskriminiert und verhaftet. Und den sozial gesinnten Sozialdemokraten wurde der besondere deutsche Weg zum Kapitalismus ebenfalls ausgetrieben. Nichts übrig bleiben durfte von Bebels Auffassung, wonach das Privateigentum an den Produktionsmitteln die Grundlage jedweder Knechtschaft sei, was sich dann im Heidelberger SPD-Parteiprogramm von 1925 so angehört hatte:

> «Das Ziel der Arbeiterklasse kann nur erreicht werden durch die Verwandlung des kapitalistischen Privateigentums an den Produktionsmitteln in gesellschaftliches Eigentum.»

Nicht von ungefähr hat der Berliner FDP-Politiker Rolf-Peter Lange anläßlich einer Diskussion um die nachrichtendienstliche Observierung der PDS darauf verwiesen, daß die SPD nach den Kriterien des Berliner Verfassungsschutzes bis zu ihrem Godesberger Programm 1959 eine verfassungsfeindliche Organisation gewesen sei. Erst da erfolgte der Kotau vor der Kapitallogik und damit vor dem Privateigentum als höchstem Rechtsgut. Die neue Beschwichtigung, wonach es eigentlich nur auf die Verfügungsgewalt ankäme, hat sich für die Umverteilung von Reichtum zumindest in Krisenzeiten als wenig tröstlich erwiesen. Die Nutzung des Privateigentums zur Akkumulation gesellschaftlich nicht kontrollierbarer Macht wurde zum Tabu.

Welche Seite der Linken hat sich von ihren einstigen Entwürfen weiter entfernt? Die Frage ist müßig, schließlich geht es nicht um Treue im Irrtum. Aber eine gewisse Kenntlichkeit wird man doch wohl noch erwarten dürfen? Was konnte *links* nach dem Desaster des Zweiten Weltkrieges, des Faschismus und des Stalinismus für die Moderne überhaupt noch bedeuten? Die konservativste und für mich gleichzeitig einleuchtendste Erklärung gab 1981 der Italiener Flores d'Arcais: «Man begeht durchaus keinen Willkürakt, wenn man den Begriff ‹links› als ein Kürzel für Freiheit, Gleichheit, Brüderlichkeit interpretiert.»[34]

Aber haben 200 Jahre Erfahrung mit diesem hehren Ziel nicht

bewiesen: Freiheit und Gleichheit schließen einander aus. (Von Brüderlichkeit wollen wir lieber ganz schweigen.) Bevor bessere Lösungen ins Haus standen, sah sich die Linke gezwungen, für eine Priorität zu optieren. Nun, dreimal darf man raten, wie diese Entscheidung unter den jeweiligen Sponsoren ausfiel. Die Kommunisten verpflichteten sich der Gleichheit und verletzten die freiheitlichen Menschenrechte, die Sozialdemokraten verpflichteten sich der Freiheit und verletzten die sozialen Menschenrechte (dazu mehr im letzten Kapitel). Welcher Verzicht letztlich mehr Opfer gekostet hat – diese offene Rechnung mit vielen Unbekannten wird die Geschichte mit ins Grab nehmen.

Das Defizit an Gleichheit haben linke Sozialdemokraten nach dem Regierungsverlust wiederholt konstatiert. In seinem Aufsatz «Die Zeit ist reif für eine Erneuerung des Godesberger Programms» mahnte Thomas Meyer 1983: «Gleichheit wird zur Schlüsselforderung.» Er sprach vom sozialdemokratischen Gerechtigkeitsbegriff der *gleichen Freiheit*, der die Suche nach einem «dritten Weg zwischen zentralistischem Staatssozialismus und Laisser-faire-Kapitalismus» erfordere.[35] Damals erntete man für solche Ziele noch nicht so viel Spott wie später die DDR-Bürgerbewegung.

Freiheit, Gerechtigkeit, Solidarität – absolut identisch sind heute die Grundwerte in den Parteiprogrammen von SPD und CDU. Nur die PDS beharrt noch auf *Gleichheit* als Grundwert. In diesem Festhalten sehe ich die einzige programmatische Kontinuität zur SED.

«Sozialdemokraten und Kommunisten fühlen sich beide dem humanen Erbe Europas verpflichtet. Beide nehmen für sich in Anspruch, dieses Erbe weiterzutragen, den Interessen der arbeitenden Menschen verpflichtet zu sein, Demokratie und Menschenrechte zu verwirklichen», hieß es 1987 im SPD-SED-Grundwertpapier. Nur würden sie sich seit Jahrzehnten streiten, wie dies zu realisieren sei.

«Es ist eine historische Grunderfahrung, daß Reparaturen am Kapitalismus nicht genügen. Eine neue Ordnung von Wirtschaft und Gesellschaft ist nötig.»

Wo findet sich wohl diese Einsicht? Im SPD-Programm von 1989 natürlich. Leider hat diese SPD während der Beitrittsverhandlungen vollkommen verschlafen, zu bemerken, daß ein Teil ihrer Vorstellungen von dieser neuen Ordnung *ansatzweise* im DDR-Sozialismus bereits umgesetzt war (SPD-Programmziele: Abbau der Klassenvorrechte, mehr Gleichheit in der Verteilung von Einkommen und Vermögen, Beteiligung aller am Produktivvermögen, Verhinderung von Bodenspekulation, Vorrang von Nutzungsrechten [Erbbau] bei der Grundstücksverfügung, Vergesellschaftung als demokratisches Element und Förderung des Genossenschaftsgedankens, Zurückdrängung des Einflusses von Banken und Versicherungen auf Grundentscheidungen der Wirtschaft. Vollbeschäftigung und soziale Sicherheit, preiswerte Wohnungen und soziales Mietrecht, Gleichberechtigung von Mann und Frau, Kindergärten und Ganztagsschulen, elternunabhängige Bildungschancen, Zugang zu Sport und Kultur für alle...).

Mit der populistischen Zustimmung zum Einigungsvertrag, insbesondere zur überstürzten Währungsunion und zur Devise: Rückgabe vor Entschädigung, sind all diese Ansätze über Bord gekippt und die Ostdeutschen genau jenem Kapitalismus ausgesetzt worden, der nach Meinung der Sozialdemokraten durch Reparaturen nicht mehr zu retten ist. Mit der Ablehnung des Einigungsdiktates waren Bündnis 90, PDS und Grüne die einzigen, die sich konsequent sozialdemokratisch verhalten haben. Mit diesem neuerlichen Kompromißlertum verlor die Sozialdemokratie, gerade auch die ostdeutsche, für mich und viele andere endgültig ihre Unschuld.

Zentrale Kategorie linker Differenzen bleibt das *Eigentum*. Ach, wie gut, daß niemand weiß, daß das Kommunistischste, was ich in letzter Zeit darüber gelesen habe, vom Vorsitzenden der SPD stammt. (Na schön, Oskar, ich nehme das «kommunistisch» zurück, man ist ja kein Unmensch. Dafür hätte ich bei Gelegenheit gern mal eine Erklärung, warum dieses linkssozialistische Gedankengut so auf der Strecke bleiben mußte.) In seinem 1985 erschienenen Buch «Der andere Fortschritt» geht Oskar Lafontaine mit beiden Gesellschaftssystemen hart ins Gericht. Die Vergesellschaftung der Produktionsmittel ohne politische und betriebliche Demokratie habe in den östlichen Ländern zu organisierter Verantwortungslosigkeit geführt und die (noch dazu ineffektive)

Ausbeutung nur einer anderen Machtelite überlassen. Aber das wirtschaftliche Privateigentum im Westen behindere auch die Entwicklung einer gesellschaftlichen Verantwortlichkeit, und zwar sowohl bei den Arbeitnehmern als auch bei den Kapitaleignern:

«Wer also die Selbstbestimmung des Menschen in der Arbeit verlangt, wird die Bedingungen der industriellen Arbeit ändern müssen. Das sind in den kapitalistischen Ländern die privaten wirtschaftlichen Eigentumsverhältnisse... Wäre das wirtschaftliche Privateigentum tatsächlich der Garant einer freien Persönlichkeit in einer freien Gesellschaft, dann hätte es nicht ein nationalsozialistisches Deutschland gegeben. Ein Teil der deutschen Großindustriellen verhalf Hitler zur Macht, um seine aus dem Privateigentum an den Produktionsmitteln resultierenden Privilegien durch einen starken Staat abzusichern. In Deutschland bildet also das wirtschaftliche Privateigentum zeitweilig die Grundlage für die Zerstörung der gesellschaftlichen Freiheit. Ähnliches läßt sich weltweit von vielen Militärdiktaturen sagen... Der leider zu früh verstorbene Karl-Hermann Flach hat dies Anfang der siebziger Jahre so formuliert: ‹Heute sehen wir noch viel klarer, daß Privateigentum an Produktionsmitteln und Marktfreiheit zu einer immer größeren Ungleichheit führten, welche die Freiheit der großen Zahl gegenüber der Freiheit kleiner Gruppen unerträglich einschränkt... Die starke Antriebskraft des Kapitalismus liegt vorwiegend nicht im Privateigentum, sondern im größtmöglichen Wettbewerb selbständiger Produktionseinheiten und Handelspartner... Wettbewerb läßt sich bei verschiedenen Eigentumsformen organisieren. Und Wettbewerb wird auch bei totalem Privateigentum ohne Staatseingriffe erstickt.›» [36]

Mit dem Einigungsvertrag, dem Oskar Lafontaine seine Zustimmung nicht gegeben hat, was ich ihm hoch anrechne, ist die Chance vertan worden, wenigstens im Osten einen Wettbewerb verschiedener Eigentumsformen zu organisieren. Auch der stellvertretende Vorsitzende der SPD-Bundestagsfraktion, Rudolf Dressler, spricht heute von einer «schlimmen Unterlassung»:

«Denn nach der staatlichen Einheit bestand die klare, historisch einmalige Chance, formales Volksvermögen in den neuen Ländern in breit gestreutes Eigentum an Produktivkapital umzuwandeln, die Ostdeutschen zu Miteigentümern sanierter, wettbewerbsfähiger und profitabler Unternehmen zu machen.» [37]

Daß diese einmalige Chance vertan wurde, lag auch daran, daß sich die Ostdeutschen (und wichtige Leute in der PDS) einreden ließen, es habe in der DDR gar kein Volksvermögen gegeben. Ich habe das gefühlsmäßig immer abgelehnt, weil ich es anders erlebt hatte. Unlängst habe ich mir meine Vermutung nun fachlich sanktionieren lassen. Der Präsident des Deutschen Institutes für Wirtschaftsforschung in Westberlin, Prof. Dr. Lutz Hoffmann, bestätigte mir: «Es gibt letztlich keinen Unterschied zwischen Staats- und Volkseigentum. Der Staat ist immer nur der Verwalter von Volksvermögen. Es gibt keinen ‹Eigentümer Staat›. Alles, was sich *volkseigen* nannte, war tatsächlich das Eigentum der Bürger der DDR.»

Zwar war die Verfügungsgewalt durch die zentralistische Planung rigoros eingeschränkt. Zwar konnte dadurch, zumindest in der Produktion, kein Eigentümerbewußtsein entstehen und die Eigentümerfunktion de facto nicht wahrgenommen werden. Aber diese Einschränkungen änderten de jure nichts daran, wem alles gehörte. Nur durch die Verschleierung dieser Tatsache konnten das Bonner Finanzministerium und seine Treuhand so tun, als seien sie in der Rechtsnachfolge des DDR-Staatseigentums zum totalen Verfügen, Veräußern, Verschenken, Verschrotten befugt. In Wirklichkeit handelte es sich um eine Enteignung. Sozialdemokraten haben sich daran beteiligt. Ein Vorwurf, der sonst nur Kommunisten gebührt. Allerdings nicht, wenn es sich um die Taschen des kleinen Mannes handelt.

Fazit: Die Unterschiede im Denken und Handeln von Sozialdemokraten und Kommunisten sind nicht so gravierend, daß sie eine Unterteilung in gute Demokraten und böse Buben rechtfertigen. Damit ist meinem unsystematischen, aber ehrlichen Bemühen, hinter das Geheimnis des Antikommunismus zu kommen, natürlich nicht geholfen. Vielleicht sind es einfach die frechen Sprüche, die viele so verschrecken? Heiner Müller:

«Die Öffnung der Grenzen wird für den Westen noch ungeahnte Folgen haben. Denn erst in den entwickelten Ländern ist die kommunistische Utopie sinnvoll. Die russische Variante war: ‹Ein Smoking für alle› gegen die europäische ‹Ein Smoking für mich›.» [38]

Die führende Rolle der Bescholtenen und Unbescholtenen

Wenn Wolfgang Thierse heute alle «*unbescholtenen* ehemaligen SED-Mitglieder, von denen es unendlich viele gibt», aufruft, doch in die SPD zu kommen, dann kann ich nur sagen: Danke für die Blumen. Sich als Unbescholtener zu den Unbescholtenen gesellen? Wer unter euch ohne Sünde ist, der bitte den ersten rein. Wer mag, trinke den zweiten Wein. Prost Mahlzeit. Diese unangemessene Herablassung verfängt nicht, solange der Eindruck erweckt wird, uns würden nun gnädig die Pforten ins wahre linke Himmelreich geöffnet.

Als die Friedrich-Ebert-Stiftung 1987, im Zusammenhang mit dem Grundwerte-Papier, eine Tagung über die SED machte, war sie zu ausgewogenen Einschätzungen gekommen. Genau wie im Kulturbereich hatte die Einheit in den Beziehungen zwischen beiden Parteien zunächst einen Rückfall in primitive Raster gebracht. Auch das eine Quelle berechtigten Osttrotzes. Der langsam seine Wirkung zeigt.

Als Wolfgang Thierse im Herbst 1991 Intellektuelle nach ihrer Meinung zu einem Tribunal befragte, antwortete ich ihm sehr ernsthaft: «Ganz einig sind wir uns darin, daß etwas getan werden muß, um unsere jüngste Vergangenheit zu analysieren – schonungslos, gerecht, differenziert. Und aus den Umständen der Zeit erklärt, um nicht provinziell zu bleiben. Es gilt nachzudenken über den Mißbrauch von Macht, die Motive und Biographien der Peiniger, die Mechanismen von Verdrängung und Anpassung.

Wie war es möglich, daß ein System, das nach heutigen Aussagen niemand außer Honecker & Mielke wollte, doch von Mehrheiten getragen wurde? Haben diese Mehrheiten in all den Jahren ausschließlich gegen ihre Überzeugung gehandelt, oder hat ein durchaus menschliches Harmoniebedürfnis zur Verinnerlichung gesellschaftlich vorgegebener Wege geführt? Inwiefern ist es legitim, Menschen, die zwar nicht kriminelle, aber doch falsche Wege gegangen sind, auch lautere Ziele abzusprechen? Ist die Anpassung von Mehrheiten – biologisch als überlebensnotwendig gepriesen – psychologisch nur zu verurteilen? Solche Fragen würden mich, genau wie Sie, interessieren.

Wer lange verfolgt wird, macht sich schuldig, meint Camus. Und mit bitter-ironischem Ernst fährt er fort: Wenn wir alle schuldig sind, dann beginnt die Demokratie...

Leben heißt sich schuldig machen. Die Grenzen zwischen privatem und gesellschaftlichem Versagen sind fließend. Nicht nur Politiker tragen politische Schuld, auch die Untertanen haben Stimmen, die zum Chor werden können. Selbst wer beschwört, wirklich nie etwas gemacht zu haben, bekennt sich zu einer *Un*tat: Denn man ist nicht nur verantwortlich für das, was man tut, sondern auch für das, was man nicht tut.

Den Satz schreibe ich vor allem als Selbstanklage – ich weiß, wovon ich rede. Zwischen diesem Rigorismus und den eingangs formulierten eher versöhnlichen Fragen pendele ich unschlüssig. Sie sagen, wenn die Täter reuig ihre Schuld erkannt hätten und bestraft würden, die Opfer dagegen geachtet und rehabilitiert wären, dann könnten die dazwischen, wir also, die Kräfte des Herbstes 89, ihre Biographie besser annehmen und von der Vergangenheit scheiden. Ein Paradies der Erlösung und Gerechtigkeit für jedermann? Ich fürchte, wir sind längst und für immer daraus vertrieben. Von unserer sündigen Vergangenheit, die andererseits auch nicht auf Schuld reduziert werden darf, werden wir uns nie lossagen können. Ist sie doch unsere einzige Mitgift für die Zukunft, ja der zu erneuernde Stoff selbst. (Mit der von der Theologie angebotenen stellvertretenden Schuldübernahme kann ich mich nicht anfreunden. Ich bin dennoch überrascht, wie viele gedankliche Anleihen ich bei der Reflexion dieses Themas im Christentum nehme. Die Religionen, gleichsam aus der Sünde geboren, haben Tausende Jahre Vorsprung im Moralisieren.)

Ich muß nicht der Prophet Jeremia sein, um zu wissen: ‹Jeder wird um seiner Schuld willen sterben.› Wir alle sind zur Höchststrafe verurteilt. Bis dahin aber wollen wir – gottgleich – schnell noch ein wenig Jüngstes Gericht spielen. Ich erinnere mich sehr deutlich an die Zweifel, die ich während meiner Tätigkeit in einer Unabhängigen Untersuchungskommission darüber hatte, was mich eigentlich dazu berechtigt, auf der Seite der moralischen Sieger zu sitzen.»

Statt des Prangers schlug ich Thierse ein Aufeinanderzugehen, Zuhören vor. Aber nicht unter der Maßgabe, daß einer Seite a priori das Recht zusteht, in Bescholtene und Unbescholtene einzuteilen. Den Brief heute lesend, staune ich über meinen damaligen Tonfall. Wie selbstverständlich ich doch bereit war, von *Schuld, Versagen, Selbstanklage* und *Untaten* zu sprechen. Heute unterläuft es mir, daß ich mich genauer frage: Welche Schuld eigentlich?

Es gibt zwei Arten, sich schuldig zu machen: durch das, was man tut, und durch das, was man nicht tut. Für mich, wie wohl für die meisten, ist letzteres das Entscheidende. Wenn es wirklich darauf ankam, wenn der Druck unerträglich wurde, haben ich und andere nicht geschwiegen. Ob das im Prager Frühling 1968 oder im deutschen Herbst 1976 war oder als Glasnost bei uns keine Chance haben sollte. Aber dazwischen lagen natürlich immer wieder Phasen des Abwartens und der Resignation, des Wegsehens und Nichtwahrhabenwollens.

So könnte man es zu den Versäumnissen rechnen, daß ich, die Aussichtslosigkeit realer Einflußchancen erkennend, nicht aus der Partei ausgetreten bin. Der Vorwurf ist akzeptiert. Schließlich war klar, daß der Zentralismus in diesem Verein derart überzogen war, daß eigentlich jedes Mitglied außerhalb des Politbüros atomisiert wurde. Es war vollkommen sinnlos, sich diesen Strukturen zu beugen.

Es war allerdings nicht sinnlos, sich mit bestimmten Leuten organisatorisch verbunden zu fühlen. Niemand hat eben diese Strukturen so scharf kritisiert wie die, die sie am besten kannten. Ausnahmslos alle gesellschaftstheoretischen Dissidenten sind aus der Partei gekommen. (Ich meine nicht publizistische, essayistische, künstlerische Dissidenz aller Art, sondern wirkliche Gesellschaftstheorie.) Sehr früh las ich «Die neue Klasse» von Milovan Djilas. Die vom Genossen Wolfgang Harich etwa gleichzeitig formulierte «Plattform für einen besonderen deutschen Weg zum Sozialismus» forderte revolutionäre Reformen wie die Gründung von Arbeiterräten, Gewinnbeteiligung der Betriebe, Meinungsfreiheit, Auflösung der Stasi, Souveränität des Parlaments und der Gerichte. Robert Havemann hatte seine aufsehenerregenden Vorlesungen als Genosse gehalten. Welchen Einfluß Alexander Dubček und Andrej Sacharow auf mich hatten, habe ich beschrieben. Auch Rudolf Bahros «Alternative» kam 1977 aus der Parteierfahrung. Der Bund Demokratischer Kommunisten, eine kleine Gruppe von Parteiintellektuellen und Funktionären um Prof. Hermann von Berg, hatte 1978 im *Spiegel* ein «Manifest» veröffentlicht, das aus heutiger Sicht geradezu seherische Qualitäten besaß. Die sowjetische Politbürokratie und ihre militärische Überrüstung seien «objektiv reaktionär geworden», hieß es da. Das Konzept forderte «einen theoretisch und politisch total reformierten Kommunismus», radikale Abrüstung, freie Wahlen und ein freies Parlament, einen unabhängigen Obersten Gerichtshof, an dem jeder Bürger gegen Machtmißbrauch klagen könne.

> «Wir sind daher gegen die Einparteien-Diktatur, die eine Diktatur der Sekretärs- und Politbürokratie ist, gegen die Diktatur des Proletariats, die eine Diktatur der Bürokratie über das Proletariat und gegen das gesamte Volk ist, für einen Parteienpluralismus, denn Freiheit ist, nach Rosa Luxemburg, immer die Freiheit des Andersdenkenden.»[39]

Es gab im Grunde keinen einzigen originären Gedanken der Bürgerbewegung, der nicht zuvor schon öffentlich von SED-Mitgliedern geäußert worden war. (Das Wort Bewegung ist angesichts der relativ kleinen Schar Mutiger etwas euphemistisch, treffender wäre, von bewegten Bürgern zu reden.) Die Stärke der Bürgerbewegten bestand in von bemerkenswerter Zivilcourage getragenen öffentlichen Aktionen. Mein Respekt vor dieser risikoreichen Widerständigkeit, die vielen Mut machte, war groß, und wo immer ich von solchen Gruppen eingeladen wurde, habe ich durch Lesung und Diskussion versucht, meinen kleinen Beitrag zu leisten. Dadurch wußte ich aber auch aus eigener Anschauung: Ein theoretisches Konzept oder auch nur eine theoretische Analyse existiert dort nicht.

Da hatten doch «Der vormundschaftliche Staat» vom Genossen Rolf Henrich oder das an der Humboldt-Universität laufende Forschungsprojekt «Sozialismustheorie» um Michael Brie und Rainer Land oder die in dem erwähnten Gesprächskreis gehörten Prognosen des verfemten Philosophen Peter Ruben eine ganz andere Substanz. Wie viele aufsässige Geister auch verfolgt wurden, es wuchs ein kritisches Potential nach. Viel weniger, als nötig gewesen wäre und ich gehofft hatte, das ist leider wahr. Aber immer noch mehr als außerhalb der Partei.

«Genossen, propagiert unsere Kritik, popularisiert das Ideengut der Reformkommunisten!», der Appell der Autoren des im *Spiegel* veröffentlichten Manifestes ging über alle Sender. Ich erinnere mich gut, wie wir im engen Freundes- und Kollegenkreis überlegten, ob und wie man reagieren könne. Wir waren Fernsehleute ohne jeden Zugang zur Öffentlichkeit. Die westliche zu nutzen war folgerichtig das, was die Parteiführung am härtesten ahndete. (Außerdem bekam ich zu Westkollegen erst zehn Jahre später Kontakt.) Eine Mund-zu-Mund-Propaganda, so war uns klar, würde sehr schnell auf die falschen Ohren stoßen. Während wir noch überlegten, vermeldeten jene ersehnten Westsender, daß der Bundestag über das Manifest diskutiert habe. Hans-Dietrich Genscher verspricht, «die Signale nicht auf Konfrontation» zu stellen. Mit einem Rückfall in den kalten Krieg würde nichts gewonnen. Bundeskanzler Helmut Schmidt verlangt ebenfalls, sich «von Scharfmachern von jenseits oder von diesseits der innerdeutschen Grenze in unserer auf Entspannung und Normalisierung gerichteten Politik nicht beirren» zu lassen. Und Herbert Wehner sagt in einem Interview: «Sie sind ja alle Gefangene einer Provokation... Und ich weigere mich, zum Sklaven von Provokateuren zu werden» (*Die Welt*, 13.1.78). Gesenkten Hauptes gingen wir auseinander.

Wenn heute jemand aus der SPD fragt: «Ihr wart doch zwei Millionen in der SED, warum habt ihr denn nie etwas unternommen?», dann kann ich nur sagen: Selten so gelacht. In der KPdSU waren es 20 Millionen und in der KP Chinas sind es 50 Millionen. Im DA waren wir am Anfang 50. Als der Gründungsaufruf unterzeichnet war, rief bei mir zu Hause alle halbe Stunde ein Westreporter an und wollte ein Telefoninterview. Da konnte ich mir zumindest einbilden, etwas bewirken zu können. Die Wende war nur möglich, weil sie ständig live übertragen wurde.

Schreiben, das allerdings konnte ich auch früher schon versuchen. Wenn ich heute in einer Bibliographie der Nach-Wende-Literatur fast ein Dutzend Namen von SPD-Ost-Essayisten finde, unter ihnen Markus Meckel, Richard Schröder, Martin Gutzeit oder Stephan Hilsberg, dann kann ich nur sagen: Willkommen, Kollegen. Schön, daß ihr nun auch eure öffentliche Sprache gefunden habt. Denn als Theologen, die doch von Berufs wegen reflektierten, hieltet ihr euch diszipliniert an euren geschützten, innerkirchlichen Raum. Warum hat keiner von euch den Reclam-Verlag (oder wenigstens den Union-Verlag oder die Evangelische Verlagsanstalt) mit einer Essay-Sammlung in arge Verlegenheit gebracht, so wie es Christa Wolf, Stephan Hermlin und Volker Braun vorgemacht hatten?

Vielleicht deshalb heute diese Unversöhnlichkeit? Damals, als wir uns noch wie Don Camillo und Peppone begegneten, lief alles viel heiterer. Zwei Erinnerungen: Ein aktiver Pfarrer aus dem Biosphärenreservat Schorfheide veranstaltete jedes Jahr einen *Brodowiner Kirchensommer*, mit Konzerten und Veranstaltungen für die Urlauber der schönen, aber durch Umweltschäden bedrohten Gegend. Im Sommer 1984 lud er mich zu einer Lesung ein. Als ich am Vorabend anreiste, erfuhr ich, daß sich für den nächsten Morgen die Kreisvorsitzende für Inneres angekündigt habe, was nichts Gutes bedeuten konnte. Pünktlich erschien sie im Pfarrhaus. Ich saß in der Küche und konnte das Gespräch durch die offene Tür mithören. Zunächst ging es darum, daß die Lesung angeblich nicht ordnungsgemäß angemeldet war. Sodann machte die (Genossin) Kreisvorsitzende den Pfarrer darauf aufmerksam, daß er nicht berechtigt sei, Reklamezettel für die (Genossin) Autorin zu verteilen. Er solle seine Ankündigung auf den Schaukasten vor der Kirche beschränken. Schließlich sei der Bürgermeister dabei, für diesen Abend eine Disco zu organisieren (was seit Monaten nicht vorgekommen war) und auch noch eine Feuerwehrübung. Da brauche er sein Publikum. Als sie weggestelzt war, ging der Pfarrer höchstpersönlich auf den Campingplatz, klopfte an die Zelte und machte eine von niemandem zu verbietende Reklame für meine Lesung. Am Abend saßen siebzig Leute in der Kirche. Über den Ausgang der Feuerwehrübung erfuhr ich nichts.

Im Winter 1988 las ich vor 400 jungen Leuten in der Friedrichshainer Samariter-Kirche. (Nach mir war eine Rockgruppe angekündigt, die Fans hätten auch erst nach meiner Lesung kommen können, aber damals war das Literatur- und Musikpublikum noch nicht so geteilt.) Als ich nach der lebhaften Diskussion aufbrechen wollte, hatte ein so dichtes Schneetreiben eingesetzt, daß mit den öffentlichen Verkehrsmitteln nicht mehr zu rechnen war. Pfarrer Eppelmann fuhr mich nach Hause, und während wir über die leeren Straßen durch das Schneetreiben schlichen, erfuhr ich in ziemlich verschwörerischem Ton von der von ihm herausgegebenen kircheninternen Zeitung. Demnächst werde er dort Chruschtschows Geheimrede vom XX. Parteitag abdrucken, die seit 32 Jahren unveröffentlicht war. Übersetzt habe man sie aus der polnischen Zeitung *Polityka*, dessen Chefredakteur und jetziges Politbüromitglied der PVAP, Rakowski, bei Gorbatschows Besuch in Polen um den Text gebeten hatte. Ich war natürlich höchst interessiert, von Bruder Eppelmann Genaueres über die Bruderparteien zu erfahren. Damit hatte er die Aufgabe übernommen, der sich das *Neue Deutschland* immer noch nicht stellte. Wir verabredeten, daß ich seine Zeitung künftig persönlich zugestellt bekäme. Mit der Post wurde so etwas nicht geschickt. Diese Konspiration schien mir insofern übertrieben, als die Chruschtschow-Rede mit Abstand das Radikalste in dieser Zeitung war.

Immer wieder die gleiche Erfahrung: Die Partei hatte tatsächlich die führende Rolle – im Schlimmen wie in der Bekämpfung des Schlimmen. Unter diesen Umständen wäre mir ein Austritt nicht wie ein Austritt aus Schuld, sondern aus Verantwortung vorgekommen. Mir schien es konsequent, meinen Beruf zu verlassen, aber nicht die Partei. Das war vielleicht falsch. Aber wenn überhaupt, versprach ich mir eine Liberalisierung wie 1968 in Prag, nur aus dem Inneren der Partei. Und so kam es dann ja auch. Im Anfang war das Wort. In diesem Fall das von Gorbatschow.

Im Gegensatz zum Faschismus ist der Realsozialismus nicht durch ausländische Militärmacht niedergerungen worden, sondern durch einen inneren Erosionsprozeß, an dem verschiedene gesellschaftliche Kräfte über einen längeren Zeitraum beteiligt waren. Es war ein Aufstand gegen die führenden Parteien, der, in der Sowjetunion von der Partei selbst ausgelöst, in anderen osteuropäischen Ländern von Teilen der Partei mitgetragen wurde. Die frühe Wirtschaftsreform in Ungarn ging von Parteifunktionären aus; Ceauşescu ist von seinen Genossen verhaftet worden; der Runde Tisch in Polen war eine Erfindung der PVAP; die Modrow-Regierung war ein Übergangssystem, das sich aus *den* Teilen der alten Elite rekonstruierte, die reformbereit waren. Die Bevölkerung all dieser Länder hat doch miterlebt, daß Teile der eben noch diktatorischen Partei an den Umgestaltungen beteiligt waren, erst sehr direkt, später als mehr oder weniger sachkundige parlamentarische Opposition. Es kam nicht so sehr darauf an, wie man organisiert war, sondern wie man sich verhielt. Da wußten die Leute ziemlich genau zu unterscheiden. Wer das nicht zur Kenntnis nimmt, wird nie verstehen, warum in ausnahmslos allen osteuropäischen Ländern Exkommunisten heute beachtliche Wahlergebnisse erzielen.

Ich habe die Wende weniger aus der Parteiperspektive erlebt denn aus der des *Demokratischen Aufbruchs*. Durch persönliche Kontakte zu einigen der Initiatoren geriet ich in diese, anfangs ausgeprägt antikapitalistische, Bürgerbewegung. Zu der Zeit konnte man getrost von *Bewegung* sprechen. Auf der konstituierenden Versammlung des DA kam mir vor den aus dem ganzen Land angereisten Delegierten die Aufgabe zu, den «Aufruf» zu verlesen und zu kommentieren. Meine Einwände bezogen sich auf theoretische Lücken des Programms, insbesondere die Wirtschaftskonzeption grenzte ans Dilettantische. Die Verfasser waren vorwiegend Theologen, unter ihnen Rainer Eppelmann. Mit Freude verlas ich dagegen die schönen Stellen des gemeinsam Beschlossenen:

> «Der *Demokratische Aufbruch* ist ein Teil der politischen Opposition in der DDR. Seine Mitglieder wehren sich gegen die Unterstellung, die DDR in kapitalistische Verhältnisse zurückreformieren zu wollen. Sie stehen ein für die Umgestaltung untragbarer Zustände, um eine Glaubwürdigkeit der Politik herzustellen. Wir wollen neu lernen, was Sozialismus für uns heißen kann.»

Endlich hatte ich, was ich seit meinem 18. Lebensjahr wollte: eine Opposition, die sozialistischer ist als das Bestehende. Nun gab es gute Gründe, aus der Partei auszutreten, in der sich diejenigen, die wie ich für Neugründung waren, nicht durchsetzen konnten. Wer sich einmischen wollte, blieb nicht mehr auf die eine Option angewiesen. Das war eine wichtige Erfahrung. Aber nur die halbe Wahrheit. Hinzu kam, daß ich den moralischen Druck, der plötzlich lautstark von denen verbreitet wurde, die es schon immer wußten, ohne es zu sagen, einfach nicht mehr ertrug. Die gesamte SED unterschiedslos eine Verbrecherbande und kriminelle Vereinigung? Strafbedürfnis rührt aus Schuldbewußtsein.

In Revolutionen braucht man starke Nerven. Hut ab vor denen, die sie hatten. Als der DA wenig später zu einem Juniorpartner der CDU mutierte, verließ ich, wie die meisten Gründungsmitglieder, auch ihn. Seither genieße ich die Unabhängigkeit einer parteilosen Existenz. Nie wieder führende Rolle! Nie wieder Rolle! Nie wieder kollektive Verantwortung für Irrtümer und Schlimmeres!

Wenn ich jedoch in stillen Stunden über die Redlichkeit meiner Motive nachdenke, so fühle ich mich bei denen meines Parteieintritts weniger unwohl als bei denen meines Austritts.

Der Westen sieht rot,
der Osten schwarz
Mein Unbehagen als gewesene DDR-Bürgerin

Da haben sich zwei Kontrahenten vierzig Jahre lang aufs übelste beschimpft, Waffen gegeneinander in Stellung gebracht, sich mit Blockade, Sabotage, Spionage und Embargo bekämpft. Plötzlich und unerwartet gibt der eine seinen Geist auf. Und da soll der andere die übermenschliche Größe aufbringen, seinen am Boden liegenden Erzfeind differenziert und gerecht zu beurteilen? Er soll der Versuchung widerstehen, den anderen auch noch mit Wortsalven niederzuhalten, um daraus für sich Image-Vorteile, also Mehrheiten, also Macht zu gewinnen? Jeder sich in solcher Situation befindliche Richter würde ohne Ansehen der Person als befangen abgelehnt werden.

Der Einigungsvertrag, von dem bekannt ist, daß Herr Schäuble ihn mit sich selbst ausgehandelt hat, ist im Westen formuliert worden. Artikel 17 stellt mit Gesetzeskraft fest, daß die DDR ein «Unrechtsregime» war. Vielleicht stimmt das. Vielleicht stimmt das nicht. Die offiziellen Vertreter der Bundesrepublik haben jedenfalls nicht die moralische Kompetenz, dies zu entscheiden, da sie unbestreitbar befangen sind.

Die Beurteilung müßte einem unabhängigen, möglichst internationalen Gremium überlassen werden. Der UNO etwa. Oder ist die auch befangen, weil die DDR seit 1973 Mitglied war und niemals, wie andere Länder, gerügt wurde? Ebensowenig wie von den über hundert Staaten, die die DDR völkerrechtlich anerkannt hatten? Ist damit das Urteil vielleicht schon gesprochen?

Die DDR war kein Rechtsstaat im Sinne eines modernen Verfassungsstaates. In der DDR ist Unrecht geschehen. Ab wieviel Unrecht ist ein Staat ein Unrechtsstaat? Der Rechtswissenschaftler Reinhard Merkel bestätigt die Befürchtung, «daß es einen normativen archimedischen Punkt der weltweiten Beurteilung politischer Systeme nicht gibt».[40] Also Warten auf das Jüngste Gericht? (Wenn ich hier aufgefordert bin, das durch den Beitritt verursachte Unbehagen zu beschreiben, so muß wohl wenigstens einmal die Selbstverständlichkeit ausgesprochen werden, daß ähnliches und anderes Unbehagen in der DDR permanent gegenwärtig war. War man dem feudalen, auf die Spitze getriebenen Subjektivismus ausgesetzt, spürte man mehr als Unbehagen. Viele Autoren, auch ich, haben dies beschrieben und werden es weiter tun. Aber hier läuft jetzt ein anderer Film. Auch der Untertitel dieses Kapitels bezieht sich nicht auf mein Unbehagen *in* der DDR, sondern auf das heutige Gefühl von Deklassierung, das sich allein der Tatsache verdankt, einst in der DDR gelebt zu haben.)

Durch die Bezeichnung «Unrechtsregime» werde vor allem die ostdeutsche Bevölkerung kriminalisiert, hatte Jutta Limbach, Präsidentin des Bundesverfassungsgerichtes, zu Recht beanstandet. Wenn ich hier gegen diesen Begriff polemisiere, geht es mir tatsächlich nicht um eine Rechtfertigung der DDR, sondern um Selbstbehauptung. Insofern versehe ich von Anfang an alle Argumente mit der Einschränkung, daß hier nur eine Befangenheit gegen die andere gesetzt wird und mithin der *Weisheit letzter Schluß* schwerlich zu haben ist.

Das Dilemma beginnt im Begrifflichen. Was war die DDR denn nun? Ein «befehlsadministrativer Sozialismus» (Gorbatschow), eine «politbürokratische Diktatur, die keine totalitäre war» (F. Dieckmann), «eine weit weniger schreckliche Diktatur» als das Naziregime bzw. eine Oligarchie (Gauck), eine Diktatur mit «einer kurzen stalinistischen und einer längeren autoritär nachstalinistischen Vergangenheit» (Habermas), eine «moderne Diktatur» (Kocka) oder eine «stalinistischen Einflüssen unterliegende Diktatur der SED-Führung» (Keller)?

Vielleicht fällt die Entscheidung leichter, wenn man sich die Hauptvorwürfe gegen den *Unrechtsstaat* noch einmal im Zeitraffer vergegenwärtigt: Das Symbol der DDR war die *Mauer*. Gebaut, um die Fluchtbewegung derjenigen mit dem Hammer, dem Zirkel und dem Ährenkranz zu stoppen. Das Wort *Schutzwall* ist allerdings lange vor 1961 erstmalig von Adenauer benutzt worden. Er nannte das System der dynamischen Renten und Löhne, also die Beteiligung der Bevölkerung am Wachstum der Volkswirtschaft, einen «finanziellen Schutzwall gegen den Osten». Also Wohlstand gegen die Werte der östlichen Ideologie. «Das Kapital ist schlauer, Geld ist die Mauer», hieß später ein Graffito auf dem Betonwall.

Aus ökonomischen und politischen Defiziten heraus sah sich die DDR gezwungen, ihre Leute einzumauern. Eine Notlösung, die die Not nicht löste. Im Gegenteil: Obwohl nun die Ärzte und Wissenschaftler, die Lehrer und Busfahrer am Weglaufen gehindert waren, blieben die angekündigten Wonnen des Sozialismus aus. Statt dessen erhob sich die Frage, ob denn ein noch so hehres Ziel eine solche Maßnahme wie den Mauerbau auch nur ansatzweise rechtfertigte? Mit einem klaren «Nein» hat man natürlich allemal die besseren Karten. Es ist auf jeden Fall eine richtige Antwort. Eine Zusatzfrage muß aber gestattet sein: War denn die Behauptung der Machthaber, der Westen wolle das Überleben der DDR verhindern, ausschließlich paranoider Verfolgungswahn? Auch wenn die Bedrohungsszenarien im Westen immer gepflegt wurden, hat man dort alle östlichen Befürchtungen als lächerliche Verschwörungstheorien abgetan. Zwar erfuhren wir von Sabotage und Abwertung, von Hallstein-Doktrin und Handelsembargo, man war dem medialen Dauerfeuer und der Nichtanerkennung der Staatsbürgerschaft ausgesetzt – daß hinter alldem aber ein Gesamtplan stecken könnte, war nicht nachweisbar. So etwas hätte man in Westeuropa, mit seiner starken Linken, auch nicht zugeben dürfen. Ganz anders in den USA, wo derartige Pläne immer wieder in aller Drastik verkündet wurden, da man praktisch bei allen Wählern mit einem breiten antikommunistischen Konsens rechnen konnte und kann. In dankenswerter Offenheit beschreibt Vizepräsident Al Gore, wie es gelang, den Jahrzehnte währenden *Ideenkrieg* zwischen beiden Systemen zu gewinnen:

«Ermöglicht wurde dies durch den bewußten und gemeinsamen Entschluß von Männern und Frauen in den Staaten der ‹freien Welt›, die Niederlage des kommunistischen Systems zum *zentralen Organisationsprinzip* nicht nur der Regierungspolitik, sondern *der ganzen Gesellschaft* zu machen. Das heißt nicht, daß dieses Ziel alle Gedanken beherrscht oder jeglicher staatlicher Entscheidung Pate gestanden hätte, aber der Widerstand gegen den Kommunismus bildete den Grundzug praktisch aller geopolitischen Strategien und Sozialpolitiken, die der Westen seit dem Zweiten Weltkrieg entworfen hat. Der Marshallplan etwa war in erster Linie dazu gedacht, Westeuropas

Widerstandskraft gegen die Ausbreitung der kommunistischen Idee zu stärken. Dieselbe Zielrichtung hatten McArthurs Konzept zum gesellschaftlichen und ökonomischen Wiederaufbau Japans und Trumans Entscheidung des Jahres 1947, Griechenland und der Türkei massive Wirtschaftshilfe zukommen zu lassen. Auch die Nato und andere Militärpakte unter Führung der USA entstanden aus dem genannten Grundprinzip. Das Eintreten der USA für Freihandel und Entwicklungshilfe war teilweise uneigennützig, aber hauptsächlich durch den Kampf gegen den Kommunismus motiviert. Natürlich war diese Politik mitunter schmerzhaft, kostspielig und kontrovers. Die Kriege in Korea und Vietnam, das atomare Wettrüsten, Waffenlieferungen an Diktatoren, die mit Ausnahme des Antikommunismus sämtliche amerikanischen Ideen ablehnten – diese und praktisch alle außen- und militärpolitischen Entscheidungen wurden getroffen, weil sie demselben Kerngedanken gehorchten, wenn auch auf eine Weise, die gelegentlich mangelndes Urteilsvermögen erkennen ließ... Als die Sowjetunion 1957 mit dem Start des Sputnik ein technologisches Meisterstück lieferte, gingen die USA erstmals zur Bildungsförderung auf Bundesebene über – nicht etwa weil der Präsident und die Kongreßmehrheit den Eigenwert eines verbesserten Bildungssystems anerkannt hätten, sondern wegen der Bedeutung naturwissenschaftlich-technischer Qualitäten im Kampf der Systeme. Gleichzeitig leiteten wir das amerikanische Raumfahrtprogramm ein, nicht etwa weil die Kongreßmehrheit auf einmal den Drang verspürt hatte, das Weltall zu erkunden, sondern weil das Programm im Zusammenhang mit dem Kampf gegen den Kommunismus gesehen wurde... Diese Einsatzbereitschaft führte mitunter zu schrecklichen Exzessen: Die Verleumdungskampagnen des McCarthyismus sowie Experimente, die Menschen radioaktiver Strahlung aussetzten, sind nur zwei Beispiele dafür, daß Übereifer tragische Folgen haben kann. Aber der Hauptpunkt bleibt, daß praktisch alle Programme danach beurteilt wurden, ob sie mit unserem Grundprinzip übereinstimmen. Sogar so weit auseinanderliegende Strategien wie die Grüne Revolution zur Steigerung der Nahrungsmittelproduktion in der Dritten Welt einerseits und die Unterstützung europäischer Gewerkschaften durch die CIA andererseits wurden konzipiert, weil sie dabei halfen, unser *Kernziel* zu erreichen.»[41]

Kernziel Antikommunismus – inzwischen kann die westeuropäische Arbeiterbewegung wohl nicht mehr auf die Hilfe der CIA hoffen. Möge niemand behaupten, die Konkurrenz der Systeme habe sich im friedlichen, fairen Wettstreit entschieden. Daß sich hinter den Kulissen allerhand abspielte, das fürchtete oder hoffte man als DDR-Bürger, auf jeden Fall ahnte man es. Die Stasi wußte es natürlich. Übereifer hatte auf beiden Seiten tragische Folgen. Eine davon war der «antifaschistische Schutzwall».

Die Mauer

Der für Regierungskriminalität zuständige Berliner Generalstaatsanwalt Schaefgen sagte mir, daß bisher an der Berliner und innerdeutschen Grenze 248 Todesopfer ermittelt wurden, die nachweisbar durch Einwirkungen von Grenzern oder Minen ums Leben kamen. Diese Zahl war früher nicht bekannt, aber immer wenn man in den Nachrichten von einem *Grenzzwischenfall* hörte, war man beklommen und beschämt, daß sich wieder jemand zu diesem Verzweiflungsschritt entschlossen hatte, daß die Grenzer nicht danebenschossen, daß an dieser Nahtstelle zweier hochgerüsteter Weltmächte offenbar kein ziviler Umgang möglich war. Jeder einzelne Fall ist eine Tragödie.

«Der Schutz des Lebens», heißt es heute zu Recht in der Anklageschrift gegen Krenz & Co., genieße «eindeutig Vorrang vor dem Selbsterhaltungsinteresse des Staates». Der Grundsatz gefällt mir außerordentlich. Es wäre wirklich schön, wenn sich diese Moral durchsetzen könnte und auch gesetzliche Fixierung fände. Dies wäre auch für den Westen ein völlig neuer Anspruch. Ich will gar nicht wieder von den tödlichen Rüstungsfolgen anfangen, obwohl dieser Grundsatz strenggenommen die Existenz von Armeen generell ausschließt; Routineübungen in der Bundeswehr haben im Laufe der Jahre 2400 Menschenleben gekostet. (Die entsprechende NVA-Zahl ist mir nicht bekannt.) Ein Blick in die gültige Europäische Menschenrechtskonvention, gegen die ich erhebliche Vorbehalte habe, wie ich im letzten Kapitel begründen werde, genügt da schon als Beleg.

Das Recht auf Leben ist in Artikel 2 geschützt. Danach darf mit Ausnahme eines gesetzlich begründeten Todesurteils

> «eine absichtliche Tötung nicht vorgenommen werden. Die Tötung wird *nicht* als Verletzung dieses Artikels betrachtet, wenn sie sich aus einer *unbedingt erforderlichen Gewaltanwendung* ergibt: ...

b) um eine ordnungsgemäße Festnahme durchzuführen oder das Entkommen einer ordnungsgemäß festgehaltenen Person zu verhindern;

c) um im Rahmen der Gesetze einen Aufruhr oder einen Aufstand zu unterdrücken».

(Wenn die Panzer in Leipzig geschossen hätten, wäre das also nicht mal eine Menschenrechtsverletzung gewesen. Grotesk!) Wo das Recht auf Festnahme besteht, besteht also notfalls auch das Recht auf Tötung. Nach der Logik von Punkt b) käme es demnach nicht darauf an, zu prüfen, ob es erlaubt ist, jemanden zum Zwecke des Festnehmens zu erschießen, sondern nur noch, ob es sich um eine *ordnungsgemäße* Festnahme handelte.

Waren die Schüsse im militärischen Sperrgebiet zwischen zwei hochgerüsteten Supermächten eine *unbedingt erforderliche Gewaltanwendung*? Diese Frage entzieht sich juristischer Beurteilung, da muß die Politik hinzugezogen werden. Um Politik und Moral aus der Rechtssprechung nicht völlig auszuklammern, ist die Radbruchsche Formel wieder ins Gespräch gekommen. Ich begrüße das sehr, denn sie ist tatsächlich die einzige Chance, schwerwiegende Unrechtsgesetze im nachhinein nicht akzeptieren zu müssen. Die erwähnte, vom Europarat 1950 verabschiedete Menschenrechtskonvention hat dafür ausnahmsweise sogar eine schöne Formulierung gefunden. Nachdem Art. 7 (1) das Rückwirkungsverbot festschreibt, heißt es unter (2):

«Durch diesen Artikel darf die Verurteilung oder Bestrafung einer Person *nicht* ausgeschlossen werden, die sich einer Handlung oder Unterlassung schuldig gemacht hat, welche im Zeitpunkt ihrer Begehung nach den allgemeinen von den zivilisierten Völkern anerkannten Rechtsgrundsätzen strafbar war.»

Wunderbar. Zu meinem Entsetzen entdecke ich unter diesem Artikel eine kleine Fußnote. Darin wird erklärt, daß die Bundesrepublik bei Ratifikation der Konvention zu diesem Artikel von ihrem Recht auf *Vorbehalt* Gebrauch gemacht hat. Mit Berufung auf das Grundgesetz hat sie ausdrücklich erklärt, daß sie von Art. 7 (2) keinen Gebrauch machen wird, da in ihrem Geltungsbereich das absolute Rückwirkungsverbot gilt. Das war 1952. Damals ging es um die Integration der Nazis. Ein zweites Nürnberg mußte vermieden werden. Folgerichtig hat 1956 der BGH, das höchste

bundesdeutsche Gericht, Nazirichter, die zahllose Widerstandskämpfer zum Tode verurteilt hatten, freigesprochen. Es begrün-
dete dies mit dem «Recht des Staates auf Selbstbehauptung. In
einem Kampf um Sein oder Nichtsein sind ... bei allen Völkern
von jeher strenge Gesetze zum Staatsschutz erlassen worden.»

Heute, wo es um den Nachweis des Unrechtsstaates DDR geht,
wird der damalige *Vorbehalt* gegen die Radbruchsche Formel verschwiegen. Und da wundert sich jemand, daß Ostdeutsche die
permanente westliche Doppelmoral zum Kotzen finden? Oder ist
es nicht wieder nur diese *Einfachmoral*: Antikommunismus?

Bevor die juristische Aufarbeitung der DDR beginnt, müßten
also erst die gesetzlichen Voraussetzungen geschaffen werden.
Denn wenn ich Verteidiger von Krenz & Co. wäre, würde ich
sonst behaupten, die Angeklagten konnten gerade nach west-
lichem Maß kein Unrechtsbewußtsein haben. Denn sie haben nur
vom «Recht des Staates auf Selbstbehauptung» Gebrauch gemacht, es handelte sich um eine «unbedingt erforderliche Gewaltanwendung», die auch von der Europäischen Menschenrechtskonvention gedeckt ist. Und selbst wenn es «einmal anders kommen sollte», könnte man sich auf das von der Bundesrepublik
zugesicherte absolute Rückwirkungsverbot verlassen.

Das wäre formalrechtlich einwandfrei, aber außerhalb der Lo-
gik jedes *gesunden Menschenverstandes*. Deshalb argumentieren
Politiker meist anders, so etwa Christian Ströbele, der auf einer
Podiumsdiskussion am 9. November 1995 zu Egon Krenz sagte:

> «Diese Grenze diente ganz allein dem, die DDR-Bürger, die weg woll-
> ten, hier zu halten... die sollten erschossen werden und wurden er-
> schossen. Das ist ein ganz gravierender Fehler, für den sie auch poli-
> tisch zur Verantwortung zu ziehen sind.»

Tatsächlich ist die DDR nie aus dem Dilemma herausgekommen,
daß zu allen Zeiten Scharen von Menschen das Land verlassen
wollten. Die Behauptung allerdings, daß alle, die weg wollten,
erschossen werden sollten und wurden, ist eine weitverbreitete
Geschichtsklitterung. Leider zeichnen sich auch die Grünen gegenüber dem Thema Ostdeutschland bis heute meistens durch
Ignoranz und Inkompetenz aus. Ich empfehle Herrn Ströbele
einen Besuch im Haus am Checkpoint Charlie. Dort verkauft die
Arbeitsgemeinschaft 13. August für drei Mark statistisches Mate-

rial zu den Folgen der Teilung. In der Zeit vom 13.8.61 bis zum 31.7.89, so folgt daraus, haben die DDR mit *Genehmigung der Behörden* 429 815 Menschen in Richtung Westen verlassen. (Die 33 775 freigekauften Häftlinge sind nicht mitgerechnet.) Etwa die Hälfte der Übersiedler verließ die DDR im Rahmen der Familienzusammenführung, die übrigen hatten politische oder andere Gründe. In manchen Jahren gingen besonders viele, wie etwa 1963/64, wo es jeweils 30 000 waren, oder 1984 (ein Wahljahr), in dem 35 000 Menschen «entlassen» wurden. Es gab seit dem Mauerbau kein Jahr, in dem nicht mehrere tausend DDR-Müde ihre Papiere bekamen. Die Zahlen hat das Museum vom Bundesinnenministerium, wo sie leicht abrufbar sind. Denn in den Lagern Gießen und Marienfelde sind alle Aufnahmeverfahren genau registriert worden.

Einen Ausreiseantrag zu stellen war kein leichter Entschluß. Hatte man einen irgendwie gehobenen Arbeitsplatz, riskierte man, ihn zu verlieren. («Wer einen Übersiedlungsantrag gestellt hat, ist grundsätzlich ungeeignet, in unserem Land gesellschaftspolitische Anstöße zu geben. Wer dies vorhat, muß hierbleiben und bereit sein, die Folgen mit anderen gemeinsam zu tragen», las ich dazu in der von Eppelmann herausgegebenen Zeitung.) Nach einem Antrag mußte die ganze Familie mit Schikanen rechnen, vielleicht würde man unter einem Vorwand sogar verhaftet werden. Man mußte sich außerdem auf eine Wartezeit von ein, zwei, vielleicht drei Jahren einrichten. Eine Gefahr für Leib und Leben war damit aber normalerweise nicht verbunden.

Es gab auch Möglichkeiten, seinen Antrag zu beschleunigen, zum Beispiel mit Botschaftsbesetzungen. Sowohl Günter Gaus als auch Hans Otto Bräutigam bestätigten mir, daß während ihrer Amtszeit ausnahmslos alle Ausreisewilligen, die in die Ständige Vertretung gekommen waren, mit Hilfe von Anwalt Vogel einen Paß bekommen haben. Die Westmedien berichteten darüber, man wußte also, wohin man gehen konnte. Wem Spektakel suspekt war, der ersparte sich die Besetzerei und ging direkt ins Anwaltsbüro von Wolfgang Vogel. Andere wandten sich an die Kirche. Der Vorsitzende der Konferenz der evangelischen Kirchenleitungen, Werner Leich, sagte bei einem Treffen mit Erich Honecker im März 1988:

«Uns begegnen Staatsbürger, die in der Ausbürgerung für das eigene Leben den einzigen Ausweg sehen. In allen Fällen haben wir als Kirche zum Bleiben in unserer Gemeinschaft gemahnt. In besonderen Härtefällen und bei offensichtlicher Vergeblichkeit jedes Bemühens um Wiedereingliederung haben wir um rasche Erledigung der Ausbürgerung gebeten. Ich selbst habe in den letzten zehn Jahren bei meinen Fürsprachen in den Bezirken fast immer Verständnis und Gehör gefunden.»

Auch das entnahm ich der Kirchenzeitung – und wohl nicht nur ich. Wer es hartnäckig betrieben hat, ist auch aus der DDR herausgekommen. (Gleich werden mich drei Ausnahmen anrufen.)

Wenn es gestimmt hätte, daß jeder, der weg wollte, erschossen werden sollte, so hätten wir wirklich in einem KZ gelebt. Die Realität ist: Nicht 100 Prozent, sondern 0,06 Prozent derjenigen, die aktiv geworden sind, um das Land zu verlassen, haben diesen Versuch mit dem Leben bezahlt. Für die Hinterbliebenen der Opfer ist das eine völlig belanglose, wenn nicht sogar zynische Rechnung. Für die Beurteilung eines Systems aber kann dieser Umstand nicht außer Betracht gelassen werden. Und auch nicht für das alltägliche Lebensgefühl seiner Bürger. Wir alle kannten Leute, die plötzlich weg waren, wir alle haben Abschiedsbesuche bei Freunden gemacht, von denen wir wußten: Es ist bald soweit. Dies wissend, wird es einen vielleicht etwas weniger befremden, daß damals besorgte Eltern ihre Söhne warnten: Über die Mauer klettern zu wollen ist keine besonders gute Idee.

Denn das Entscheidungsmonopol, wer wann warum geht, ließ sich die Führung nicht aus der Hand nehmen. Sonst wäre das Ganze schon viel früher ins Rutschen gekommen. Am 9. November 1989 ist für alle ersichtlich der Schießbefehl aufgehoben worden. Wenige Stunden später hatte sich die Mauer in einen Tanzplatz verwandelt. Die Forderung nach Humanisierung der Mauer war die Forderung nach ihrer Abschaffung. Und damit nach Abschaffung des geschlossenen Handelsstaates, also der DDR. Dafür gab es all die Jahre verständlicherweise weder in Moskau noch im Politbüro grünes Licht. Ich bin mir nicht einmal sicher, ob es für die Auflösung der DDR in der Bevölkerung zu allen Zeiten eine Mehrheit gegeben hätte.

Reisebeschränkungen

Selbst wenn man bereit war zu bleiben, wie hielt man es aus, nicht reisen zu können? Schlecht natürlich. Was für eine vermessene Idee, eine Bevölkerung für mehrere Generationen einsperren zu wollen! Der Wunsch, nach Paris oder Venedig zu fahren, nahm bei vielen eine Dimension an, die ihm normalerweise nicht gebührt. Es gab Mauerneurosen. Das Abgeschnittensein von einem wesentlichen Teil europäischer Kultur mußte psychische und geistige Folgen haben. Ständig wurde Weltniveau verlangt, ohne daß man sich vom Niveau der Welt ein eigenes Bild machen konnte. Was nicht selten zu illusorischen Wunsch- und Traumbildern führte.

Viel zu spät besann sich die Führung, über Jugendtourist und Reisebüro auch ein paar Westreisen anzubieten und die Reisebestimmungen in dringenden Familienangelegenheiten zu lockern. Viele, die keine Westverwandten hatten, die Einladungen schikken konnten, erhoben in den achtziger Jahren Freunde, selbst entfernte Bekannte in diesen Status. Die Behörden ahnten dies, waren aber überfordert, alles zu überprüfen. Ende 1986 schrieb uns ein nach Bonn zurückgekehrter Diplomat der Ständigen Vertretung: «Wir hatten zunehmend Besuch von Freunden aus der DDR. In diesem Jahr machte sich die Zahl von 200000 Besuchern unterhalb des Rentenalters aus der DDR in der Bundesrepublik auch bei uns erfreulich bemerkbar.»

In den letzten beiden Jahren gab es kaum noch jemanden, aus dessen näherer Umgebung nicht schon irgend jemand in den Westen gereist war. Die sogenannte Wegbleiber-Quote, also der Anteil derjenigen, die nach einer solchen Reise nicht in die DDR zurückkamen, war überraschend niedrig. Sie lag bei etwa zwei Prozent. Es ist schon ein Phänomen, daß dieser Umstand genauso real war wie die rauschartige Fluchtwelle ab dem Spätsommer 89.

Die allen in Erinnerung gebliebenen Bilder der DDR-Camper am ungarischen Plattensee lassen mich (für Westleser) nur der Vollständigkeit halber darauf hinweisen, daß einem Osteuropa wenigstens mehr oder weniger offenstand. Natürlich sind wir als Schüler nach Prag und Budapest getrampt und haben als Studenten im rumänischen Siebenbürgen oder an der bulgarischen

Schwarzmeerküste gezeltet. In die Sowjetunion waren eigentlich nur Gruppenreisen vorgesehen. Das reizte mich nicht. Wer dort Freunde hatte, denen man zumuten konnte, bei einer Milizstelle lange Fragebögen auszufüllen und sie in drei anderen Behörden abstempeln zu lassen, dem gelang es nach wochenlangem Hin und Her schließlich, auch privat in die SU zu reisen. Damit war einem ein besonderes Abenteuer sicher. In Kiew erkundigten sich unsere Gastgeber zum Beispiel, welche Museen mich interessieren würden. Ich fragte, ob man irgendwo die Konstruktivisten der zwanziger Jahre sehen könne, die ich besonders liebte. Wohl wissend, daß dieses Beste, das die bildende Kunst in der SU geleistet hatte, verfemt und verboten war. Zu meiner Überraschung griffen die Freunde ganz selbstverständlich zum Telefon, trafen einige Verabredungen und luden uns ins Auto. Wir fuhren ins Reich der Subkultur. Drei, vier inoffizielle Privatmuseen in Wohnungen. Wir saßen auf dem Sofa, im Samowar zog der Tee und um uns herum hingen sie – die Punins, Malewitschs, die Kudrjaschows und El Lissitzkys. Man plauderte, aß Plätzchen und sah sie dabei an. Unglaublich.

Im Jahr darauf entdeckte ich im armenischen Jeriwan eine Galerie zeitgenössischer Kunst, deren Bilder das, was ich später in Paris sah, an Modernität noch übertrafen. Damit will ich um Himmels willen nicht sagen, daß wir (meine Lieblingsstadt) Paris gar nicht nötig hatten, sondern daß es auch für uns Sphären gab, die für viele Westler nicht zugänglich waren (schon wegen der Sprachbarriere oder der politischen Opportunität) oder die zu bereisen sie nie auf die Idee gekommen sind.

Das trifft auch auf meine Erlebnisse in Kirgisien zu. An dem meeresgroßen, 1600 Meter hoch gelegenen Bergsee Issyk-Kul, am Fuße des Tienschan-Gebirges, gab es außer einem internationalen (d. h. osteuropäischen) Zeltlager für Studenten und einem Sanatorium überhaupt keine Touristen. Wenn wir das nahe gelegene Gestüt mit den wunderbaren Pferden und dem schrecklichen Namen «Konnej Sawod» (Pferdefabrik) besuchten, waren die dortigen Cowboys so entzückt, daß ausländische Mädchen zu Besuch waren, daß sie mit uns, sooft wir wollten und selbstverständlich kostenlos, Ausritte in die Mohnfelder und Schluchten der wilden Berglandschaft machten. Wenn ich dagegen an den touristenmüden Rappen denke, auf dem ich nach der Wende für viel Geld, begleitet von einem sehr freundlichen, aber immer auf die Uhr schauenden Indianer durch Marlboros Monument Valley ritt, so fällt mir die Entscheidung, welches Erlebnis ursprünglicher war, nicht schwer.

Dennoch ist das unbeschwerte Reisen natürlich der Hauptgewinn der Einheit. Es ist einfach wunderbar, mit welcher Selbstverständlichkeit besonders junge Ostdeutsche jetzt in aller Welt studieren, praktizieren und jobben. Und daß man dafür niemanden mehr zu fragen braucht außer sein eigenes Portemonnaie. Das einzige Wohlverhalten, das der Staat von einem erwartet, wenn er einen reisen läßt, ist ebenfalls pekuniärer Art: Wer ein Verfahren wegen Steuerschulden am Hals hat, bekommt keinen Paß. In der DDR dagegen sollte man möglichst keine ideologischen Schulden haben. (Ein Reisepaß konnte Dank für politisches Wohlverhalten sein, aber auch Korruptionsangebot gegen allzuviel Aufmüpfigkeit, verbunden mit der Hoffnung auf Mäßigung bei Rückkehr in die DDR oder gänzliches Fernbleiben. Zwar hatte sich die DDR schon in dem Verkehrsvertrag von 1972 verpflichtet, ihre Bürger in dringenden Familienangelegenheiten in den Westen reisen zu lassen. Aber erst seit Februar 1982 zog eine Spur von Berechenbarkeit ein: Wer die damals erweiterten Kriterien für solche Reisen oder für devisenfreie Einladungen beruflicher Art erfüllte, konnte sich berechtigte Hoffnungen machen.)

Aber trotz aller heutigen Unkompliziertheit habe ich auch nach der Wende noch befremdliche Reiseerfahrungen gemacht.

Déjà vu

Seit der Vereinigung war ich öfter in den USA als in Westdeutschland. Denn in Amerika gibt es einen überaus intensiven akademischen Austausch – Kongresse, Gastprofessuren oder Angebote als *writer in residence*, eine Art Stadtschreiber an Universitäten. Zur ersten Vortragsreise war ich aufgrund meiner Aktivitäten in der Bürgerbewegung schon in der Zeit der De-Maizière-Regierung geladen. Damals wurden auch DDR-Bürger schon von der Visapflicht entbunden, es sei denn, sie waren irgendwann in ihrem

Leben «Mitglied einer kommunistischen oder umstürzlerischen Vereinigung». Nun hat es in der DDR immer nur eine sozialistische Partei gegeben. Aber der Unterschied war den Behörden – ähnlich wie mir – offenbar nicht zu vermitteln. Und die Sache mit dem Umsturz lief ja auch gerade… Kurzum, ich mußte ins amerikanische Konsulat, um mir eine Art Dennoch-Genehmigung zu holen. Vor dem Schalter *Visa für DDR-Bürger* stand bereits eine längere Schlange. Lauter einstige Genossen, ob ihrer Schande verlegen vor sich hin schweigend und auch vor der Glasscheibe am Schalter auffällig bemüht, leise zu sprechen. Eine tragikomische Situation. Ich bekam mein Visum und reiste komplikationslos ein, genauso wie im darauffolgenden Jahr, als ich eine viermonatige Gastdozentur an einem teuren privaten College antrat.

1992 flog ich nach Boston, um auf dem seit 20 Jahren alljährlich stattfindenden DDR-Symposium in Conway einen Vortrag zu halten. Die Stewardeß reichte mir ein auszufüllendes Formular. Habe ich eine *geistige Störung* – Ja oder Nein? Bin ich je verhaftet worden wegen eines Vergehens, *verbunden mit moralischer Verworfenheit oder mit einer gesetzlich verbotenen Substanz?* Oder *suchen Sie Eintritt, um sich mit kriminellen oder unmoralischen Aktivitäten zu begehen? Waren oder sind Sie jetzt… mit Völkermord beschäftigt?* Just cross «no», hatte mir eine Freundin empfohlen. Dies widerstrebt mir bei der nächsten, überaus verwirrenden Frage: *Haben Sie je ein Kind bei sich behalten oder von einem amerikanischen Bürger, der das Kind in Obhut hatte, zurückgehalten?* Mein Kind war einige Monate in der Obhut eines amerikanischen Kindergartens gewesen, von wo ich es aber täglich mühelos zurückerhalten und zur Abreise ganz bei mir behalten hatte. Ich würde dies gern zugeben. Doch die nächste Frage schreckt mich ab: *Sind Sie je ausgeschlossen und deportiert worden?* Daß das Wort *deportieren* im Deutschen ein für allemal besetzt und damit unverwendbar geworden ist, kann man im Ausland nun wirklich niemandem zum Vorwurf machen. Aus purem amerikanischem Patriotismus, zu dem ich inzwischen schon fähig war, nahm ich mir vor, auf dem Flughafen den Beamten der Einwanderungsbehörde vorsichtig darauf aufmerksam zu machen, daß die deutsche Übersetzung der Fragen nicht optimal sei. Zumal auf dem Formular selbst – und das wäre wohl unter deutschen Beamten undenkbar – um Verbesserungsvorschläge gebeten wird.

Ich hatte die Wahl zwischen einem Dutzend Abfertigungsschaltern. Am meisten Verständnis versprach ich mir von einer Frau, und zwar von einer schwarzen. Doch die hatte offenbar keinen guten Tag. Unwillig blätterte sie in meinem Paß, fragte sehr genau, zu welchem Symposium ich führe, und stellte schließlich mißtrauisch fest: *You have a waiver!* What's that? wollte ich wissen. Sie zeigte vorwurfsvoll auf eine achtstellige Nummer unter dem Visum und fragte, ob ich Mitglied einer kommunistischen Partei sei. Nein, beteuerte ich verwirrt, aber wahrheitsgemäß. Wollen Sie die Regierung kritisieren? fragte sie drohend. Welche Regierung? Egal, irgendeine, vielleicht Ihre? Das ist durchaus möglich, räumte ich trotzig ein, aber das sei ja nicht verboten. Verboten ist es nicht, aber wir müssen es wissen, sagte sie bestimmt und machte irgendwelche Notizen im Computer. Dann konnte ich gehen. Die Sache mit der Deportation ließ ich lieber unerwähnt.

Da hatte das Konsulat also ohne unser Wissen allen in jener betreten wartenden Schlange nicht nur ein Visum gegeben, sondern auch ein Kainsmal in den Paß gebrannt. Schöne Sitten. Ein *waiver* ist eine «Außerkraftsetzung», in diesem Falle offenbar der visafreien Reisemöglichkeit.

Auf dem Symposium in Conway, einem vegetarisch geführten Camp mitten in den White Mountains des Nationalparks von New Hampshire, stritten die Teilnehmer eine Woche lang über die Hinterlassenschaften der DDR und die Schwierigkeiten der Einheit. Ich kritisierte, wie versprochen, meine einstige und meine jetzige Regierung. In der hinteren Reihe saß die ganze Zeit schweigend ein freundlicher junger Mann, der in den letzten Tagen dann und wann mal in ein Pausengespräch einbezogen worden war, ansonsten aber ein Außenseiter blieb. Niemand machte ein Hehl daraus, daß es sich um den Beobachter des FBI handelte. Der Umgang mit diesen Leuten ist in den USA nicht ganz so konspirativ, wie er es hier mit der Stasi war oder mit dem Verfassungsschutz ist, aber ganz gelassen ist er auch nicht.

Amerikanische Freunde, die ihre Akte, wie es ihnen gesetzlich zusteht, angefordert hatten und diese nach längerer Wartezeit und mit vielen Schwärzungen bekamen, waren schon erschrocken, darin Kopien sämtlicher Briefe, die sie in die DDR geschrieben und von dort erhalten hatten, wiederzufinden. Und wenn vor der Wende ein DDR-Schriftsteller zu einer Gastprofessur geladen war, dann tauchte, nach Ablauf der Zeit, mit ziemlicher Selbstverständlichkeit ein FBI-Mann in der Universität auf, um Erkundigungen über den Verlauf der Veranstaltungen einzuholen. Es lag dann an der Kooperationsbereitschaft des Befragten, wieviel über den Autor in die Akten kam. Mancher amerikanische Professor hat dieses Ansinnen auch von sich gewiesen und statt dessen den DDR-Schriftsteller über den Vorfall informiert.

Im September 1993 landete ich in Detroit, da mich eine Universität in Ohio zu einem Semester Unterricht über moderne deutsche Literatur eingeladen hatte. Eigentlich sollte ich vier Monate bleiben, soviel Zeit hatte ich aber nicht. So einigten wir uns darauf, daß ich die gleiche Stundenzahl für die gleiche Bezahlung in einer Art Crash-Kurs in zwei Monaten absolviere. Wieder hatte ich das *zurückgehaltene* Kind bei mir. Wir waren froh, den Flug hinter uns zu haben, denn es hatte erhebliche *Turbulenzen* gegeben, so daß der Bordservice über mehrere Stunden eingestellt werden mußte. Offenbar wurde auch die Belüftung gedrosselt, denn die Luft in der Maschine war unerträglich geworden. Meine achtjährige Tochter mußte sich – wie manch andere – übergeben. Nach zunächst zwei Stunden Flug, einem dreistündigen Zwischenaufenthalt im Transitraum von Amsterdam und nochmaligem achtstündigem Flug freuten wir uns nun auf frische Luft und ein Bett, denn nach unserer Zeit war es bereits ein Uhr nachts. Besagtes Formular war inzwischen in einwandfreies Deutsch übersetzt, so daß wir uns in der Schlange vor dem Einreiseschalter guter Dinge dem Beamten des Immigration Service näherten.

Der blätterte wieder lange in meinem Paß, ließ sich von mir erklären, was ich vorhabe, schien etwas in seinem Computer zu suchen und wollte schließlich eine Einladung sehen. Ich gab ihm den Brief der Uni, in dem alle Details meines Aufenthaltes festgehalten waren. Er behielt den Brief und den Paß und forderte uns auf, in einem fensterlosen, neonbeleuchteten Nebenraum zu warten. Hier saßen bereits einige unglückliche Gestalten. Als meine

Tochter nach einer halben Stunde berechtigt zu jammern anfing, fragte ich einen teilnahmslos vorbeikommenden Beamten, was eigentlich los sei. Hier stellen wir die Fragen, herrschte er mich an. Ich erlaubte mir noch die Bitte, Mary, die in der Empfangshalle gleich nebenan auf uns wartete, Bescheid zu sagen. Setzen Sie sich hin, schrie er mich nun an. Ich verstand überhaupt nichts. Da Reisen bis zu drei Monaten visafrei sind, fühlte ich mich mit meinem mehrjährig gültigen Geschäfts- und Touristenvisum überaus gut ausgestattet. Andere Leute wurden aufgerufen und verschwanden in einem Büro. Für uns war es inzwischen früh um zwei. Meine kleine Tochter, die gerade erst wegen Verdachts auf Blinddarmentzündung aus dem Krankenhaus entlassen war, sah sehr elend aus.

Endlich wurden auch wir in das ebenfalls fensterlose, winzige Büro gerufen. Ein Beamter setzte sich an eine Schreibmaschine, die da wohl seit 30 Jahren steht, und begann mit zwei Fingern ein Protokoll zu tippen. Als erstes sollte ich aufstehen, die Hand erheben und schwören, daß ich die Wahrheit und nichts als die Wahrheit, so wahr mir Gott helfe, sagen werde. Als ich mich müde erhob, mußte ich lachen, denn außer meiner Tochter gab es in dem funzlig beleuchteten Kabuff kein Publikum für diese kinoreife Szene. *That's funny*, rutschte mir heraus. Das war natürlich ein Fehler, denn der Beamte meinte, mir würde der Spaß schon noch vergehen. Endlich erfuhr ich, worum es ging: Man hatte meinem arglos vorgelegten Brief entnommen, daß ich eine für zwei Monate recht beachtliche Summe verdienen würde. Und dafür bräuchte ich kein Geschäftsvisum (B), sondern ein Visum für Teilnehmer eines Austauschprogrammes (J). Mein Visum trug also einen falschen Buchstaben.

Mein Aufenthalt hat zwar nichts mit Austausch zu tun, aber wenn es sein muß, wird man den Buchstaben doch ändern können, meinte ich entnervt. Ja, aber nur auf dem Konsulat in Berlin. Absurdes Theater? Morgen früh beginnen meine Kurse, Studenten warten auf mich, meine Tochter ist in der Schule angemeldet, sagte ich weiblich praktisch. Immerhin ließ er sich überreden, Mary in der Empfangshalle zu informieren. Wir warteten eine weitere Stunde. Meine Tochter, die das Gespräch zwischen den Beamten und mir nur nach dem Tonfall beurteilen konnte, flüsterte mit Tränen in den Augen: Der schickt uns zurück.

Mary bestätigte ihm inzwischen, wie sehr man auf mich warten würde und daß die Uni in den Wirren der Sommerferien leider versäumt habe, mir die Unterlagen für ein J-Visum zu schicken. Ich könne also nichts dafür. Endlich zurückgekehrt, blätterte der Immigration-Mann unbeeindruckt in meinem Paß: *You have a waiver*, da war schon mal was, sagte er beiläufig wie zu einer Vorbestraften. Ich fragte, ob ich Mary sprechen könne? *No.* Ob ich das deutsche Konsulat anrufen könne? *No.* Ob ich den ehemaligen amerikanischen DDR-Botschafter in Washington anrufen könne? *No.* Ob ich die Angelegenheit morgen in Detroit klären könne? *No.* Ich sagte, meine Tochter sei eben erst aus dem Krankenhaus gekommen, und zeigte ihm ihre vom ewigen Blutabnehmen ganz blau angelaufenen Arme. Man könne ihr diese doppelte Anstrengung nicht zumuten. Ob wir wenigstens ein paar Stunden im Flughafenhotel schlafen könnten? *No.* Ob nicht meine Tochter mit ihrem Touristenvisum bei Mary bleiben könne, bis ich die Sache in Berlin geklärt habe? *No.* Ob ich mit seinem Chef sprechen könne? *No.*

Vor dem Immigration Service ist man ein Wesen ohne Bürgerrechte, sagten mir amerikanische Freunde später. Im visafreien Reiseverkehr muß jeder auf einem Formular unterschreiben: *Hiermit verzichte ich auf jegliches Anrecht, Einspruch gegen die Entscheidung des Einwanderungsbeamten über meine Einreiseberechtigung zu erheben.*

Der Beamte entwertete unser Rückflugticket, indem er es zwei Monate vordatierte, auf den Tag des Geschehens. Damit war das Geld für die Flüge verloren. Nun müsse unser Gepäck in die nächste Maschine nach Amsterdam gebracht werden. Wir warteten wieder. Meine kleine Tochter war sehr tapfer. Es war jetzt fünf Uhr früh. Schließlich wurden wir zum Flugzeug gefahren. Wir durften es nicht über die normale Gangway betreten, sondern gelangten über eine Art Hühnerleiter zu einem Seiteneingang. Erst in der Maschine wurde mir mein Paß ausgehändigt. Ich weiß jetzt, was *Abschieben* ist. Nur daß mich zu Hause nichts Schlimmeres als Verwunderung erwartete.

So wie uns erging es noch einer weinenden Frau, die wegen eines falschen Visums nach Neuseeland zurückgeschickt wurde, und einem stinksauren jungen Pärchen aus Irland, das angeblich unerlaubt eine Arbeit aufnehmen wollte. Wir wurden ganz nach hinten in das gleiche Flugzeug, mit dem wir gekommen waren, verfrachtet. Die Luft schien mir noch genauso schlecht, aber diesmal war die Maschine noch voller. Ich versuchte einer Stewardeß unsere Situation zu erklären und bat sie, mir Bescheid zu sagen, wenn irgendwo ein freier Platz sei, damit sich wenigstens das Kind auf unseren Plätzen ein bißchen hinlegen könne. Doch sie reagierte herablassend und ließ sich nie wieder sehen. Die Turbulenzen hatten etwas nachgelassen, waren aber noch stark genug. Für die übrigen Passagiere war jetzt Abendbrotzeit. Erst als ich um mich herum den Geruch erhitzten Bratöls wahrnahm, drehte sich mir der Magen um.

Ist so Amerika? Alles ist so und umgekehrt. Amerika allemal. Aber auch die Bundesrepublik. Selbst die DDR. Was war es uns früher peinlich, wenn ein Freund oder Bekannter an der Berliner Mauer zurückgewiesen wurde! Manche Erfahrung müssen wir nun verschärft nachholen. Dazu gehört fairerweise aber auch, daß jede Schikane eine Vor- und eine Nachgeschichte hat, die miterzählt werden muß.

Nachdem ich mich in Berlin von der Tortur halbwegs erholt hatte, ging ich mit Beschwerdelust aufs amerikanische Konsulat. Ein blasser rothaariger junger Mann empfing mich. Ich wollte eigentlich den Konsul sprechen, sagte ich. Ich bin der Konsul, sagte er bescheiden. Ich schilderte meine Geschichte. Er sagte, es täte ihm leid. Die Bestimmungen darüber, ab wieviel Verdienst ein J-Visum nötig sei, wären leider nicht ganz eindeutig, da käme es immer wieder zu Mißverständnissen. Ich hätte aber auf jeden Fall eins benötigt. Ob man das wirklich nicht in Detroit hätte erledigen können, will ich wissen. Er zuckt hilflos mit den Schultern. Es gebe ständig Kompetenzstreitigkeiten zwischen dem Außenministerium, dem das Konsulat untersteht, und dem Justizministerium, dem die Immigrationsbehörde untersteht. Manchmal zu Lasten der Reisenden. Darf er mir das überhaupt sagen? Ich äußere noch mein Befremden über den *waiver*. Seitdem Präsident Clinton im Amt ist, werden keine *waiver* mehr eingetragen, sagt er entschuldigend. Dann gibt er mir mein J-Visum und als Entschädigung gleich noch ein zehnjähriges Touristenvisum für mich und meine Tochter. Eine Woche nach dem ersten Versuch landen wir

131

wieder in Detroit und haben keinerlei Schwierigkeiten. So ist Amerika. So war die DDR nur selten.

Politische Strafjustiz in Ost und West

Wie aber war die DDR? Ein reiner Willkürstaat? Generalstaatsanwalt Christoph Schaefgen gab mir im Dezember 1995 bereitwillig Auskunft. Bei ihm seien bisher 4908 Anzeigen wegen Regierungskriminalität eingegangen, also gegen Mitglieder des ZK und der Ministerien, gegen Richter des Obersten Gerichtes und Angehörige der Generalstaatsanwaltschaft sowie gegen Mitarbeiter der Gruppe Kommerzielle Koordinierung. Außerdem gab es 12 281 Anzeigen wegen sogenannter kleiner Regierungskriminalität, also gegen untergeordnete Gerichte und staatliche Einrichtungen. Weit über die Hälfte aller Anzeigen ist inzwischen erledigt, in beinahe allen Fällen durch Einstellung des Verfahrens, da ein Gerichtsverfahren nach Meinung der Staatsanwaltschaft nicht gerechtfertigt gewesen wäre. Nur 0,3 Prozent aller Anzeigen haben bisher zu rechtskräftigen Urteilen geführt, meist gegen Mauerschützen. Auch Denunziation, finanzielle Unregelmäßigkeiten kleinerer Art und Wahlfälschung waren Delikte. «Pure Regierungskriminalität kommt nicht viel vor», sagte mir Staatsanwalt Schaefgen. Zu meiner Überraschung ist bei ihm keine einzige Anzeige wegen Körperverletzung oder Folter in der Berliner Stasi-Untersuchungshaft eingegangen. Auch aus Bautzen ist ihm nichts Derartiges bekannt. Nur gegen einige Brandenburger Schlägertypen in Gefängnissen liegen Urteile vor.

Wie Rechtsanwalt Friedrich Wolff betont, ist auch kein einziger erwiesener Fall von rechtswidriger Einweisung in die Psychiatrie oder von Zwangsadoption in den Kriminalstatistiken registriert. Mit diesen emotionsgeladenen Gerüchten ist nach der Wende auf unverantwortliche Weise Stimmung gemacht worden. Durch die rechtsstaatlichen Ermittlungen kommt jetzt mehr Klarheit ins früher beschönigte und später dämonisierte DDR-Bild. Insofern bin ich auch gegen den von der PDS eingebrachten Entwurf eines Schlußgesetzes, der vorsieht, niemanden dafür zu kriminalisieren, daß er der DDR nach deren Gesetzen gedient hat. Der Begriff *Schlußgesetz* war von Egon Bahr geprägt worden, als dieser vor-

132

schlug, zum fünften Jahrestag der Einheit eine Amnestie zu erlassen. Diese würde aber die aufschlußreichen Ermittlungen abbrechen und somit die These vom Unrechtsstaat unwiderlegbar machen.

Was bleibt? War die DDR innerhalb ihrer Logik doch berechenbar? Das für mich düsterste Kapitel, die politische Strafjustiz, ist offenbar mit den Ermittlungen zur Regierungskriminalität nicht zu erfassen. Oder hat man je gehört, daß ein Parlament (oder eine Volkskammer) wegen des Verabschiedens untragbarer Gummiparagraphen zur Verantwortung gezogen worden wäre? Es war zu DDR-Zeiten unmöglich und ist heute noch unerwartet schwierig, sich einen Überblick über das Ausmaß der politischen Strafverfolgung zu verschaffen. Auf meine Anfrage beim zuständigen Bundesministerium des Innern erhielt ich im Mai 1995 die Auskunft, daß die Zahl der politischen Gefangenen in der DDR nicht bekannt sei. Ein vager Anhaltspunkt für Schätzungen seien die vorliegenden Anträge auf Haftentschädigung. Bei der *Stiftung für ehemalige politische Häftlinge* in Berlin sind knapp 40000 Anträge eingegangen. Die Behörde schätzt, daß etwa die Hälfte davon von Erben gestellt wurden, da die eigentlich Betroffenen nicht mehr leben. Da aber jeder Erbe (also der Ehepartner, die Kinder, Geschwister u. a.) einen eigenen Antrag stellen muß, beziehen sich oft mehrere Anträge auf ein und denselben Häftling. Außerdem gibt es auch unberechtigte Anträge, deren Zahl merkwürdigerweise nicht erfaßt wurde. So weiß man eigentlich gar nichts. Außer daß die Zahl der Anträge weit unter den Erwartungen geblieben ist.

Einen anderen Annäherungsweg bieten die bei den Gerichten eingegangenen 133000 Anträge auf Rehabilitierung. Das Ministerium weist mich aber ausdrücklich darauf hin, «daß es sich hierbei nicht in allen Fällen um eine politische Haftstrafe gehandelt hat». Man teilt mir mit, 119000 dieser Anträge seien bereits abschließend bearbeitet worden, allerdings sei der Anteil der Ablehnungen wiederum nicht bekannt. Auch sehr merkwürdig. Hat jemand ein Interesse daran, solche einfachen Daten nicht zu erfassen? Die Zahl der vorliegenden Anträge auf Kapitalentschädigung, die nur stellen kann, wer rehabilitiert ist, läßt wiederum darauf schließen, daß etwa die Hälfte der Forderungen nach Rehabilitierung abgelehnt wurden.

Wie auch immer – fest steht: Erschreckend viele Menschen sind, hauptsächlich in den ersten fünfzehn Jahren der DDR, unter unsäglichen Beschuldigungen zu unsäglich hohen Strafen unter unsäglichen Haftbedingungen verdonnert worden. Und das offenbar weitgehend in Übereinstimmung mit dem gültigen Recht. Zwar gab es insgesamt neun Amnestien, die vielen Häftlingen, auch politischen, die quälende Zeit verkürzten, aber diese feudalen Gnadenakte sind kein ernsthafter Beleg für schlechtes Gewissen oder milde Gesinnung der Machthaber.

Ich frage mich heute, warum diese Vorhänge im Alltag der DDR eine relativ untergeordnete Rolle gespielt haben. Man wußte in meiner Generation, daß es nach dem Krieg viel Willkür gab, man kannte die prominenten Fälle aus den fünfziger Jahren und ein Dutzend neuerer, man hörte, gescheiterte Flüchtlinge mußten für eine Weile in den Knast. Was sich aber wirklich hinter den Gefängnismauern abspielte, lag im dunkeln. Keine Gesellschaft ist in diesem Punkt besonders transparent, aber wo es Öffentlichkeit überhaupt nicht gibt, tendieren die Chancen, etwas zu erfahren, gegen null. Die Entlassenen hielten sich aus verständlicher Angst offenbar weitgehend an das auferlegte Schweigegebot. Denn auch bei meinen Diskussionen in Kirchengemeinden, Friedens- und Umweltgruppen bin ich kaum auf dieses Thema gestoßen. Selbst der Seelsorge verschriebene Pfarrer haben oft erst nach der Wende die wirklich bedrückenden Geschichten erfahren. Um so größer ist das nachträgliche Entsetzen, und es fällt auch mir nichts Besseres ein, als die DDR hinsichtlich des juristischen Umgangs mit Andersdenkenden ein Unrechtsregime zu nennen.

Im November 1995 sah ich an der Berliner Volksbühne ein von Hanne Hiob zusammengestelltes Programm mit dem Titel «Die unwürdigen Opfer», das mich mit der Kehrseite der Medaille konfrontierte. Ich hatte zwar mitbekommen, daß in der Bundesrepublik schon vor dem KPD-Verbot führende Leute wie Jupp Angenfort ziemlich mies behandelt wurden. Ich war bisher aber davon ausgegangen, es habe sich um eine politisch einflußlose Minderheit gehandelt. Daß aber die KPD 1949 noch 216000 Mitglieder hatte und die Linke und alles, was man dafür hielt, von Anfang an mehr als flächendeckend Repressionen ausgesetzt war – diese Dimension eröffnete mir erst dieser Theaterabend. Obwohl die Zahl der staatsanwaltschaftlichen Ermittlungsverfahren in politischen Strafsachen auch in der Bundesrepublik geheim ist, weiß man, daß Zigtausende Menschen verfolgt wurden. Das erste Strafrechtsänderungsgesetz, 1951 unter dem Eindruck des Korea-Krieges verfaßt, sollte ermöglichen, Querdenker frühzeitig zu bekämpfen. 80 Organisationen wurden für verfassungsfeindlich erklärt und verboten. Dazu gehörten die FDJ und sämtliche Organisationen, von denen man annahm, sie stünden mit der SED in Beziehung. So genügte es zum Beispiel, beim deutschen Turn- und Sportbund tätig zu sein und an Wettkämpfen beim gleichnamigen Verein in der DDR teilzunehmen, um ein Strafverfahren zu bekommen.

Auch die Gesellschaft für Deutsch-Sowjetische Freundschaft wurde zum Geheimbund erklärt. Der Lehrer Georg Gampfer, dem nichts anderes vorgeworfen wurde, als führendes Mitglied zu sein, wurde 1955 als *Rädelsführer einer verfassungsfeindlichen Vereinigung und kriminellen Organisation* nach sechs Monaten Untersuchungshaft zu weiteren drei Jahren Gefängnis verurteilt. Die Fähigkeit, im öffentlichen Dienst tätig sein zu können, wurde ihm abgesprochen.

Elfriede Kautz und Gertrud Schröder arbeiteten seit 1954 in der legalen Arbeitsgemeinschaft Frohe Ferien für alle Kinder, die jährlich Tausenden Kindern aus der Bundesrepublik Aufenthalte in Ferienlagern der DDR ermöglichte, weil es im Westen keine gab. Die Angabe der Personalien der Kinder am Urlaubsort wurde als *staatsgefährdende Nachrichtendiensttätigkeit und landesverräterische Beziehung* gewertet und 1961 mit je einem Jahr Gefängnis und Aberkennung des aktiven und passiven Wahlrechts sowie dem Verbot der Bekleidung öffentlicher Ämter für fünf Jahre bestraft.

Der Bildjournalist Manfred Scholz wurde 1957 an seinem Arbeitsplatz verhaftet und nach neunmonatiger U-Haft in einer Einzelzelle wegen *Staatsgefährdung, Rädelsführerschaft und Geheimbündelei* zu weiteren 13 Monaten Gefängnis verurteilt. Als besonders belastend galt seine Mitarbeit im Jugendkomitee gegen die Remilitarisierung, die aktive Unterstützung der Volksbefragung gegen die Wiederaufrüstung und die Tatsache, daß er an den

Weltfestspielen in Warschau teilgenommen hatte und dort sogar in einem Fotowettbewerb einen 1. Preis gewonnen hatte.

Der Gewerkschafter Karl-Heinz Winstermann verteilte 1953 in Essen Flugblätter, auf denen er sich mit streikenden Bergarbeitern solidarisierte: «Kumpel vorwärts – organisiert den Kampf – organisiert den Sieg.» Dafür und wegen Kontaktaufnahme zum FDGB erhielt er als *Rädelsführer* insgesamt 19 Monate Gefängnis.

Hauptvorwurf gegen den Gewerkschafter Gerd Pannach war die Tatsache, daß er am 1. Mai 1961 auf dem Bahnhofsvorplatz in Meiderich rote Nelken zum Stückpreis von zehn Pfennig verkauft hatte. «Durch die Verteilung der roten Nelken soll in demonstrativer Form der organisatorische Zusammenhang unter Anhängern der illegalen KPD gefördert werden», hieß es in der Anklageschrift. Urteil: drei Monate Haft.

Diese Beispielsammlung ließe sich zehntausendfach fortsetzen, denn so viele Urteile sind verkündet worden. Zwischen 1951 und 1968 hat es 125 000 bis 200 000 Ermittlungsverfahren gegen Andersdenkende gegeben, «Zahlen, die einem ausgewachsenen Polizeistaat alle Ehre machten», sagte 1965 der Staatsrechtsprofessor und spätere FDP-Innenminister Maihofer. Und selbst die, die nicht verurteilt wurden, kamen auf schwarze Listen, verloren oft ihren Arbeitsplatz, da ein Ermittlungsverfahren als Kündigungsgrund genügte, und wurden von den Nachbarn gemieden.

Der Anwalt Heinrich Hannover sagte dazu im Mai 1995:

«Die Deutschen hatten sich seit Generationen daran gewöhnt, in den Kommunisten den schlimmsten Feind zu sehen. In der Nazizeit waren es außer den Kommunisten noch die Juden. Dieses Problem ist auf sehr grausige Weise bereinigt worden, aber ein paar Kommunisten hatten den Terror überlebt. Und es gab dann eine große Mehrheit von Deutschen, die unterschwellig ein schlechtes Gewissen hatten oder eigentlich hätten haben müssen und die sich plötzlich gerechtfertigt fühlen konnten, als der neue Feind sich als der alte erwies. Die Jagd war wieder freigegeben. Das traf ein kollektives Bedürfnis, sich selbst zu rehabilitieren: Wie haben also doch nicht alles falsch gemacht unter Hitler, wir haben damals doch die Richtigen bekämpft, nicht wahr, das sind die eigentlichen Bösen, nicht wir! ... Diese Prozesse spielten sich ab, ohne daß die Öffentlichkeit sich daran interessiert beteiligte. Wenn im Nachbarzimmer ein Mordprozeß ablief, dann war der Saal gerammelt voll, und bei uns war gähnende Leere. Und genauso war die Pressereaktion. Es wurde kaum zur Kenntnis genommen, daß da etwas flächendeckend gegen Kommunisten passierte.»[42]

In diesen Prozessen wurde zwar der Rahmen rechtsstaatlicher Verfahren nicht verlassen, er wurde aber mitunter «so weit ausgedehnt, daß dem Sinn, teilweise auch dem Wortlaut der Verfahrensvorschriften kaum noch entsprochen wurde».[43] Eine Gleichsetzung mit den oft vorprogrammierten Prozessen in der DDR, bei denen Anwälte keine Chance hatten und die zu viel drastischeren Urteilen führten, verbietet sich. Dies sei ausdrücklich wiederholt: Hier ist unverzeihliches und singuläres Unrecht geschehen.

Der Mitarbeiter des Berliner Landesbeauftragten für die MfS-Unterlagen, Falco Werkentin, vermutet, daß auch in der DDR mindestens 200 000 Menschen durch Justiz und Stasi politisch verfolgt wurden. Eine erschreckende Zahl. Selbst wenn man sagen könnte, 98 Prozent der Bevölkerung wären demnach nicht unmittelbar betroffen gewesen, so war doch das Gesamtklima beeinträchtigt. Bedenkt man allerdings, daß es im Osten viel mehr ernsthafte Systemgegner gab, ist auch das Ausmaß westlicher Gesinnungsschnüffelei beschämend; Anlaß zu selbstgerechter Siegerpose kann ich jedenfalls nicht erkennen.

Nein, ein Vergleich verbietet sich nicht. Vergleichen, diese Selbstverständlichkeit sei erwähnt, kann man grundsätzlich alles, denn es heißt nichts anderes, als Ähnlichkeiten *und* Unterschiede zu konstatieren. In diesem Sinne ist es legitim, daran zu erinnern, daß es auch in der demokratischen Bundesrepublik polizeistaatliche Gesinnungsjustiz gab, die die Bevölkerung nach außen weitgehend kaltließ. Erst durch das jahrelange Engagement von Gustav Heinemann, der vom «Unbehagen an der politischen Justiz» sprach, und unter dem Druck der Studentenrevolte wurde das Strafrecht 1968 reformiert. Eine Rehabilitierung der Opfer hat es bis heute nicht gegeben.

Dafür erließen die Ministerpräsidenten und Bundeskanzler Willy Brandt im Januar 1972 den «Extremistenbeschluß». (Ein führendes Mitglied der IV. Internationale wie Ernest Mandel hatte daraufhin bis 1978 Einreiseverbot in die Bundesrepublik). Bis 1980 wurden etwa 1,5 Millionen Bewerber für den öffentlichen Dienst durch die «Regelanfrage» vom Verfassungsschutz überprüft. Wie man sich das praktisch vorzustellen hat, will ich lieber nicht wissen, jedenfalls sind im Ergebnis über 10 000 Berufsverbotsverfahren durchgeführt worden. Die disziplinierende Wirkung auch solcher Praxis ist leicht vorstellbar.

Übrigens hat sich die SED-PDS noch im Herbst '89 bei den Opfern entschuldigt, und die Modrow-Regierung entwarf ein erstes Rehabilitierungsgesetz, das noch in der DDR wirksam wurde. Die katholische Kirche hat genau 500 Jahre gebraucht, um Galilei offiziell zu rehabilitieren. Wahrscheinlich sieht sich die CDU eher in dieser Tradition.

Feindbild «Stasi»

Neunundneunzig Prozent dessen, was bisher über das Unrechtsregime DDR veröffentlicht wurde, handelt von der Stasi. Der dadurch ausgelöste Ermüdungseffekt gebietet, vieles als bekannt vorauszusetzen. Zumal ich aus eigener Erfahrung wenig Erhellendes beitragen kann: Die Stasi hat mich arg vernachlässigt. Niemals hat sich einer von denen bei mir vorgestellt, weder um mich anzuwerben, noch um mich vorzuladen, noch um etwas über einen Nachbarn zu erfahren. Wohl ein Armutszeugnis für mich.

Mein erstes bewußtes Gespräch mit einem Stasi-Menschen fand am 26. 1. 1990 statt. Und das war mit Erich Mielke. Der Exminister und Exgeneral lag zu der Zeit in der Krankenstation der Rummelsburger Haftanstalt. Die erste Unabhängige Untersuchungskommission der DDR hatte vier Mitglieder zu dieser von der Militärstaatsanwaltschaft genehmigten Befragung delegiert. Wir wurden Mielke als Vertreter der Bürgerbewegung avisiert, der er nun erstmalig Rede und Antwort zu stehen habe. Vorher verlas uns der Anwalt zur Begründung, weshalb wir seinen Mandanten nur 30 Minuten sprechen dürften, ein ärztliches Gutachten. Der Zustand des Untersuchungshäftlings habe sich in den Wochen seit der Einlieferung zusehends verschlechtert: Herz-Kreislauf-Beschwerden, Verkalkung, Parkinsonsches Syndrom, Psyche eines Kleinkindes, Suizidwünsche, Altersschwachsinn. Geführt von einem Mann in offenem weißem Kittel, schlurfte der einst so Gefürchtete zu uns in die Besucherzelle. (Das Protokoll des senilen Gestammels in dieser tragikomischen halben Stunde ist nachzulesen im Report der Untersuchungskommission zu den Übergriffen von Polizei und Stasi im Oktober 1989, erschienen im BasisDruck Verlag[44].) Mielke war offensichtlich nicht in der Lage, die neue Situation zu begreifen oder gar zu reflektieren.

Sein Stellvertreter Schwanitz gab später vor der Kommission zu, daß sein einstiger Chef auch im Dienst «Ansätze von Unfähigkeit» gezeigt habe, neue Erscheinungen richtig einzuordnen. (Die ideale Voraussetzung, die Sicherheit eines Staates zu verwalten.) Deshalb hätten sich seine Vertreter verpflichtet gefühlt, manches, was von ihm kam, «zu modifizieren und den Realitäten anzupassen». Sie haben ihn nicht ernst genommen und doch devot umwinselt. Schließlich hatte er uneingeschränktes Weisungsrecht. Widerspruch hätte persönliche Konsequenzen haben können. Wie Protokolle von Dienstbesprechungen belegen, haben Mielkes Subordinierte noch im August 1989, als schon Tausende durch die ungarische Tür in der Mauer gegangen waren, gemeldet: «Was die Frage der Macht betrifft, Genosse Minister, wir haben die Sache fest in der Hand, sie ist stabil.»[45] Selbst in diesem Kreis herrschten Heuchelei und Beschönigung, selbst hier schien man zu überlegen, wieviel Offenheit ratsam sei. Um ihrer selbst willen haben die Chefs der Staatssicherheit die heraufziehende «Staatsunsicherheit» nicht angekündigt. Die Wahl zwischen zwei Arten des Untergangs. So weit bringen es undemokratische Strukturen.

Doch auch die Stasi war, nach allem, was inzwischen bekannt ist, kein monolithischer Block. In letzter Zeit haben sich Anzeichen dafür verdichtet, daß es im Ministerium eine Gruppe gab, die im Auftrag des KGB in der DDR Wege für Gorbatschows Neues Denken bahnen sollte. Die hohe Zahl von IMs unter den Wendeaktivisten ist nach wie vor ein unaufgeklärtes Phänomen. Leider erfährt man über diese wirklich interessanten Zusammenhänge aus der Gauck-Behörde herzlich wenig. Dort hat man sich ganz auf das Herumschnüffeln in verakteten Biographien konzentriert.

Ich muß gestehen, daß ich anfangs auch für das Öffnen der Akten war. Die Chance, einmal hinter die Kulissen schauen zu können, durfte doch nicht vertan werden! Außerdem kursierten alle möglichen Gerüchte, die weder bestätigt noch widerlegt werden konnten. Meine übrigen Motive waren wohl eher niederer Art: Neugier, Klatschsucht, vielleicht sogar Sensationsgier. Doch

Sensationen blieben aus. Bis heute kein einziger Mordprozeß, keine Attentatsverwicklungen, keine Beteiligung an Staatsstreichen oder Kriegsszenarien. Keine wirklich riesengroße Sauerei? Im Beschluß des 1. Strafsenats des Kammergerichtes Berlin vom 22.7.91 heißt es zum Verfahren gegen Werner Großmann und weitere leitende Mitarbeiter der HVA:

> «(...) haben die Angeschuldigten nach dem Ergebnis der Ermittlungen keine Tätigkeit entfaltet, die sich von denen anderer Geheimdienste unterscheiden. (...) Daß die Angeschuldigten als Angehörige des MfS in Bereiche eingebunden gewesen wären, in denen es zu Menschenrechtsverletzungen oder zu ähnlichen schwerwiegenden strafbaren Handlungen gekommen ist, (...) haben die Ermittlungen nicht ergeben.»[46]

Kein Unterschied zu anderen Geheimdiensten? Oder weiß man nur zuviel voneinander? Was hinter den Kulissen tatsächlich zusammengeschoben wurde, entzieht sich unserer Einsicht. Uns wurden nur stapelweise Karteikarten in den Zuschauerraum gereicht. Lauter mittelmiese bis kleinmütige menschliche Schwächen. Wie überall. Nur schwärzer auf weißer.

Die Stasi war ein Krake, dessen Fangarme Ausmaße hatten, die unsere schlimmsten Ahnungen weit in den Schatten stellen. Insofern dürfte ihr ein Platz im Guinness-Buch der Rekorde zustehen. Ganz so sicher kann man sich aber selbst da nicht sein, denn was an spärlichen Informationen aus anderen Geheimdiensten durchsickert, klingt vertraut. Als 1989 in der Schweiz ein riesiger Geheimdienstskandal aufflog, stellte eine parlamentarische Untersuchungskommission fest, was außer den Linken, die es zu spüren bekommen hatten, niemand für möglich hielt: Das Ausmaß der Bespitzelung ist enorm. 900000 persönliche Akten bei einem Staatsschutz, der für eine Bevölkerung von gut fünf Millionen tätig ist – alle Achtung! Und in den amerikanischen Büchern, die in letzter Zeit über die konspirative Überwachung von Künstlern in den USA erschienen sind, fühlt man sich wie zu Hause.[47]

Auch in meiner näheren Umgebung schlugen IM-Blitze ein. Das Klatschen machte schon bald keinen Spaß mehr. Als ich mich nach längerer Zeit von dem Schreck und der Enttäuschung erholt hatte, war mir klar geworden, daß zwar massiver Vertrauensmißbrauch vorlag, sich daraus aber in keinem Fall ein mir bewußt zugefügter Schaden rekonstruieren ließ. Zu dumm – wieder nichts mit einer hochdotierten *Opfer*rolle. Statt dessen fielen mir peinlicherweise Episoden ein, in denen mich der eine oder andere dieser *Täter* beschützt hatte oder mir anderweitig praktisch nützlich gewesen war. Ganz wie Hoftaller.

Aber die IMs leben ohne Chance auf vergebende Verjährung. Es ist schon bezeichnend, wie unangepaßten Leuten ganz nach Bedarf immer wieder bis zu dreißig Jahre zurückliegende Banalitäten öffentlich um die Ohren gehauen werden. Während sich alle Westdeutschen entspannt lächelnd zurücklehnen können, denn ihre «postmortalen Persönlichkeitsrechte» garantieren Diskretion bis zu dreißig Jahren nach dem Tod. Ganz gelassen haben sie mithin zugesehen, wie ihre Brüder und Schwestern jenseits der Elbe zu gläsernen Menschen umgebaut wurden. Heute muß hier jede öffentliche Person damit rechnen, daß Unbekannte in ihrer «Opferakte» privateste Details ausgraben und nach Belieben daraus zitieren werden.

Aber es geht ja nicht nur um die Stasi-Akten und um einige Prominente. Alle Akten sind zugänglich: die von Parteien und Gewerkschaften, von Kreisleitungen und Universitäten, von Verbänden und Akademien, von Betrieben und Schulbehörden. Jeder Journalist erhält heute Unterlagen darüber, wie sich Mutter Müller oder Sohn Schmidt vor 27 Jahren bei der erwähnten hochnotpeinlichen Vorladung beim Bezirksschulrat Potsdam verhalten hat. Mit solcher Recherche bin ich selbst konfrontiert worden – in diesem Fall nicht zu meinen Ungunsten, aber *irgend etwas wird sich schon noch finden*. Auch dieses Gefühl ist für viele eine Quelle von Verunsicherung und Osttrotz.

Doch da die Akten nun einmal geöffnet sind, können sie nicht mehr geschlossen werden. Oft genug ist allerdings gefordert worden, den Persönlichkeitsschutz gesetzlich zu verbessern. Nichts geschieht. Obwohl 98 Prozent der DDR-Bürger nie für die Stasi gearbeitet haben, steht heute fast die Hälfte von ihnen der Gauck-Behörde äußerst skeptisch gegenüber. Nur zehn Prozent haben volles Vertrauen, weist der vom Sozialwissenschaftlichen Forschungszentrum Berlin-Brandenburg herausgegebene *Report 95* aus. Zu offensichtlich werden in der Behörde bestimmte Personen und Ereignisse zu politischen Zwecken instrumentalisiert. Nach

Belieben wird hoch- und runtergespielt. Die schwer erträgliche, genau getimte Indizienhatz auf linke Politiker hat denen bei ihren Wählern bislang allemal solidarische Stimmengewinne gebracht. Zwei Tage bevor Stefan Heym seine Rede als Alterspräsident des Bundestages halten sollte, tauchten *zufällig* dubiose Aktennotizen gegen ihn auf. Wenig später platzten die Anschuldigungen.

Einen Tag nachdem die fast ausschließlich von Ostdeutschen für die ARD gedrehte gesellschaftskritische Tragikomödie «Matulla und Busch» im Dezember 1995 gesendet wurde, fanden sich gegen den Drehbuchautor, der selbst lange observiert worden war, 24 Jahre zurückliegende banalste Kontakte zur Stasi. Dieser Mechanismus funktioniert mit so zuverlässiger Primitivität, daß offenbar beabsichtigt ist, man möge ihn zur Kenntnis nehmen.

Pünktlich zum 50. Jahrestag der Befreiung der faschistischen Konzentrationslager durch die Alliierten veröffentlichte die Gauck-Behörde eine Studie über die geplanten Internierungslager der Stasi. Auf daß niemand die bedrohlichen Ähnlichkeiten übersehen möge. Die «beträchtliche kriminelle Energie des MfS» sei daran ablesbar, heißt es im zweiten *Tätigkeitsbericht* der Behörde, daß Tausende von Menschen, die aus irgendeinem Grund auffällig geworden waren, in Arbeitslagern isoliert werden sollten. Und stolz fährt der Bundesbeauftragte fort: «Das Echo auf diese Studie, über die fast alle Zeitungen und die meisten Fernsehstationen in ihren Hauptnachrichtensendungen berichteten, war enorm. Der Bundeskanzler nahm die Studie zum Anlaß für eine Presseerklärung: Die Veröffentlichung verdeutliche die menschenverachtende Brutalität und Rücksichtslosigkeit des SED-Regimes und sei überdies eine Mahnung an alle, nicht den Mantel des Schweigens oder des Vergessens über die Realität und die Verbrechen totalitärer Regime zu breiten.»

Wenn mein Kanzler mich mahnt, werde ich nun alles aussagen, was ich zum Thema Internierung weiß: Als ich unmittelbar nach der Wende erstmals von diesen Lagern hörte, war auch ich empört. Zumal sich lauter Freunde und Bekannte, lauter nette, oft gutwillige Menschen auf den Listen befanden. Tröstlich fand ich immerhin, daß meist schöne Schlösser und Burgen mit Seeblick als Internierungsorte vorgesehen waren. Aber noch tröstlicher fand ich schließlich, daß es trotz unbestreitbaren Eintretens des Ernstfalles in der DDR zu keinen Internierungen gekommen war. Inzwischen habe ich mich bei der Alternativen Enquete-Kommission darüber aufklären lassen, daß diese Planungen für den Kriegsfall galten und daß dafür alle Länder solche Lager vorgesehen haben. Natürlich streng geheim.

In der Schweiz stieß die schon erwähnte Untersuchungskommission 1989 auf eine umfangreiche *Extremistenliste* mit Namen von Personen, die im Notfall augenblicklich verhaftet und interniert werden sollten. Der einzige in Ostdeutschland lebende Schweizer Schriftsteller, mein Kollege Jean Villain, war natürlich auch unter den Auserwählten. Das war dann schon wie eine vertraute Botschaft.

Selbstverständlich sind auch in der Bundesrepublik Internierungslager geplant worden. Doch offenbar ist es immer wieder erfolgversprechend, sich auf das kurze Gedächtnis der Mitmenschen zu verlassen. Dem sei abgeholfen: Anfang der sechziger Jahre war eine heiße Diskussion um die geplanten Notstandsgesetze entbrannt. Entwürfe hatten schon dem dritten und vierten Bundestag vorgelegen, aber keine Mehrheit gefunden. Für Unruhe sorgten insbesondere die Behauptungen einzelner Bundestagsabgeordneter, es gäbe zusätzlich etwa dreißig Geheimgesetze, die wegen ihrer «möglichen schockierenden Wirkung» bisher nicht öffentlich vorgelegt worden seien. Sie wären aber bereits an Länder und Kommunen versandt und würden im Notstandsfall bei Aufruf einer Kennziffer in Kraft treten.

Die Enthüllung der Schubladengesetze gehört zu den spektakulären Spionageerfolgen der Stasi. Ein kleiner Angestellter des Bundesinnenministeriums fotografierte heimlich die Entwürfe. Am 2. Mai 1966 wurde auf einer internationalen Pressekonferenz in Ost-Berlin die Broschüre «Notstandsgesetze – was die Bonner Regierung den Bundesbürgern verschweigt» vorgelegt. Die geheimen Gesetze sahen eine beinahe unlimitierte Einschränkung der freiheitlichen bürgerlichen Rechte vor. Im Ernstfall, wozu bereits «Zeiten erhöhter Spannung» rechnen, können, wie im letzten Krieg gehabt, Autos eingezogen, Lebensmittel rationiert, Zeitungen und Sender zensiert werden. Sonder- oder Standgerichte,

Zwangsarbeit, Schutzhaft auf unbestimmte Dauer, Eingriffe in die Streikfreiheit, Ende der Bewegungsfreiheit – all das wäre Rechtens.

Einen Tag nach der Pressekonferenz gab der damalige Bundesinnenminister Lücke der *Bild*-Zeitung ein Interview, in dem er trotzig darauf beharrte, daß die Exekutive auch dann über die Notverordnungen zu verfügen gedenke, wenn ihr die parlamentarische Zustimmung versagt bleiben sollte. Seriösere Verlage taten sich schwerer mit einer Reaktion auf die Enthüllungen aus der DDR. Erst ein Vierteljahr später brachte der *Stern* einen mehrseitigen Bericht unter der Überschrift: «Ein Spion stahl Bonn die Geheimgesetze» (Nr. 31 vom 31.7.66). Darin schildert der Autor Gerhard E. Gründler, wie er mit Hilfe eines Innenministers an einen Notstandsexperten geriet, der selbst mit den Schubladengesetzen befaßt war und die Echtheit der östlichen Veröffentlichungen zweifelsfrei bestätigte. Gleichzeitig wurde der Reporter von dem Geheimdienstler gewarnt: Bonn hat die Ost-Berliner Veröffentlichung weder bestätigt noch dementiert. Sie aber wissen jetzt, daß die Dinger echt sind. Wenn Sie mit diesem Wissen Einzelheiten der Gesetze preisgeben, können Sie bestraft werden. Unter dem Motto: «Was Ost-Berlin mit der Veröffentlichung getan hat, entspricht einer Forderung vieler westdeutscher Politiker: Auf den Tisch mit den Schubladengesetzen!», entschloß sich der *Stern*, trotz der Drohung als erster über die einzelnen Vorlagen zu berichten:

«Der nächste Baustein zur Errichtung des Polizeistaates ist die ‹Notverordnung über Sicherheitsmaßnahmen›. Sie gibt der Polizei das Recht, ohne richterlichen Haftbefehl Staatsgefährder, politisch Unzuverlässige, Sabotage-, Hoch- oder Landesverratsverdächtige in ‹Gewahrsam› zu nehmen. Das Wort Einsperren wird dabei genauso sorgsam vermieden wie zu jenen Zeiten, als man Hitler-Gegnern die Segnung der ‹Schutzhaft› angedeihen ließ. Paragraph 1, Absatz 2. dieser Schubladenverordnung geht noch weiter: ‹Eine Person kann ferner in polizeilichen Gewahrsam genommen werden, wenn sie auf Grund ihres früheren Verhaltens dringend verdächtig ist, daß sie unter Ausnutzung der während des Ausnahmezustandes bestehenden besonderen Verhältnisse Handlungen der genannten Art begehen, fördern oder veranlassen wird.› Welches frühere Verhalten verdächtig macht, etwa schon ein privater DDR-Kontakt oder erst die KP-Mitgliedschaft, wird nicht gesagt.»

Wieso findet sich in der Gauck-Behörde niemals eine Akte, die die «kriminelle Energie» der anderen Seite belegt?

Es war wohl die größte Niederlage der Studentenbewegung, als trotz aller Empörung unter der Großen Koalition von CDU und SPD das Gesetz zur Ergänzung des GG vom 24. 6. 68 verabschiedet wurde, mit dem wesentliche Prinzipien der Notstandsgesetze ins Grundgesetz eingingen (hauptsächlich in die Artikel 53, 80 und 115). Seither hat man sich damit abgefunden, offenbar in der Zuversicht, daß schon kein *Spannungsfall* eintreten wird. Soviel ich weiß, sind die ursprünglich geheimen Zusatzgesetze niemals öffentlich zurückgenommen worden, so daß davon auszugehen ist, daß sie weiter in den Schubladen bereitliegen. Wie dick ist Ihr «Mantel des Vergessens», Herr Bundeskanzler?

Die Vorstellung, in einem modernen Krieg, der ja in jedem Fall ein Versagen von Politik bedeuten würde, könne die Inhaftierung Andersdenkender irgendeinen Sinn machen, ist so abstrus, daß es eigentlich Zeitverschwendung ist, sich mit dieser Albernheit aufzuhalten. Da uns Ostdeutschen aber bei allen möglichen und unmöglichen Anlässen die Stasi-Planungen um die Ohren gehauen werden, ist es leider unabdingbar, daran zu erinnern, daß unsere Schlapphüte diese grandiose Idee zunächst bei ihren Westkollegen ausspioniert und gebührend gerügt haben, um sie später selbst zu übernehmen.

Wenn ich es mir recht überlege, bedaure ich, daß die Stasi dieses Vorhaben nicht doch noch rechtzeitig vor der Wende verwirklicht hat. Es wäre die letzte Chance gewesen, sich noch einmal mit guten Freunden in jenen Burgen und Schlössern aufzuhalten, bevor diese an die Alteigentümer zurückgegeben werden. Und vor allem: Man wäre geradezu genötigt gewesen, endlich gemeinsam über alternative Konzepte nachzudenken. Dies zu unterbinden war wohl reine Schikane der Stasi.

Angesichts der Tatsache, daß sich im Kapitalismus sämtliche Schlösser und Burgen in gräflichem Besitz befinden, besorgt natürlich die Frage, wo die VIPs der politischen Unzuverlässigkeit heutzutage im Ernstfalle unterzubringen sind. Mir fallen nur leerstehende Fabrikhallen ein – die Quartierlösungen sind eben auch nicht mehr, was sie mal waren. Dennoch – falls ich bisher vergessen worden bin, stelle ich hiermit den Antrag, in die ehrenvolle

Liste der zu Inhaftierenden aufgenommen zu werden. Sollte man nach dem Ernstfall überhaupt noch ansprechbar sein, dann werde ich sagen können: Ich bin dabeigewesen.

Ausgangspunkt meines kleinen Exkurses in die Untiefen geheimdienstlichen Sicherheitswahns war die einseitige Geschichtsaufarbeitung durch die Gauck-Behörde. Dieser Mangel ist der Behörde selbst nur teilweise anzulasten. Die Schwerpunkte im Archivwesen setzt natürlich die Regierung. Ein Beispiel: Kurz vor der Wende stieß ich im Rundfunkarchiv in der Berliner Nalepastraße zufällig auf eine Sammlung von etwa 40 000 Hörerbriefen, die im Laufe von dreißig Jahren zu einer relativ populären Wirtschaftssendung eingegangen waren. Ich blätterte wahllos in den vielen Dutzend Mappen, überrascht, wie anschaulich sich Alltagsleben widerspiegelte. Im Laufe der Jahre wechselte der Tonfall, in dem die aus allen Schichten stammenden Schreiber mit dem Sender umgingen; die dargelegten Versorgungslücken und Arbeitsprobleme änderten sich äußerlich, blieben aber im Kern konstant, und gleich blieb, soweit ich das auf den ersten Blick beurteilen konnte, auch bei vielen die deutlich herauszulesende Sorge um das Allgemeinwohl, der Ärger über Schlampereien in Betrieben und Wohnungsverwaltungen, ein wie auch immer geartetes Engagement für Veränderungen. Vielleicht doch ein Spurenelement von Eigentümerbewußtsein?

Nach der Wende erinnerte ich mich an diese Eindrücke und fand, daß ein Rückblick auch solche Quellen nutzen müsse. Doch das Archiv blieb wegen Umzuges lange unzugänglich. Als es endlich wieder öffnete, war meine Enttäuschung groß: Von jenen Briefen war kaum noch etwas übrig; die ersten 20 Jahre wurden vollständig vernichtet, aus den letzten Jahren fanden sich wahllos einige zufällige Mappen, aus denen keine Entwicklungstendenzen mehr zu rekonstruieren sind. «Kein Platz, keine Leute, kein Geld», meinte die Archivarin achselzuckend.

Die alltäglichen zivilen Quellen einer Kultur wurden von den neuen Machthabern geringgeschätzt. Tonnenweise landeten DDR-Bücher auf dem Müll. Was sollten die noch für Auskünfte geben, wo doch nun alles durch die Stasi-Akten zu erklären ist? 3000 Mitarbeitern der Gauck-Behörde steht ein jährlicher Etat von 250 Millionen Mark zur Verfügung. Bis die letzten zerschnipselten Akten aus den in den Kellern gefundenen Säcken zusammengepusselt sind, wird der Steuerzahler mehr als Geduld aufbringen müssen. Und was wird erreicht sein?

Die beinahe ausschließliche Konzentration auf das Ministerium für Staatssicherheit und die Moral der dort angeheuerten Individuen verhindert die Einsicht in die tatsächliche Funktionsweise des DDR-Systems. Und das ist Absicht. Weil eine solche Einsicht «möglicherweise zu radikalen oder subversiven Schlüssen führen könnte». Zu dieser Auffassung gelangte der in New York lehrende Professor Peter Marcuse, der das Jahr der Wende an der Humboldt-Universität erlebte:

> «Viele Menschen in der DDR hatten dieselben Ideale, die die Menschen im Westen haben, aber sie probierten andere Wege aus, sie umzusetzen – in manchen Fällen mit mehr Erfolg, in anderen mit weniger als im Westen. Wir können und wir müssen von ihren Erfahrungen lernen.»[48]

Auf den Spuren seines prominenten Vaters fragt Marcuse insbesondere nach folgenden empirischen Werten: Wie kann der Preis für Vollbeschäftigung reduziert werden? Welche Rolle sollen Privateigentum und Profit spielen? Wie weit reicht die Motivation Solidarität? Wie funktioniert eine Stadt ohne die Kommerzialisierung der City? Was bewirkt das Fehlen eines Immobilienmarktes? Wie zwiespältig sind staatliche Ansätze zur Gleichberechtigung der Frau? Wie sieht eine Gesellschaft mit einer Einkommensspannbreite (vom höchsten bis zum niedrigsten Verdienst) von 7:1 aus im Vergleich zu der westlichen Spannbreite von etwa 160:1?

> «Die Bilanz der DDR in diesen Gebieten ist ganz bestimmt nicht von großartigen Erfolgen gekennzeichnet, aber die Formulierung der Ziele war signifikant anders als die in der BRD, und was zu ihrer Erreichung getan wurde, ist es wert, untersucht zu werden... Eine Antwort lautet, daß es positive Alternativen zur der Art gibt, wie die Dinge in der BRD getan werden (oder den USA oder vielen anderen Staaten). Alternativen, über die es sich lohnt nachzudenken, die, wenn sie umfassend verfolgt würden, tatsächlich zu einer Bedrohung des Status quo führen können.»[49]

Wohl der nächstliegende dieser subversiven Schlüsse ist der, daß die Geheimdienste in Ost und West ihre Notwendigkeit nicht nachweisen konnten. Sie leben vom Ausnutzen menschlicher Schwächen und Notlagen und geraten dabei selbst immer wieder in die Grauzone der Legalität. Das konspirative Ausforschen freier Bürger schadet der Demokratie ebenso wie Spionage dem Zusammenleben der Völker. Beides sollte generell geächtet werden.

Ich habe mich immer wieder gewundert, wie schnell die Bürgerbewegung nach der Wende von diesen Zielen abgelassen hat. Wenn BND und Verfassungsschutz tatsächlich nur harmlose Auswerter von Zeitungsartikeln sind – warum haben wir nicht längst ein demokratisches Gesetz wie in den USA, das jeden Bürger berechtigt, seine Akte anzufordern? Erst wenn *alle* Archive offen sind, wird man die Spezifik der Stasi wirklich beurteilen können.

Auch die These vom Unrechtsstaat dient der Verfestigung des eher bedenklichen Status quo. Die DDR auf das von ihr fraglos ausgeübte Unrecht zu reduzieren ist Kolonialmentalität, rächt sich in verschiedensten Formen des Osttrotzes und entzieht dem Weg zur Einheit wichtige Erfahrungen.

Im Namen der Mutter
und der Tochter
Mein Unbehagen als Frau

Als Frau hat mich der Zustand der Welt immer mehr beunruhigt als der Zustand der DDR. (Als Autorin war es umgekehrt. Man kann nur beschreiben, was man überschaut.)

Damit leben wir, und zwar gut: Alle vier Tage wächst die Weltbevölkerung um eine Million, obwohl noch niemals so viele Menschen ständig Hunger hatten wie zur Zeit: mehr als 500 Millionen. Hunderttausende Frauen sterben jährlich an illegaler Abtreibung. In jeder Minute verhungern 25 Kinder. 200 Millionen Kinder müssen arbeiten. Dreimal so viele Erwachsene sind arbeitslos. Es gibt eine Milliarde Analphabeten. Der Jahresetat des Unicef-Kinderhilfswerkes entspricht der Summe, die alle vier Stunden für Rüstung ausgegeben wird. Die Aufrüstung entzieht der Menschheit jährlich, durch kriminelle Verschwendung und Umweltverseuchung, eine Billion Dollar für humanitäre Zwecke. Letztlich ist sie es, die heute in jedem Jahr mehr Opfer fordert als der ganze Zweite Weltkrieg in sechs Jahren. Diese Opfer sind Kinder, Frauen und Männer.

Stell dir vor, es ist Patriarchat, und die meisten Männer haben nichts davon. Mit diesem Satz darf ich mich unter radikalen Feministinnen natürlich nicht blicken lassen. Sie mahnen ein klares Feindbild bei mir an. Ich werde mich bemühen.

Solidarität suchte ich in der DDR zunächst unter Gleichgesinnten, erst dann unter Gleichgeschlechtlichen. Den politischen Druck spürte ich eben nachhaltiger als den auf Frauen. Da Männer bekanntlich die meisten Chefsessel besetzt halten und Chefs bekanntlich meist dogmatischer sind als Untergebene, hatte ich natürlich ausreichend Feinde unter Männern. Aber eben auch wichtige Verbündete. Und die Westmänner, mit denen ich damals schon gelegentlich zu tun hatte, kamen eher noch besser weg, denn sie arbeiteten in mir wohlgesinnten Verlagen und Redaktionen. So erwartete ich auch keine besonders unangenehmen Überraschungen, als nach der Maueröffnung abzusehen war, daß ich Westmännern nun massenhaft begegnen würde.

Und tatsächlich, sie hatten alle – genau wie Ostmänner – große, breite Hände, deren Ringfinger länger sind als die Zeigefinger. Wodurch ein prankenartiger Eindruck entsteht. Auch hatten sie ausgeprägtere Kieferknochen als Frauen und längere Arme. Diese *affenähnlichen* Merkmale veranlassen die Fachwelt, vom *pithekoiden* Charakter des Mannes zu sprechen. Den konnte die westliche Zivilisation also auch nicht überwinden. Und da sollte mit diesen Kreaturen nicht fertig zu werden sein? Das wäre doch gelacht!

Dann aber mußte ich miterleben, wie die neuen Westchefs zuerst die werktätigen DDR-Frauen über die Klinge springen ließen. (In einer Infas-Umfrage vom März 1992 sagten 82 Prozent der ostdeutschen Frauen, daß es ihnen heute schlechter gehe als in der DDR.) Gleichzeitig trafen mich vorwurfsvolle Blicke von West-Feministinnen, die bedeuteten: Wir haben euch doch immer gewarnt, nicht so blauäugig gegenüber den patriarchalischen *Herr*schaftsstrukturen zu sein. Die vorsätzliche Bösartigkeit dieser *pithekoiden* Charaktere kann gar nicht überschätzt werden. Wenn ihr euch nicht in unseren Kampf gegen die Männer einreiht, seid ihr verloren!

Intuitiv sträubte ich mich gegen diese Verschwörungstheorie. Mußte ich mir doch eingestehen, daß ich mit Männern nicht nur gleichberechtigt, sondern eigentlich auch lieber gearbeitet hatte. Und zwar unabhängig davon, ob sie in der Hierarchie über oder unter mir standen. Wobei «unter mir» zugegebenermaßen nicht viele waren. Wenn ich in den siebziger Jahren als Redakteurin, also Leiterin eines Drehstabes, durchs Land fuhr, dann unterstanden mir ein Regisseur, ein Kameramann, ein Toningenieur und ein Kraftfahrer, der meist auch die Beleuchtung übernahm. Wenn Regie oder Kamera in der Hand einer Frau lagen, war das auch okay. Wenn nicht, lag aber irgendwie ein zusätzliches Fluidum in der Luft. Eine Mischung aus charmierender Neckerei und harmlosem Flirt. Wobei die Grenzen selbst zu bestimmen mir durch (mit einer gewissen Professionalität erworbenem) Respekt nie schwerfiel. Dieses Fluidum erleichterte es, an den Ehrgeiz der Kollegen zu appellieren und sie dazu anzuspornen, ihr Bestes zu geben. Ähnliche Wirkungen mögen Chefs auf mich gehabt haben, vorausgesetzt, es waren keine Ekel. Was einem bei Chefinnen allerdings genauso passieren konnte.

Gemischte Kollektive, so haben Befragungen von DDR-Soziologen bei Frauen *und* Männern immer wieder ergeben, verbessern das Arbeitsklima. Intrigen und Fehden, Klatsch und Cliquen werden auf das unvermeidbare Maß reduziert, während Leistungs- und Hilfsbereitschaft ansteigen.

Natürlich waren gelegentliche Liaisons nicht auszuschließen. Zumindest im Kulturbereich wurden sie meist mit Nonchalance geduldet. Ich habe nie erlebt, daß jemand deshalb die Abteilung wechseln mußte oder gar Konfliktkommissionen und Parteiverfahren bemüht wurden. Die Zeiten waren vorbei.

Gemessen an den nahezu unbegrenzten potentiellen Gelegenheiten, kam es – soweit ich das beurteilen kann – übrigens überraschend selten zu Seitensprüngen. Etwa die Hälfte der Werktätigen der DDR waren Frauen. Daß beide Geschlechter zusammenarbeiteten, war einfach zu normal und zu massenhaft – wäre man immerzu auf dumme Gedanken gekommen, hätte man überhaupt keinen klugen mehr fassen können. Und es ging ja nicht nur um die Arbeit – was wären die ganzen Brigadeausflüge, die Kegelabende und Theaterabonnements ohne Frauen wert gewesen?

92 Prozent der weiblichen DDR-Bevölkerung waren derart ins gesellschaftliche Leben integriert. Gleichzeitig hatten sie fast alle Kinder. Wie neuere Studien von Psychologen belegen, sind übrigens die meisten Kinder, nämlich 87 Prozent, damit einverstanden, daß ihre Mütter arbeiten gehen. Berufstätige Frauen, die mit ihrer Lebenssituation zufrieden sind, sehen ihre Kinder positiver und beschäftigen sich zum Teil sogar mehr mit ihnen. Diese Kinder wiederum sind oft hilfsbereiter, selbständiger, ausgeglichener und kontaktfreudiger als die von vergleichsweise isoliert lebenden Hausfrauen.

Beruf und Familie zu verbinden, war zweifellos eine frustrierende Belastung. Aber immer noch der beste Frust, den ich mir gegenwärtig für Frauen vorstellen kann. Na ja, sie müssen eben, weil die Familien sonst verarmen würden, hörte ich damals oft von westlicher Seite. Wie sollte man beweisen, daß die sozialisierende Wirkung der kollektiven Arbeit und die durch sie erreichte finanzielle Unabhängigkeit von den Männern längst ein Wert an sich geworden war? Heute kann man es: 90 Prozent der ostdeutschen Frauen wünschen sich immer noch eine feste Arbeit. Aber nur noch 60 Prozent von ihnen ist das vergönnt, und die Zahl neigt sich in besorgniserregendem Tempo den westdeutschen 55 Prozent zu. Und die radikalen Feministinnen haben die Erklärung: Die Männer wollen nicht teilen!

Die Frau und der Kapitalismus

Ich will diese Logik nicht begreifen. Das bleibt einfach unter meinen Erfahrungen. In der bis aufs letzte perfektionierten, arbeits*teiligen* Gesellschaft beruht doch alles auf dem Teilungsprinzip. Warum, um Himmels willen, nicht mit Frauen? Warum sollten die Westmänner solche Weiberfeinde sein? Muffel und Stinktiere? Da wird eine naturgegebene männliche Geschlechtssolidarität unterstellt, von der wir Frauen offenbar nur träumen können. Das Bild vom Teilen ist schief, denn es suggeriert, daß Chefs, die eine Frau einstellen, Geld und Macht abgeben müssen. Und wenn sie einen Mann einstellen – ist dies kein Rivale um Geld und Macht? Ist es nicht sogar so, daß viele Leiter aus Angst vor starken Konkurrenten lieber auf ein weniger kompetentes Angebot zurückgreifen, wofür Frauen ihrer Meinung nach doch geradezu prädestiniert sein müßten? Mit Frauen teilen wäre also weniger riskant. Irgendwo hat sich ein Denkfehler eingeschlichen, liebe Westschwestern.

Für 58 Prozent der Westmänner und 51 Prozent der Ostmänner ist die Partnerschaft der wichtigste Lebensbereich (weit vor Beruf, Freunden, Kindern). Behauptet jedenfalls die erste gesamtdeutsche Repräsentativumfrage zur Gleichberechtigung. Selbst wenn man einräumt, daß ein Teil der Männer möglichst tugendhaft antworten wollte, läßt sich doch nicht bestreiten, daß im Privatbereich durchaus mit den Frauen geteilt wird. Auch auf die Gefahr hin, daß man bei einer Scheidung finanziell ziemlich alt aussieht.

73 Prozent der Männer im Westen und gar 86 Prozent der im Osten meinen, die Berufstätigkeit der Frauen müsse stärker geför-

dert werden. Aber wie nur? Wo doch 78 Prozent der Westväter, aber nur 37 Prozent der östlichen für eine Berufspause der Mutter plädieren, solange Kinder unter drei Jahren im Hause sind. Den meisten Ostvätern würde das in der DDR üblich gewesene bezahlte Babyjahr genügen. Für sie ist die Berufstätigkeit von Müttern immer noch selbstverständlich. Allein dies beweist, daß männliche Vorurteile nicht solche Jahrhundertbrocken sind, wie oft behauptet wird. Ein paar Jahre realsozialistische Erfahrungen haben Anschauungen von Frauen *und* Männern erstaunlich stabil geprägt.

Was also ist im Westen der wirkliche Bremsklotz? Sind es die *leitenden* Frauen, die weder von Ost- noch Westmännern akzeptiert werden? Für 73 Prozent der Deutschen ist es egal, ob sie eine Frau oder einen Mann als Chef haben. Können Umfragen, die das Bundesministerium für Frauen initiiert hat, lügen? Diejenigen, denen es nicht egal ist, sind vor allem Frauen. Die wollen lieber einen Mann. Als Chef. Ich kann dies, wie gesagt, bis zu einem gewissen Grade nachvollziehen. Nicht weil ich etwas gegen Frauen hätte. Sondern weil ich eine Frau bin. Es geht um das Pendant. Wäre ich ein Mann, würde ich eine Chefin bevorzugen. Diese Art von Geschlechtssolidarität ist doch die natürlichere.

Wo also liegt der Denkfehler?

Nach der Wende hörte ich folgende Geschichte: Eine Ostberliner Unternehmerin hatte mit den besten feministischen Vorsätzen einen reinen Frauenbetreib aus DDR-Zeiten übernommen. Nicht sehr groß, aber groß genug, um zu beweisen, daß Frauen so was durchstehen. Was war das Ergebnis nach einem Jahr? Unter Tränen entließ die Feministin eine Frau nach der anderen und stellte dafür Männer ein. Bis die Mitarbeiterinnen in der üblichen Minderheit waren. Die Geschäftsführerin konnte bei Strafe ihres Unterganges die vielen Ausfallzeiten der Frauen nicht mehr verantworten.

Und da sind wir plötzlich am Kern: Unter den brutalen Bedingungen der Reduzierung des Werts der Arbeitskraft auf maximale Rentabilität rechnet sich Frau einfach nicht. Dieses Thema wird verschämt tabuisiert. Deshalb kommen die Arbeiter- und die Frauenbewegung in diesem Punkt seit hundert Jahren auch nicht voran.

Auf den «Warenwert» der Frau hat schon Bebel aufmerksam gemacht:

«Ein aus ihrer Natur als Geschlechtswesen hervorgehender Umstand zwingt sie, sich billiger anzubieten; sie ist durchschnittlich öfter als der Mann körperlichen Störungen unterworfen, die eine Unterbrechung der Arbeit herbeiführen und bei der Kombination und Organisation der Arbeitskräfte, die in der Großindustrie besteht, leicht Arbeitsunterbrechungen erzeugen. Schwangerschaft und Wochenbett verlängern solche Pausen. Nach den vom Fabrikinspektor Schuler angefertigten Listen zahlreicher Krankenkassen beziffert sich die Zahl der jährlich auf den Kopf entfallenden Krankheitstage für die weiblichen Krankenkassenmitglieder auf 7,17, für die männlichen nur auf 4,78. Die Dauer der einzelnen Erkrankungen betrug bei den weiblichen Mitgliedern 24,8, bei den männlichen 21,2 Tage.»[50]

In der DDR hatte sich diese Differenz zwar vermindert, war aber immer noch stabil: Der Anteil der Ausfallzeit an der zu leistenden Arbeit durch Krankheit betrug 1955 bei den Männern 5,43 Prozent, bei den Frauen 6,04 Prozent. Der Höhepunkt der Krankschreibungen war 1980 erreicht, mit 5,89 Prozent bei den Männern und 6,66 Prozent bei den Frauen. 1989 pendelte sich das Verhältnis wieder auf 5,77 zu 6,27 Prozent ein. Diese Zahlen weisen wohlgemerkt nur die Anfälligkeit für Krankheiten aus. Mutterschafts- und Schwangerenurlaub sowie Ausfallzeiten wegen Betreuung von Kindern und Haushalt müssen noch hinzugerechnet werden, will man wissen, wieviel kostspieliger ein mit einer Frau besetzter Arbeitsplatz war.

Die westliche Zivilisation hat die weibliche Natur auch nicht außer Kraft gesetzt. Die AOK weist für das 1. Quartal 1994 im Teilbereich West einen Krankenstand von 7,36 Prozent bei den Männern und 8,52 Prozent bei den Frauen aus. Im Teilbereich Ost treibt die Angst auch sich mies fühlende Männlein und Weiblein an die Werkbank. Nur 5 Prozent der Männer und 6,13 Prozent der Frauen wagten im gleichen Zeitraum, zu Hause zu bleiben. Unabhängig von ihren speziellen Belastungen als Mütter sind sie offenbar die anfälligeren Naturen. Vielleicht sind sie auch nur die Empfindsameren und Sensibleren, deren Körper sich zuverlässiger gegen Entfremdung wehrt. Oder sie stecken sich einfach öfter bei ihren Kindern an? Welche Schlußfolgerungen man auch immer aus der Statistik zieht – Frauen fehlen öfter als Männer. (Private Krankenkassen haben längst ihre Schlüsse daraus gezogen – sie erheben heute von weiblichen Mitgliedern höhere Beiträge. Undenkbar im Osten.) Bebel resümiert:

> «Der Unternehmer nutzt diesen Umstand aus und findet für die *Unannehmlichkeiten*, die er aus solchen Störungen hat, *einen doppelten Ersatz in der Zahlung erheblich geringerer Löhne.*»[51]

Leider denkt Bebel diesen Umstand nicht konsequent zu Ende. Denn es ist doch klar: Die Erfüllung der Forderung *gleicher Lohn für gleiche Arbeit* bedeutet für den Frauen beschäftigenden Unternehmer letztlich: *gleicher Lohn für weniger Arbeit*. Davor schützt er sich, indem er weniger Frauen einstellt. Und zwar zuallererst in leitenden und qualifizierten Positionen, in denen der und die einzelne am wenigsten entbehrlich sind. Aber auch in der Menge fällt der Arbeitsausfall ins Gewicht. Wo doch heute Überlebenschancen des Unternehmens von Effektivitätsvorsprüngen abhängen, die nur noch hinterm Komma zu messen sind. Mit der Forderung nach gleichem Lohn für gleiche Arbeit katapultieren sich die Frauen also selbst aus der Rentabilitätsmühle.

Und es geht ja nicht nur um die Anfälligkeit des weiblichen Körpers. Die Arbeitsanforderungen sind generell frauen-, also familien-, also menschenfeindlich. Heute wird in besseren Positionen erst recht eine flexible, rund um die Uhr zur Verfügung stehende Full-time-Kraft verlangt. Für Mütter ausgeschlossen. Für Väter eigentlich auch. Auch sie werden überfordert und deformiert, indem sie ihrem wichtigsten Lebensbedürfnis entfremdet werden: Zeit für Partnerschaft und Familie. (Haben eigentlich Soziologen mal untersucht, warum sich in allen neuzeitlichen Patriarchaten ziemlich genau doppelt so viele männliche Unglückliche das Leben nehmen wie weibliche? Und dieses Elend sollen die Männer, das geschwächte Geschlecht, nicht teilen wollen?)

Zu den großen Schocks nach dem Beitritt gehört der sogenannte *Wendeknick*. Die Zahl der Babys ist innerhalb eines Jahres um über die Hälfte zurückgegangen. Inzwischen hat Ostdeutschland die mit größtem Abstand niedrigste Geburtenrate der Welt. Mehr als alle Meinungsumfragen bezeugt diese Zahl, wie sehr den Ostdeutschen der Schreck in die Glieder gefahren ist.

Erschreckt hat mich auch der Umstand, daß mehr als ein Drittel der westdeutschen Frauen bewußt auf *andere Umstände* verzichtet, weil sie sich, vor die erbarmungslose Alternative Kind oder Karriere gestellt, für letztere entscheiden. Natürlich gibt es für Frauen gute Gründe, ein Leben ohne Kind zu bevorzugen. Jahrelang habe ich diese Variante selbst favorisiert. Deshalb bin ich weit davon entfernt, den Kinderwunsch etwa für weibliche Normalität zu halten. Genauso fragwürdig ist mir allerdings das erhabene Belächeln der östlichen «Mami-Mentalität» durch Westemanzipierte, die ihren aufgezwungenen Verzicht als freie Entscheidung verinnerlicht haben, um ihn so ertragen zu können. Nicht der Ausgang der Entscheidung ist das Drama, sondern die Nötigung zu einer solchen Entscheidung, der Zwang zu einem unmenschlichen Verzicht.

Auch Nichtmütter bleiben Frauen. Ihre Leistungsfähigkeit ist natürlichen zyklischen Schwankungen unterworfen. Psychosomatische Folgen des aufgenötigten Verzichts bleiben nicht aus. Männer und Frauen sind eben doch recht verschiedene Naturen. Wenn man ungleiche Wesen gleich behandelt, kommt immer Ungerechtigkeit heraus. Deshalb ist die Forderung nach Gleichberechtigung falsch. Die den Frauen von der Natur auferlegten Nachteile für ihre «Verwertbarkeit» im industriellen Arbeitsprozeß müssen durch soziale Privilegien ausgeglichen werden.

Bevorzugung statt Gleichberechtigung

Das kostet natürlich etwas. In Zeiten akuter Arbeitslosigkeit, die Frauen immer besonders hart treffen, mag es wie ein Verrat anmuten, an diese Tatsachen zu erinnern. So was tut Frau nicht, wo Mann es nicht mal wagt. Aber gerade daß es niemand tut, ist ja das Verhängnis. So können diese verschleierten Mechanismen ungestört weiter funktionieren. Betriebsrätinnen, die sich in ihrer Personalpolitik im großen und ganzen von Betriebsräten kaum unterscheiden, werden von Frauen als Komplizinnen und Mittäterinnen beschimpft. Diese Kritikerinnen durchschauen offenbar die betriebswirtschaftlichen Zwänge nicht.

Auf einer Arbeitstagung im Mai 1992 in Magdeburg zu dem

Thema, wie Frauen aus Ost und West ihre gemeinsame Zukunft gestalten, sprach Helga Raddatz aus der Sicht einer *Arbeitgeberin* von BMW. (Ganze zwei Prozent der Ingenieure sind in diesem Unternehmen Frauen.)

«Wer etwas werden will, darf nicht auf die Uhr schauen. Es gibt eine Reihe von Untersuchungen über den Zeitaufwand von Managern, deren wöchentliches Budget 60 Stunden und mehr umfaßt. Wir rechnen noch einmal 10 bis 15 Stunden Fahrzeit hinzu, die Führungskräfte durch die unterschiedliche Arbeitszeit in Zentrale, Werken und Handelsorganisation ohne Möglichkeit eines Freizeitausgleichs ableisten. Hier kommen wir an einen neuralgischen Punkt. Das Unternehmen (nicht nur BMW) erwartet von seinen Führungskräften einen Einsatz, der über die tariflich ausgehandelte Arbeitszeit hinausgeht. Ein Mitarbeiter, der Karriere machen will, weiß das und richtet sich entsprechend darauf ein. Meist hat er eine Partnerin, die sich diesen Anforderungen anpaßt und die Dienstleistungen erbringt (Wäsche wäscht, Hemden bügelt, Schuhe putzt). Eine Frau, soweit sie Single ist, wird diese Dienstleistungen entweder zusätzlich erbringen oder bezahlen müssen. Kommen aber eine Partnerschaft oder eventuell ein Kind oder gar Kinder hinzu, ist der von seiten des Unternehmens erwartete Zeiteinsatz kaum noch zu erbringen. Die Frau weiß dann auch genau, daß die Chancen auf eine Karriere gegen null tendieren. Das ist die Realität: Mit ihr werden wir wohl noch recht lange leben. Frauen können nicht um Nachsicht bitten, wenn es um Erfüllung betrieblicher Termine geht. Keine Doppelbelastung wird entschuldigt, eigene Erfahrungen, aber auch die von Mitarbeiterinnen, die das versucht haben, bewiesen dies hinlänglich... Bei Beförderungen wird ganz bewußt immer erst überlegt, ob eine Frau das Standing hat, eine Führungsfunktion zu übernehmen. Wir wollen Frauen, wir wollen ihnen auch Chancen geben. Aber das ist für Sie alle ja nichts Neues, wir wollen als Industrieunternehmen keine Sozialarbeit leisten. Teilzeitarbeit, verkürzte Arbeitszeiten, Arbeitszeiten am Wohnort wird es für Frauen, die Karriere machen wollen, nicht geben. Die Übernahme der Kinderbetreuung ist aus rein pragmatischen Gründen nicht durch das Unternehmen zu lösen. Im Bereich der Werkerin am Band, als Ergänzung zum Familieneinkommen, werden sicher in Zukunft verkürzte Arbeitszeiten möglich werden.»

Das Wort *Werkerin* hörte ich zum erstenmal. Wir hatten nur *Werktätige*. Das waren alle, und alle konnten mit mehr oder weniger Nachsicht rechnen, wenn es um Kinder ging. Oder um Handwerker, die sich wider Erwarten zu Hause angekündigt hatten. Privat ging vor Katastrophe – auch in Berufen, bei denen Flexibilität eigentlich unverzichtbar ist. Redakteurinnen mit kleinen Kindern wurden zu auswärtigen Produktionen eben nicht eingesetzt und ihre Schnittermine nicht in die Spätschicht gelegt. Daß ein Kind pünktlich aus der Krippe geholt werden konnte, darauf hatte man im Kollektiv zu achten. Garantieren mußte es der Leiter, was der auch zähneknirschend tat, denn er wollte schließlich, daß der Chef seiner Frau auch auf seinen Sproß Rücksicht nimmt.

Und nun also diese schrecklichen Westmänner. Leisten freiwillig 75 Wochenstunden, ein Arbeitspensum, daß – gewerkschaftlich gesehen – genau für zwei reichen müßte. Zum Beispiel für ihn, den total Überforderten, und für (s)eine sich langweilende Frau. Sieh – das Gute liegt so nah. Überstunden müßten angesichts der knappen Arbeit verboten werden – für Werkerinnen genauso wie für Manager.

Auf einer Frauenkonferenz in Kassel wurde ein *Feministisches Manifest 1994* verabschiedet, in dem gefordert wird: «Keine Frau darf mehr wegen ihrer Kinder oder wegen ihrer Gebärfähigkeit aus dem Erwerbsleben ausgeschlossen sein. Für Arbeitgeber in Betrieben, Verwaltungen und Organisationen muß es das gleiche ‹Risiko› bedeuten, einen (potentiellen) Vater zur Mitarbeit zu gewinnen wie eine (potentielle) Mutter.» Sehr schön. Als Lösungsweg werden jedoch Maßnahmen aufgezählt, die weit unter dem bleiben, was wir in der DDR bereits hatten. Damit ist diese Forderung genauso sinnvoll wie die, es müsse gleich gut möglich sein, Sterne bei Tag oder bei Nacht zu zählen.

Ausgerechnet einige Westmänner sind auf der heißeren Spur. Noch einmal überzeugt mich Oskar Lafontaine, der die gesellschaftlichen Wurzeln der Benachteiligung von Frauen in Vorurteilen und in der Struktur der Arbeitswelt sieht:

«In allen früheren Gesellschaftsformationen, von denen wir Kenntnis haben, in der Sammler- und Jägergesellschaft, der Hortikulturgesellschaft und der Agrargesellschaft, hatten die Frauen einen großen, teilweise sogar den größeren Anteil an der gesellschaftlich notwendigen, der Erhaltung dienenden Arbeit.» Die Frauen seien in diesen Kulturen den Männern zwar untergeordnet gewesen, aber «die Einheit von Wohn- und Arbeitsstätte verknüpften männliche und weibliche Rollen zeitlich, räumlich und funktional relativ eng miteinander... Die bürgerlich-industrielle Gesellschaft hingegen schuf Trennungslinien, Aus- und Abgrenzungen und extrem polarisierte Geschlechterrollen in einem nie dagewesenen und für Frauen höchst nachteiligen Ausmaß... Wenn es stimmt, daß die Benachteiligung der Frauen strukturell in der Industriegesellschaft angelegt ist, daß deren System gar nicht funktionieren kann, ohne Frauen zu benachteiligen, dann kann der politische Schlüssel zur Lösung der Frauenfrage nur in einer Veränderung der industriellen Strukturen liegen.»[52]

Soweit der Politiker kurz vor der Wende. Wie aber sollen diese Strukturen verändert werden, wo sie doch gerade ganz Osteuropa aufgedrängt wurden. Damit haben sie sich weiter verfestigt und etabliert. Oder ist die Verfestigung nur die Vorstufe zur Erosion? Weisen die Wahlsiege der Exkommunisten in vielen dieser Länder darauf hin, daß es so doch nicht gemeint war?

Die zu Ende gehende fordistische Produktionsweise funktionierte dadurch, daß Massen etwas produzierten und dabei Geld verdienten, um das Produzierte zu kaufen. Die westliche Industriegesellschaft hat jetzt aber eine Effektivität erreicht, die das Prinzip ad absurdum führt: Immer weniger produzieren immer mehr, was immer weniger kaufen können. Die moderne Technik hat so viel Zeit eingespart, daß sie nun im Überfluß da ist. Geronnen im wachsenden Heer der Arbeitslosen. Ihre Zeit ist kein Geld. Sie kostet Geld. Es ist so viel brachliegende Zeit organisiert worden, daß Zeit eigentlich nichts Kostbares mehr ist. Insofern macht es keinen Sinn mehr, den Wert einer Ware an der verausgabten Arbeitszeit zu messen. Dies aber ist das Ende der herkömmlichen Wirtschaftsstrukturen. Und der Benachteiligung der *zeitextensiveren* Frauenarbeit. Jetzt ist es wörtlich zu nehmen: «Ökonomie der Zeit, darein löst sich schließlich alle Ökonomie auf.»

Frauen können sich nicht emanzipieren, solange die bezahlte Arbeit einzig nach Zeiteinsparung bemessen wird. Die Befreiung der Frau vollzieht sich durch die Befreiung vom Rentabilitätsprinzip. Das Kapital ist taub gegen jegliche Versuche der Aufklärung. Geld hat keine menschliche Logik. Es wird sich von dem manischen Produktivitätsstreben nicht aus humanistischen Erwägungen verabschieden. Weder im Interesse von Frauen noch von

Männern. Erst wenn endgültig zuwenig Käufer das Geld verdienen können, um das von anderen rentabel Erwirtschaftete zu erwerben, wenn also der ganze Kreislauf der industriellen Warenproduktion zusammenbricht, wird das Kapital aus ökonomischen Zwängen nachgeben.

Und das kann dauern. Müssen wir dieses Affentheater abwarten? Müssen Frauen bis dahin wirklich versuchen, in den Strukturen der entfremdeten Arbeit entindividualisierte Produktivkräfte zu werden? Wie vor ihnen schon die Männer? Sich in das unmenschliche Rentabilitätsprinzip gleichberechtigt einordnen zu wollen ist das falsche Ziel. Durch diese Vermännlichung der männerfeindlich gedachten Frauenbewegung werden die Männer noch als Modell aufgewertet. Gibt es eine Chance, den *pithekoiden* Charakteren an unserer Seite klarzumachen, daß die unausweichliche Abschaffung des aberwitzigen Profits um jeden Preis an der Entlohnung der Frauen immer schon mal geübt werden kann? Wir sollten klarstellen, daß unsere Fähigkeit, Kinder zu gebären, auch ihren Preis hat. Wir müssen uns unser Monopol in diesem Gewerbe einfach besser bezahlen lassen. Etwa mit einem durch minimale Rüstungskürzung maximal ausgestatteten Fonds. Der erstattet dem Betrieb die durch Ausfallzeiten und familienfreundliche Bedingungen entstandenen Mehrkosten. Im Namen der Mutter und der Tochter. Im Namen des Vaters und des Sohnes. Im Namen der Humanität.

Wie steht es denn mit der gesellschaftlichen Anerkennung des *privaten Aufwandes*, das Human*vermögen* zu reproduzieren? Bis zum ersten Babyschrei hat der Mann (großzügig gerechnet) vielleicht zwei Stunden aufzubringen, die Frau 2000. Gleicher Lohn für gleiche Arbeit? Gar kein Lohn für mehr Arbeit! Um Gleichberechtigung zu gewährleisten, fordern wir beim *beruflichen Aufwand* folgende Ungleichberechtigung: Gleicher Lohn für weniger Arbeit.

In der DDR wurde dieser Grundsatz ansatzweise praktiziert. Die wöchentliche Arbeitszeit betrug 43¾ Stunden – was im europäischen Vergleich viel war. Für Mütter mit zwei und mehr Kindern galt ohne Lohnminderung die 40-Stunden-Woche. Für Mütter mit drei und mehr Kindern gab es drei, für Mütter im Schichtsystem bis zu fünf zusätzliche Urlaubstage. Durch den monatlich gewährten Haushaltstag kamen im Jahr weitere zwölf bezahlte arbeitsfreie Tage hinzu. Zur Pflege erkrankter Kinder wurden Müttern jährlich vier bis 13 Wochen (je nach Zahl der Kinder) bezahlte Freistellung gewährt. Allein 1989 fielen durch all diese Freistellungen 11,5 Millionen Arbeitstage aus.

Kein Wunder, daß der Zusammenbruch kam, könnte man meinen. Wenn es stimmt, daß der Sozialismus auch wegen seiner unrentablen Vollbeschäftigung eingegangen ist, so wird der Kapitalismus auch wegen seiner überrentablen Leerbeschäftigung eingehen.

Tatsächlich hatte die DDR-Wirtschaft an dem sozialpolitischen Ehrgeiz ihrer männlichen Führung schwer zu tragen. Besonders im akademischen Bereich kam es zu Engpässen. Da die Universitäten nach Leistung immatrikulierten und die Mädchen natürlich besser waren, herrschte bei den Hochschulabsolventen ein gewisser Frauenüberschuß. In den achtziger Jahren gab es deshalb eine inoffizielle Männerquote, die sichern sollte, daß wieder mehr *pithekoide* Charaktere studieren.

Diese Männerquote sichert der reiche Westen übers Geld. Dazu bedarf es keiner affengeilen Verschwörung. Dies sei zur Ehrenrettung der Westmänner festgehalten. Deformiert werden alle Beteiligten. Wenn Männlein wie Weiblein dies zur Kenntnis nehmen, von ihren Feindbildern ablassen und für eine Humanisierung der Arbeitswelt – also der Welt – zusammenwirken würden, wären wir wohl bei der Menschwerdung des Affen einen Schritt weiter.

Vertreibung ins Paradies
Mein Unbehagen als Neubundesbürgerin

In der DDR durfte vieles nicht gesagt werden. Aber das Nichtgesagte wurde prompt von allen zur Kenntnis genommen. In der BRD darf alles gesagt werden, aber das Gesagte wird eigentlich von niemandem zur Kenntnis genommen. Was nicht ins honore Bild paßt, wird nicht honoriert – das ist offenbar überall so.

SÄTZE: 1. Seitdem die Monopolparteien des NS-Staates und der DDR zur Vergangenheit gehören, ist unser Blick freier geworden dafür, daß es nichttotalitäre Diktaturen geben kann und daß der Parteistaat der Bundesrepublik Deutschland nicht einfach als «Demokratie» zu beschreiben ist. 2. Nicht nur eine besondere Regierungsform oder Parteiherrschaft bewirkt Totalitarismus, sondern auch ein besonderes Produktions- und Verteilungssystem, das sich mit einem «Pluralismus» von Parteien, Zeitungen, «ausgleichenden Mächten» etc. durchaus verträgt. 3. Statt des Stalinismus der Bürokratie herrscht im Westen immer nur der Stalinismus des Geldes. 4. Zu viele Menschen haben heute das Gefühl, daß sie keinerlei Möglichkeit haben, irgendeinen realen Einfluß auf die Entscheidung der Regierungen auszuüben, die ihr Leben betreffen, daß große Geldgeber, die einen Teil der Wahlkampfkosten der Parteien übernehmen, Einfluß auf und Zugang zu den Entscheidungsträgern haben, der durchschnittliche Bürger hingegen nicht, daß mächtige Sonderinteressen den Ausgang von Wahlen beherrschen, der bloße Wähler aber nicht, daß eigennützige Einzelpersonen und Gruppen, die von den Entscheidungen profitieren, Mittel und Wege finden, die Entscheidungsprozesse zu ihren Gunsten zu lenken und zu beschleunigen, während das Interesse der breiten Öffentlichkeit auf der Strecke bleibt. 5. Zur Lebenslüge des Parteienstaates gehört die Behauptung, wir Normalbürger könnten durch die Abgabe unseres ordnungsgemäß ausgefüllten Stimmzettels bei Parlamentswahlen einen nennenswerten Einfluß auf den Lauf der politischen Dinge ausüben. 6. In der Demokratie müßte eigentlich der Bürger entscheiden, wer ihn repräsentieren soll. Tatsächlich aber wird ihm fast jede Auswahlmöglichkeit vorenthalten. In der Regel präsentieren die Parteien feste Listen, die der Bürger nur als Ganzes annehmen oder ablehnen kann... So steht der allergrößte Teil der Bundestagsabgeordneten schon vor der Wahl fest. Der Wähler wird – weit über das durch die Masssendemokratie Notwendige hinaus – entmachtet. 7. Nach meiner Überzeugung ist unser Parteienstaat... machtversessen auf den Wahlsieg und machtvergessen bei der Wahrnehmung der inhaltlichen und konzeptionellen Führungsaufgabe. 8. Es ist also insgesamt kein erfreulicher Befund über den Zustand unserer Parteiendemokratie, den wir in die Vereinigung eingebracht haben. Aus dem grundgesetzlichen «Mitwirkungsgebot» bei der politischen Willensbildung ist für die Parteien ein absoluter Machtanspruch und Machterhalt um beinahe jeden Preis geworden. Der Machtanspruch reicht von der selbstbewilligten Eigenfinanzierung bis zur Parteibuch-Protektion, vom abschreckenden Stil parteiinterner Auseinandersetzungen bis zur Diffamierung, ja oft sogar Denunzierung des politischen Gegners oder sogar Partei-«Freunds». 9. Den Mängeln durch bloße Appelle an die Politiker abzuhelfen erscheint ziemlich hoffnungslos. Denn die Mängel sind zum guten Teil systembedingt. Innerhalb des Systems kann ein Politiker oft gar nicht anders handeln, will er nicht zum tragischen Helden werden. Es gilt also, das System zu ändern.

Wer wagt es, Rittersmann oder Knapp, zu verkünden diese *SÄTZE* vom Pult hinab? Ich etwa? Ich werde mich hüten. Ich würde mir solche Urteile nach so kurzer Zeit auch nicht anmaßen. Welcher Umstürzler, welcher Extremist, welcher Dissident, welcher Oppositionelle provoziert unsere sakrosankte Ordnung so unflätig? Vielleicht der damalige PDS-Alterspräsident in seiner Ansprache? Aber nein, der hat im wesentlichen Toleranz angemahnt. Die Urheber sind hochgeschätzte Persönlichkeiten aus dem Westestablishment, meist sogar Mitglieder der Regierungsparteien. 1 und 5: Helmut Stubbe-da Luzz (20 Jahre CDU-Mitglied, jetzt FDP), 2: Herbert Marcuse, 3: Robert Kurz, 4: US-Vizepräsident Al Gore, 6 und 9: Hans Herbert von Arnim, 7: Richard von Weizsäcker, 8: Hildegard Hamm-Brücher.

Es gilt also, das System zu ändern. Solche Sätze zu veröffentlichen würde sich das mißtrauisch beobachtete *Neue Deutschland* kaum trauen. Man findet sie statt dessen mit Vorliebe in der *FAZ* oder, wie in diesem Falle, in der *Zeit* (4. 11. 94). Die sie schreiben, meinen es wohl ernst. Die sie drucken, wissen genau, es handelt sich nur um einen kleinen Nervenkitzel im versnobten Politentertainment. Aber Vorsicht, die Ostdeutschen glauben noch, was in der Zeitung steht! Und sie sind auch die einzigen, die wissen, wie man das macht – System ändern. Sie sind zudem noch in der Übung, denen kommt's auf eine Änderung mehr oder weniger nicht an. Aber sie lesen ja seit der Wende leider keine Westzeitungen mehr. Also wird wohl wieder nichts draus werden.

Total(itär)e Meinungsvielfalt

Es gehört tatsächlich zu den beinahe unerklärlichen Paradoxien: Gab es doch in der DDR nichts Schöneres an Sonn- und Feiertagen, als eine trickreich ergatterte aufmüpfige Westzeitung oder -illustrierte lesen zu können. Heute beträgt der Ostumsatz der *FAZ*, der *Süddeutschen*, der *Frankfurter Rundschau*, der *Zeit*, des *Spiegel* und des *stern* nur knapp drei Prozent der Gesamtauflage. Statt dessen lesen die Leute massenhaft die gewendeten einstigen SED-Bezirksorgane. *Bild*-Zeitung, *Berliner Morgenpost* und *Capital* drucken Ostausgaben. Auch im Äther, wo in den neuen Ländern 42 Programme miteinander konkurrieren, haben sich im Osten nur vier wirklich durchgesetzt: *Radio Mecklenburg-Vorpommern, Antenne Brandenburg, Mitteldeutscher Rundfunk* und *Hundert 6* in Berlin. Ja, sogar in der Hauptstadt ist der Himmel noch geteilt. In beiden Stadthälften haben sich getrennte Hörergemeinden herausgebildet. Während der SFB mit seinen Programmen im Osten deutlich unter zehn Prozent liegt, ist der einst staatliche, inzwischen privatisierte Berliner Rundfunk dort zum Marktführer geworden.

Reiner Osttrotz? Was unterscheidet die Medien denn noch? Es sind nicht einmal die Themen. Und die Chefs kommen sowieso alle aus dem Westen. Aber die Mitarbeiter sind in den Regionalzeitungen und -sendern oft noch östlich, und die haben sich noch nicht an die *neue Unübersichtlichkeit* gewöhnt. Sie legen Wert auf eine Art überparteiliche Objektivität. Endlich der Wahrheit verpflichtet. Die Welt soll erkennbar sein. Was eine gewisse Vertrauenswürdigkeit in die innere Logik der Informationen voraussetzt. Sich ausschließende Aussagen werden möglichst vermieden.

Anders die Westzeitung: Sie ruft auf Seite 3 zur Änderung des Systems auf und plädiert auf Seite 4 dafür, die PDS als extremistische Partei einzustufen, weil sie zur Änderung des Systems aufruft. Perfekte Konfusion als Ergebnis der unbegrenzten Meinungsfreiheit. Auch *frei* von der Verpflichtung zu Wahrhaftigkeit. Aufklärerische Anliegen werden blockiert. Lähmung. Babylon in den Köpfen. Jeder mögliche gemeinsame Gedanke wird paralysiert. Die Zensur ermöglichte es den Herrschern, nur noch ihre Vorurteile zu bedienen. Die unüberschaubare Vielfalt (jetzt 40 Sender, bald 500) ermöglicht es *jedem*, nur noch seine Vorurteile zu bedienen. Damit zerstört auch die überzogene Vielfalt den öffentlichen Diskurs und führt zu Entdemokratisierung. Demokratie verlangt den gebildeten Bürger, nicht den unter der pluralistischen Funzel um seine Urteilsfähigkeit gebrachten. Bewußte Verblödungskultur im Dämmerlicht von Weltoffenheit? «Es ist paradox», sagte Jewgenij Jewtuschenko, «mein Leben lang habe ich gegen die Zensur gekämpft. Und nun verstehe ich, daß die Zensur neben ihrer negativen Rolle auch die Funktion eines Filters hatte, der billige Romane, pornographische und Trivialliteratur nicht ins Land gelassen hat. Was jetzt passiert, nenne ich die McDonaldisierung unserer Kultur.»[53]

Die Beliebtheit letzter Spurenelemente östlicher Medien in den neuen Bundesländern könnte damit zusammenhängen, daß sie zwar nicht anspruchsvoller, dafür aber etwas weniger unübersichtlich sind. Der Westverleger dagegen läßt alles sagen, aber es empfiehlt sich, schon auf der nächsten Seite, spätestens am nächsten Tag, das Gegenteil zu behaupten. Wegen der Ausgewogenheit. Alles ist gleich gültig, also gleichgültig, kommentiert Peter Turrini. Das Gegenteil von Zensur ist allgemeines Informationschaos. Die Wirkung ist die gleiche: Die wichtige Botschaft kommt nicht durch. Die subversive schon gar nicht.

Das Unbehagen vieler Ostdeutscher im Westen hängt sicher

auch mit überzogenen Erwartungen zusammen, die durch diese letztlich apologetische «Ausgewogenheit» erzeugt wurden.

> «Die bitteren Erfahrungen mit einer auf bloße Stimmungsspiegelung reduzierten Öffentlichkeit, man könnte sie eine Echo-Öffentlichkeit nennen, muß uns Anlaß für höchste politische Wachsamkeit sein, wenn Politiker heute wieder darangehen, gerade jene Medien in Verruf zu bringen, die ihren durch die Verfassung gesicherten Auftrag zur kritischen Information ernst nehmen. Sinnvoll erschiene mir heute eine Art hippokratischer Eid, der die in den Medien Tätigen verpflichtet, alles zu unterlassen, was der intellektuellen und seelischen Gesundheit der Menschen schadet, dagegen alles in den eigenen Kräften Liegende zu unternehmen, kritische Urteilsfähigkeit, Selbstbewußtsein und Solidarität der Menschen untereinander zu fördern.»[54]

Sehr ehrenwert, lieber Oskar Negt. Ich bin bereit. Doch wem Geld in die Finger kommt, der hat sie zum Schwure nicht frei. Einen erbarmungslosen Konkurrenzkampf aller öffentlichen und privaten Sender sagt ZDF-Intendant Dieter Stolte voraus, in dem es darauf ankommt, «den anderen mit jedem Mittel aus dem Markt zu drängen. Damit steht das Medium vor einem fundamentalen Wandel. Es wird nicht mehr von Aspekten der sozialen Kommunikation der Menschen bestimmt, sondern von Gewinngesichtspunkten.»[55] Und niemand möge behaupten, diese Gesichtspunkte seien ganz unpolitisch. Ließen sich mit unbequemen Gedanken die besten Quoten erzielen – die Politiker hätten schon einen Riegel vorgeschoben. *Sex, crime and sensation* aber sind ausgesprochen systemerhaltend.

Ausradierte Erinnerungen – Spurensuche Ost

Eine bestimmte Art von Alltagserfahrungen findet sich nirgends mehr dargestellt, deshalb sei einiges davon – schlaglichtartig – erwähnt. Ich will mich der Einfachheit halber auf Beobachtungen bei Lesereisen beschränken, ein für Autoren wichtiger Berührungspunkt mit Land und Leuten.

Zunächst Momente des Auslöschens von DDR-Realität: Unter der Schirmherrschaft des Berliner Senators für Stadtentwicklung Hassemer findet im September 1994 eine Ausstellung zum «Internationalen Städtebaulichen Ideenwettbewerb» statt. (Es geht mir jetzt nicht darum, was alles abgerissen und umbenannt werden soll.) Begleitend zur Ausstellung organisiert die Neue Gesellschaft für Literatur eine Lesereihe mit Autoren, die sich mit der Berlin-Thematik befaßt haben. Sowohl die aufwendige Ausstellung als auch unsere Lesungen sind auffällig schlecht besucht. Die Veranstalter haben eine verblüffende Erklärung: Die Leute haben nicht hergefunden. «Im Gebäude der ehemaligen Reichsbank» stand auf den Plakaten. Das sagte den meisten jüngeren Leuten in Ost und West, die sich für die Zukunft der Stadt interessierten, gar nichts. Ursprünglich stand ja auch «Im Gebäude des ehemaligen Zentralkomitees» in den Entwürfen. Aber das hatte der CDU-Senator ohne Begründung streichen lassen. Dabei hätte damit jeder etwas anfangen können. Hat ihn gerade das gestört? Es ist nicht einfach das Ausradieren, sondern das Diskreditieren von Erinnerung. Alles, was an SED erinnert, darf nur noch mit Assoziationen wie Regime, Unrecht, Altlast und Terror verknüpft werden, nicht aber mit einer zwei Generationen währenden Residenz im größten Haus der Stadt. Die steht nur Banken zu. Ist die Rolle der Reichsbank rühmlicher als die des ZK?

Eine andere Art von Auslöschen in Jena. Die Stadt liegt in einem Kessel. Man wohnt auf den Höhenzügen rundherum und schaut hinab. Was man da im Inneren sieht, war zu DDR-Zeiten mehr oder weniger alles Carl Zeiss. 24000 hochqualifizierte Beschäftigte in diesem Tal, 45000 im ganzen Kombinat. Bis zur Wende Export in 40 Länder. Das Headquarter im großen Neubau, direkt am Markt, weitere Bürohäuser, Fertigungsgebäude, Akademien, Berufsschulen, Lehrlings- und Studentenwohnheime, betriebseigene Polikliniken, Clubs, Kantinen, Sportanlagen.

«Wir haben den 1945 mit geklauten Unterlagen und abgeworbenen Wissenschaftlern aufgebauten Zeiss-Sproß in Oberkochen zu lange geärgert», sagt mir ein einstiger Absatzleiter. «Heute betrachtet man sich auf der Schwäbischen Alb als Mutterunternehmen und uns als Tochter, was ein klarer Verstoß gegen die Stiftungssatzung ist.» Über 20000 Jenaer Zeissianer sind schon abgewickelt. Viele verhökerte Immobilien werden jetzt *rückgebaut*. Das heißt, die Außenmauern werden abgetragen und das Skelett dann postmodern verkleidet. So auch das Headquarter am Leutragraben. Von ihren Höhenzügen können Tausende Kaltgestellte wutentbrannt beobachten, wie ihr Betrieb demontiert wird.

«Die Außenwände wurden weggebrochen, und ich konnte direkt in das Büro sehen, in dem ich jahrelang gearbeitet hatte», erzählt mir eine Sachbearbeiterin. «Der Schreibtisch stand noch da, und sogar die Hydropflanze darauf schien kaum gelitten zu haben. Nur der Stuhl war umgestoßen und lag in der Ecke.» (Die aufdringlichen, sprachlosen Metaphern der Realität.) Später habe sie geträumt: Sie fliegt einfach runter, durch die nicht vorhandene Wand ins Büro. Sie stellt den Stuhl auf und sucht die Wettbewerbsverpflichtungen. Da kommt der einstige Chef hereingeflogen und sagt: Wir kämpfen jetzt um den Titel «Kollektiv der kapitalistischen Arbeit». Danach sei es nicht mehr so schlimm gewesen.

Im nicht wiederzuerkennenden «Empire-Späth-Bilding» am Leutragraben werden inzwischen messingfarbene Firmenschilder angeschraubt: eine Gesellschaft für Immobilien und Vermögenswerte, die Barmer Ersatzkasse (ich werde nie verstehen, was *Ersatz*kassen sind; ich muß immer an Kaffee-Ersatz denken), Rechtsanwälte und Notare, die Bausparkassen-Versicherung, ein Bankhaus. Das Ganze geht nahtlos in einen gläsernen Konsumpalast über, der zum Hohn «Goethe-Galerie» heißt.

Bei der Diskussion nach meiner Lesung sagt ein zugezogener Bayer, der helfen will, die Gewerkschaft HBV aufzubauen: Die Ostdeutschen sind viel *zu wenig trotzig*. Es ist unglaublich, was man sich hier gefallen läßt. Es werden Beispiele erzählt, wie die Leute um ihre Abfindungen gebracht wurden. Auf meine Frage, warum hier kein Hauch von Bischofferode sei, meint der einstige Absatzleiter: «Die Zeissianer fühlten sich schon immer als was Besseres. Es sind Stehkragenproletarier. Nur daß sie jetzt beim Arbeitsamt stehen und wohl nie mehr eine ihrer hochgradigen Spezialqualifikation entsprechende Arbeit finden werden. Die Verbitterung ist die gleiche, die Art, damit umzugehen, nicht.» Der Jenaer Weihnachtsmarkt auf dem öden, weiten Eichplatz bietet grellen Rummel und Billigangebote fliegender Händler. Nur wenn gegen Abend die Bläser auf dem Rathausturm spielen, kommt etwas festliche Stimmung auf.

Weiter nach Erfurt. Der hiesige Weihnachtsmarkt vor der angestrahlten Kulisse des Mariendoms und der Severikirche ist stimmungsvoller. Genau besehen aber auch alles Einkaufs- und Freßbuden. Auf dem Anger haben Beschäftigte des *Hotel Thüringen* Informationsmaterial über die Machenschaften der neuen Eigentümer ausgelegt. In einer Solidaritätsadresse der Gewerkschaft NGG heißt es: «Wir mißbilligen es aufs schärfste, daß die Vertreter der Stadt Erfurt und des Landes Thüringen bisher jeglichen konstruktiven Dialog um den Erhalt der Arbeitsplätze und die Fortführung des Hotels abgelehnt haben.» Dabei ist die Stadt voller Touristen – man sollte meinen, alle Hotels werden gebraucht.

Die meisten Angereisten drängen sich an der malerischen Krämerbrücke aus dem 13. Jahrhundert. Die Rasenfläche auf der Rückseite gehört zu den idyllischsten Plätzchen und ist seit Jahrzehnten Anziehungspunkt für diverse Jugendgruppen. *«Hier regiert Bernhard – obwohl ihn keiner gern hat»*, ist an eine Hauswand gesprayt. Auch die jungen Leute hier, vorrangig der alternativen Szene zugehörig, scheint keiner gern zu haben. An das Brückengeländer haben sie eine Informationstafel gekettet, so daß sie niemand so leicht entfernen kann:

«Am Abend des 14. Juli dieses Jahres, ca. 20.30 Uhr, wurden über 50 Jugendliche, zumeist im Alter zwischen 13 und 17 Jahren, von der Polizei festgenommen. 160 Beamte stürmten überfallkommandoartig die Krämerbrücke, warfen einige von uns auf den Boden und drohten den anderen mit Gewalt, wenn sie sich nicht hinlägen. Unter Androhung von Schlägen wurden ihnen Gespräche sowie das Pinkeln verboten. An einzelnen wurde in aller Öffentlichkeit eine Leibesvisitation bis auf die Unterhose durchgeführt. Wir wurden zum Polizeirevier gefahren und mußten dort in einem großen Raum und einer Garage an der Wand stehen. 32 Jugendliche wurden erkennungsdienstlich behandelt, das heißt, fotografiert und Fingerabdrücke genommen, obwohl nur bei 8 von über 50 geringere Straftaten festgestellt wurden. Das sind Behandlungen, wie sie sonst Schwerverbrecher erfahren. Jugendliche wurden von einzelnen Polizisten als ‹Zecken› bezeichnet, ein Ausdruck von Neofaschisten für links-orientierte Menschen. 14jährigen wurde der Anruf bei den Eltern untersagt. Die letzten jungen Leute wurden gegen 1.30 Uhr nach Hause gelassen. Als Grund für diesen Einsatz wurde eine ‹Drogenrazzia› genannt. Das MDR-Fernsehen war auch gleich dabei. Dealer (Krämer?) fanden sie keine. Da sie nicht nach ihren Wünschen fündig wurden, mußte ein zusammengerolltes

Braugoldetikett (Erfurter Biersorte) als Marihuana-Joint in den Nachrichten verkauft werden. Daß es in Wirklichkeit darum ging, die Krämerbrücke für den Tourismus in einen klinischen Zustand zu versetzen, klang nur ab und zu durch. Einzelnen wurde auf dem Revier ohne jede Rechtsgrundlage ein grundsätzliches ‹Altstadtverbot› ausgesprochen.»

Damit steht die Erfurter Polizei in ungebrochener Tradition zu ihren DDR-Gewohnheiten, wo *sich zusammenrottenden* Jugendlichen *Anger- oder Krämerbrückenverbot* beschieden wurde.

Der Weimarer Weihnachtsmarkt sieht aus wie auf Stichen der Jahrhundertwende. Wohltuend klein und beschaulich, mit originalgetreuen Holzhäuschen, in denen Passendes angeboten wird: Glühwein und Bratäpfel, Holzspielzeug und Christbaumschmuck. Die Stadt pflegt ihre Klassiker und richtet ein Bauhausmuseum ein, ohne selbst zum Museum zu werden. Die meisten Baulücken der City werden angemessen modern geschlossen. Und in der Schillerstraße entsteht das erste *Denkraum*-Fragment der neuen Bundesländer. Das Kopfsteinpflaster in der Fußgängerpassage wurde mit Steinen versehen, in die Namen von Menschen eingelassen wurden, die an Aids gestorben sind. Das Denk-mal soll stetig ergänzt werden. Selbst das Faltblatt der Weimarer Aids-Hilfe gibt sich traditionsbewußt: «Die unterschiedlichen Formen des Totengedenkens sind in Weimar und Umgebung präsent.» Auf dem städtischen Friedhof, so erzählt man mir, werden immer mehr Grabsteine nachgebessert. Angehörige lassen den Namen einstige Titel hinzufügen. Plötzlich wird einem wieder bewußt, wen deutsche Friedhöfe beherbergen: Wehrmachtsoffiziere und SS-Sturmbannführer, Ritterkreuzträger und Fahnenjunker. Das Gegenteil von Auslöschen also in Weimar? Oder doch – nämlich ein Auslöschen von Tabus? *Denkraum*.

Harzreise. Der Bürgermeister von Ilsenburg ist zur Lesung gekommen. Hat allerhand Sorgen. Alteigentümer zum Beispiel. Sein eigenes Haus ist betroffen. (In Quedlinburg, so spitzt er zu, gebe es mehr Restitutionsforderungen als Häuser.) Aufruhr auch in der Radsatzfabrik. Der völlig intakte, schuldenfreie Betrieb ist 1991 an die Verkehrstechnik Bochum verkauft worden. Dank eigener Investitionen und Fördermittel vom Land Sachsen-Anhalt gibt es heute eine hochmoderne Produktion und volle Auftragsbücher.

Leider ist ein Teil der westdeutschen Holding in Konkurs gegangen. Das Mutterunternehmen zapft nun die Ilsenburger an: Auf die Immobilie der Radsatzfabrik wurden 20 Millionen Mark Grundschuld eingetragen. Außerdem sollen die Ilsenburger gesamtschuldnerisch für 53 Millionen Mark Kredite haften, die ausschließlich dem westlichen Mutterunternehmen zugute kamen. So organisiere man den Abschwung-Ost, klagt der Betriebsrat. Aber jetzt wird doch in der Stadt wenigstens gebaut, sage ich anerkennend. Ja, ja, das sei schon schön. Aber sehen Sie sich die Tafeln an den Baustellen genau an, rät das Publikum. Alles Westfirmen. Nur den Bauschutt darf eine Ostfirma abtranportieren. Da wissen Sie auch, wem diese ganze neue Herrlichkeit gehört. Wer Hausherr und wer Hausmeister sein wird. Überall stoße ich auf eine Art von Umbau, der – gewünscht oder nicht – mit einem Auslöschen sozialer Gleichheit einhergeht.

In Aschersleben lese ich im Grauen Hof, dem ältesten Fachwerkhaus von ganz Sachsen-Anhalt. Junge Leute haben einen Verein gegründet und stecken nun, unterstützt von der Stadt, jede freie Stunde in das zu DDR-Zeiten verkommene Gebäude. Sie sind zu Recht verliebt in diese eindrucksvollen Gemäuer und bestehen darauf, daß die Lesung im großen Saal stattfindet. Obwohl da in den Fensteröffnungen vorerst nur alte Matratzen stecken. Es ist immerhin Anfang Dezember. Seit zwei Tagen laufen Heißluftkompressoren. Es ist mollig warm, aber sehr laut. Zur Lesung werden die Geräte abgestellt. Nach einer Viertelstunde fangen die ersten an, sich ihre Mäntel anzuziehen. Wir machen immer wieder Heizpausen. Dennoch wird es ein langer Abend. Schön, daß es noch Inseln des Unperfekten und der Improvisation gibt.

Aus meiner Unterkunft blicke ich auf das gespenstisch leere Betriebsgelände der Aschersleber Werkzeugmaschinenfabrik. Bis zur Wende haben hier 2000 Menschen gearbeitet. Jetzt stehen alle Räder still. Welcher starke Arm wollte das? Perfektion der anderen Art.

In Halberstadt lerne ich junge Leute kennen, die sich jetzt noch aufregen, wenn sie an ihre Erfahrungen bei einer Wahlkundgebung von Kohl im Juni 1994 denken. Der Domplatz war mit Sympathisanten gut gefüllt, allerdings habe es auch eine relativ große Gegendemonstration gegeben, die hauptsächlich aus alternativen

Jugendlichen bestand. Vermummt sei niemand gewesen, erzählt mir Tobias. «Der Platz war durch Metallzäune in einen inneren Zirkel für besonders Auserwählte in Tribünennähe und in einen äußeren Bereich getrennt. Dort gelang es uns, ein großes Transparent zu entrollen und hochzuhalten: ‹Danke Helmut für § 218, Arbeitsamt + Armut.› Sofort schoben sich Sicherheitsbeamte in Zivil dazwischen und versuchten, unsere Schrift durch ein eigenes Transparent mit dem sinnigen Spruch ‹Jugend für Helmut Kohl› zu verdecken. Unser Tuch war aber doch größer. Der Kanzler beschimpfte uns verärgert als «Fußkranke der sozialistischen Völkerwanderung», offenbar sein Urteil über jeden, der freiwillig in der DDR geblieben ist und trotz dieses Stigmas immer noch wagt aufzumucken.»

«Das Sicherheitsaufgebot war gigantisch», meint Katja. Nach ihrer Schätzung befanden sich 350 BGS-Leute in Kampfausrüstung auf dem Platz, in den Nebenstraßen standen weitere Bereitschaftswagen. In den umliegenden Häusern waren Kameras installiert. «Ein Mädchen versuchte, Fotos von dem Polizeiaufgebot zu machen. Sofort forderte sie ein BGS-Mann auf, den Fotoapparat abzugeben. Als sie sich weigerte, bekam sie mehrere Schläge mit dem Gummiknüppel übergezogen, bis sie den Apparat fallen ließ. Während die Staatsmacht laufende Meter Videos von uns aufnimmt, dürfen wir ihre Aktionen nicht dokumentieren. Am liebsten wäre ich dazwischengesprungen und hätte den Apparat an mich genommen. Aber ich habe mich nicht getraut. Zu der Wut über die Polizeigewalt kommt dann noch die Scham über die eigene Feigheit», ärgert sich Katja.

Der Satz kommt mir mehr als bekannt vor. Mit seinen Kampfreden versucht der Kanzler in den neuen Ländern offenbar, alle Wählerschichten gleichzeitig anzusprechen. Erst die Staatsnahen, erinnert sich Tobias. Wenn er östlich der Elbe geboren wäre, hätte Kohl großzügig eingeräumt, wäre er vielleicht auch bei SED und Stasi gelandet. Dann die Autofahrer: Besser sei es doch, mit Westautos im Stau zu stecken, als Stau nur im Fernsehen zu sehen. Empörung bei den Alternativen. Ohne erkennbaren Anlaß ziehen die BGS-Leute um die Gegendemonstranten einen Kessel. Während der Kanzler dazu übergeht, die Vorzüge der Meinungsfreiheit zu preisen, kommt der Befehl, die Gegendemo aufzulösen.

«‹Wir kennen euch von anderen Demo-Videos›, haben sie gesagt und dabei geprügelt, als ob sie unter Drogen ständen.» Unmittelbar neben Tobias versuchte ein junger Mann mit erhobenen Händen aus dem Kessel zu entkommen. «Das reizte einen Polizisten offenbar so, daß er ihn rauszerrte und mit Schlägen auf den Kopf und in den Bauch traktierte, bis der Mann still wurde. Selbst Rentner und eine schwangere Frau bekamen was ab. Am schlimmsten aber traf es zwei etwa 16jährige Mädchen. Der einen wurde von einem Polizisten der Arm gebrochen, der zweiten in den Unterleib getreten, sie mußte sich übergeben und verlor zeitweilig das Bewußtsein.»

«Ich habe die Leute angeschrien», sagt Tobias, «daß sie jetzt sehen, was das für eine tolle Meinungsfreiheit sei. Aber die Menschen beklatschten die Polizisten und fanden, dies geschehe den Ruhestörern ganz recht. Einzelne ermutigten uns aber auch: Wir sollten uns nicht unterkriegen lassen, es gehe schließlich um unsere Zukunft.» Am nächsten Tag war der örtlichen Presse zu entnehmen, daß gegen einen Beamten ein Ermittlungsverfahren eingeleitet worden wäre, weil «zwei Personen leicht verletzt» wurden.

Katja ist 18, Tobias 19. Normalerweise ist ihre Generation problemlos in der Einheit angekommen. Souverän reisen und studieren sie in der Weltgeschichte herum. Schnell und mühelos haben sie die neuen Angebote verinnerlicht. Viele genießen es, sich nicht mehr ein für allemal auf einen Beruf festlegen zu müssen und heute dies und morgen nichts und übermorgen etwas anderes zu machen. Und zu denken. Das einzig Kontinuierliche sind bei vielen die Ansprüche. Eltern stöhnen über so viel Nachholbedarf bei Markenartikeln. Äußerlich sind sie durch nichts mehr von ihren Westschwestern und -brüdern zu unterscheiden. Und innerlich? frage ich Katja. «Bei der Wende war ich 13. Meine DDR-Prägungen sind schon arg verblaßt. Wenn ich heute kritisch bin, dann nicht wegen angeblicher Nachwirkungen von FDJ und Staatsbürgerkundeunterricht, sondern wegen heutiger Zustände. Ich hätte nie geglaubt, daß man schon wieder so angepaßt sein muß, um keinen Ärger zu kriegen. Wer damit kein Problem hat – und das sind gewohnheitsgemäß die meisten –, der fühlt sich auch nicht fremd in diesen Umständen. Wer aber zu der Minderheit gehört, die sich aktiv für eine andere Gesellschaft einsetzt, der macht eben bittere Erfahrungen, ob nun einst oder jetzt.»

Tobias' Eltern betreiben ihr ehemals staatliches Geschäft nun privat. Finanziell kennt er keinerlei Sorgen. Dennoch behauptet er, froh zu sein, seine Kindheit noch in der DDR verbracht zu haben. Warum? Die Zeit habe alles geboten, was ein Kind braucht: vermeintliche Geborgenheit, provinzielle Unaufgeregtheit, eingebildete Harmonie. Und heute? Die Prinzen hätten sein Empfinden erfaßt: Du mußt ein Schwein sein.

Ältere Leute drücken sich gemäßigter aus. Einem Teil der Rentner geht es nun materiell besser, dennoch stehen viele immer noch mit fremdem Staunen vor dem neuen Konsumparadies. Dem Pfarrer aus Königswalde haben sie ihr Lebensgefühl so beschrieben: Es ist wie eine lange Westreise ohne die Möglichkeit, zurück nach Hause zu kommen.

Zukünftige Erinnerung – Spurensuche West

Die offiziellen Jubelfeierlichkeiten zum 5. Jahrestag der Herbstrevolution fanden, wer erinnert sich schon noch, in Bremen statt. Nachdem Autonome trotz oder wegen der Anwesenheit der gesamten Regierungsmannschaft zwei, drei Fensterscheiben eingeschmissen hatten, glich die Stadt einer belagerten Festung. Schon der Bahnhof stimmte die Besucher ein. Vor jeder Ein- und Ausgangstür ein Dutzend Polizisten in Kampfausrüstung. Wer den Bahnhof betreten wollte, mußte den Ausweis zeigen und sein Reiseziel angeben.

Ich war zu einer Podiumsdiskussion ins Bremer Theater geladen, der einzigen Veranstaltung, die vor allem Defizite der Einheit thematisieren sollte. Vorsorglich hatte ich mich als Dame verkleidet: Filzhut, großes Schultertuch, langer Mantel und etwas, was man früher Stöckelschuhe nannte. In dieser Kostümierung steuerte ich entschlossen auf das uniformierte Aufgebot zu. Nach allem, was ich während und nach der Wende über das Verhalten der Polizei erfahren hatte, wollte ich mir die Sache wieder mal genau ansehen. Aus der *Knochenhauerstraße* strömte Polizeiverstärkung in die Innenstadt. Ich fragte ein alternativ aussehendes Pär-

chen, was eigentlich los sei. Sie sahen mich mißtrauisch an und
rieten mir, lieber die Altstadt zu meiden und außen herum, an den
Wallanlagen, zum Theater zu laufen. Doch ich ließ nicht locker,
und schließlich verrieten sie mir, daß man trotz allem versuche,
eine nichtgenehmigte Demo auf die Beine zu stellen, aber niemand
so recht wüßte, wo es losgehen soll. Die meisten Autonomen seien
wohl auf dem Marktplatz eingeschlossen. Wogegen denn demonstriert würde? wollte ich wissen. Sie sahen sich einen Moment
ratlos an. Dann sagte er: Gegen die Verlogenheit. Ich nickte wissend.

Sie begleiteten mich ein Stück, bis wir auf den dichten Polizei-
kessel stießen, der um das Zentrum gezogen war. In Sechserreihen
hatten behelmte und beschildete Männer alle Zugänge zum
Markt abgesperrt. «Hier kommen Sie nicht durch», warnte mich
das Pärchen. Doch ich trat auf die Polizisten zu und zeigte denen
in der ersten Reihe meine Einladung vom Theater. Ich solle zurück
und außen rum gehen. Aber ich darf nicht zu spät kommen. Keine
Reaktion. Außerdem habe ich nicht gerade Wanderstiefel an. Dieses selten alberne Argument sorgte offenbar für Verwirrung.
Plötzlich entschied einer aus der zweiten Reihe, man möge mich
durchlassen. Sofort öffnete sich ein Spalier von sechs Schilden auf
jeder Seite. Ich stöckelte hindurch. Auf halber Höhe drehte ich
mich noch einmal um und winkte dem Pärchen, das zurück-
bleiben mußte. Dann schlossen sich die Reihen. Ich war im Kessel.

«Wir wollen raus. Wir wollen raus», skandierten drinnen einige Grüppchen. Über den Marktplatz verteilt, schienen es mir
lächerlich wenig Jugendliche, die hier versammelt waren. Sie hatten auch kaum Transparente bei sich. Auf einem kleinen las ich:
«*Nie wieder Groß-Deutschland*». Und: «*Geld stinkt doch*». Ich
schätzte, daß auf einen Autonomen acht unautonome Polizisten
kamen. Die Stimmung war gereizt und verunsichert, aber es passierte nichts. Dafür tummelten sich auffällig viele Kameraleute im
Kessel. Erst auf den zweiten Blick bemerkte ich, daß hinter jedem
noch ein Mann mit Walkie-talkie stand. Ich stellte mich direkt
neben so einen «Kamera-Assistenten», um ihn zu observieren.
Mich nahm hier keiner für voll. Mit Recht. Aus einer unsichtba-
ren Regie erklang eine Stimme im Funkgerät: Nehmt mal die mit

175

der rotkarierten Jacke. Der Assistent gab die Anweisung weiter und zeigte sogar auf das Mädchen. Die Kamera hielt drauf. Ähnlich benahm sich ein halbes Dutzend andere Aufnahmeteams. Ich hatte den Eindruck, sie *wollten* einschüchternd wirken.

Die jungen Leute waren so autonom, daß sie diese offensichtliche Steckbrief-Verfertigung gelassen über sich ergehen ließen. «Wir wollen raus. Wir wollen raus.» Wer schrie, kam gleich ins Visier. Schließlich waren alle abgelichtet. Und immer noch kein Anzeichen für eine von den Jugendlichen ausgehende Gefahr. Offenbar hatten dies nun auch die Polizisten eingesehen. An einer Straße wurde der Kessel plötzlich geöffnet. Die vermeintlichen Ruhestörer zogen mit Freudengeheul ab. Eine allseitige Kinderei. Wohl kein besonders typischer Kessel.

Ich kam nun unbeschadet weiter. Auf dem Goethe-Platz, direkt vor dem Theater, zu meiner Überraschung schon wieder fünf volle Bereitschaftswagen. Hatte das etwa mit unserer Veranstaltung zu tun? Als ich den Weg zum Hintereingang des Theaters einschlug, sprang ein Polizist aus seinem Wagen und fotografierte mich ungeniert, bis ich anfing, Grimassen zu schneiden. Ich ärgere mich heute noch, daß ich mir das gefallen ließ und nicht auf der Herausgabe des Filmes bestanden habe. Im Theater erklärte man mir dann, daß gleich hier das alternative Szene-Viertel anfängt. Da will man wohl wissen, wer ein und aus geht. Mit welchem Recht eigentlich?

Die Leute strömen zu unserer Podiumsdiskussion. Die Reihen im Parkett sind schon dicht besetzt, selbst der Rang füllt sich noch. Das Bedürfnis nach anderer Sicht ist groß und kann gottlob befriedigt werden. Intendant Pierwoß hält ein Plädoyer für unverzichtbare Querdenker, Rolf Hochhuth fordert, das Volk durch Aktien am Vermögen zu beteiligen. Klaus Staeck verspricht, die SPD demnächst zu reformieren, ich beklage die abrupte Währungsunion, die den Osten zum wirtschaftlichen Notstandsgebiet degradiert hat, Jutta Hoffmann gesteht, daß mächtige Lobbyisten alles so verschleiern, daß es für sie undurchschaubar geworden ist, und Adolf Dresen sucht nach einem alternativen Weg. Beifall, Beifall.

Die Insassen der Bereitschaftswagen vor dem Haus interessieren unsere Sprüche nicht. Schließlich steht sogar ein Ü-Wagen da, und der Rundfunk überträgt. Wir spielen doch nur unsere Rolle im Politzirkus. Wie die jungen Leute da draußen. Nur daß die, wenn sie auf ihre Art das gleiche sagen wie wir, in die Mangel genommen werden. Auch das kommt mir bekannt vor.

Auf dem Rückweg sitze ich mit Jutta Hoffmann im Zug. Im Osten kennt sie – bis auf die ganz Jungen – sowieso jeder, im Westen ist sie spätestens seit ihrer Rolle als Motzkis Schwägerin für viele ein Begriff geworden. «1977 bin ich am Berliner Ensemble wegen Arbeitsverweigerung fristlos gekündigt worden. Und gut zehn Jahre später mit genau der gleichen Begründung am Hamburger Schauspielhaus. Die Unterschiede sind eine zu vernachlässigende Größe.» Das will ich natürlich genauer wissen und erfahre folgende Geschichte.

Unter Ruth Berghaus spielt Jutta Hauptrollen am BE, unter anderem «Fräulein Julie». Dann unterschreibt sie 1976 die Protestresolution gegen die Ausbürgerung Biermanns. Ruth Berghaus verliert die Intendanz. Neuer Chef wird Manfred Wekwerth. Regisseur K. probt den «Hofmeister». Jutta hat eine große Rolle. Der Regisseur geht mitten in der Probezeit in den Westen. Am Schwarzen Brett werden Umbesetzungen bekanntgegeben. Jutta bleibt nur noch eine belanglose Nebenrolle. Ohne Begründung. Sie weigert sich, diese Rolle zu spielen. Es gibt ein Disziplinarverfahren mit dem Ziel der fristlosen Entlassung wegen Arbeitsverweigerung. Doch die Gewerkschaft schmettert das Urteil ab. Jutta muß weiterbeschäftigt werden. Rollen allerdings kann ihr die BGLnicht zuteilen. Politbüro-Mitglied Werner Lamberz sorgt für ein Angebot: Dissident F. Beyer darf den Fernsehfilm «Geschlossene Gesellschaft» drehen und besetzt die Dissidenten Mueller-Stahl und Hoffmann mit den Hauptrollen. Doch auch dieser Film gerät in Verruf. In ihrem Frust nimmt Jutta ein Angebot an die Kammerspiele nach München an. «Wenn ich beschäftigt worden wäre, wäre ich vielleicht nie aus der DDRweggegangen.»

Sie erlebt eine produktive Zeit. Geht zu Zadek nach Hamburg. Aber Zadeks Linie paßt dem dortigen Establishment nicht. «Lumpige Leute in einem lumpigen Haus – die Klasse, die bezahlt, ist kaum daran interessiert, daß provokantes Theater gemacht wird. Man verlangt Einsparungen und kippt Zadek übers Geld.» Während der Wende kommt «Karate-Billy» von K. Pohl auf den Spielplan. Jutta weigert sich mitzuspielen, weil in dem Stück das DDR-Bild «vorn und hinten nicht stimmt». Die daraufhin erfolgende fristlose Kündigung hat Formfehler, stellt der Anwalt fest. Das dreimalige Abmahnen wurde versäumt. Wieder bekommt die Aufsässige keine Rollen mehr, soll zum Rädchen im großen Getriebe gemacht werden. Schließlich wird ein Vergleich ausgehandelt. Als Freie ist es auch nicht gerade leicht. Zu einem zentralen Theaterereignis wird ihr eine Biermann-Rezitation angetragen – mit der Solidarität zu diesem Mann hatte ja einst alles begonnen. «Aber da lief gerade der Streit mit Hrdlicka, ich hatte mich über Biermann geärgert und lehnte die Rezitation ab. So was darf man in Hamburg natürlich nicht machen. Aber ich hatte keinen Bock nachzugeben, das hat auch mit Würde zu tun. Schließlich habe ich eine Professur an der Theaterschule angenommen, mich verbeamten lassen. Diesmal nehme ich mich zusammen, nahm ich mir vor, und habe mit gekreuzten Fingern sogar ‹so wahr mir Gott helfe› unterschrieben.»

Dieses Sich-zusammen-nehmen-Müssen, wenn es um die *soziale* Existenz geht, war eine der neu zu erlernenden Lebenskünste für die Ostdeutschen. Die hier wiedergegebenen Eindrücke von Lesereisen unterlagen fraglos einer unausgewogenen Auswahl, aber das war angekündigt – nur das sonst nicht oder kaum Erwähnte sollte zusammengetragen werden: Osttrotz als Folge vielfältigen Unbehagens.

Der fremde Blick

Ich sehe was, was du nicht siehst, und das ist fremd. Noch sind viele Ostdeutsche für das westliche Getriebe nicht betriebsblind genug. Ihnen fallen Dinge auf, die ihre Landsleute längst als Normalität verinnerlicht haben. Das beginnt bei Lappalien und gipfelt im Grundsätzlichen.

Als ein Entwicklungsingenieur aus Schwedt noch zu DDR-Zeiten seine erste Dienstreise in den Westen machte, stachen ihm die nicht immer dekorativen und witzigen, von ihm als *Verunreinigungen* empfundenen Graffiti auf S-Bahn-Sitzen und Parkbänken, in Telefon- und Toilettenhäuschen ins Auge. So wurde er zum Erfinder eines wirksamen Antigraffiti-Sprays. Kreativität des Außenstehenden.

Gerade erst Jugendweihegelöbnis und Fahnenappell entkommen, empfinden viele die neuen Rituale als unerwartete Nötigungen: so etwa den Loyalitätseid, zu dem alle Beamten aus einem offenen Mißtrauen heraus gezwungen werden. Verfassung und Gesetze einzuhalten ist sowieso jeder Bürger verpflichtet, warum müssen sich die Staatsdiener diesem moraltautologischen Disziplinierungsakt unterziehen? Daß sie die Absicht bekunden, ihre *Amtspflicht gewissenhaft zu erfüllen*, ist im Grunde nichts anderes als die Nina-Naserowa-Methode. Diese sowjetische Aktivistin sollte eine osteuropaweite Bewegung auslösen, nach der die Arbeiter die Verpflichtung übernahmen, pünktlich zur Arbeit zu erscheinen und aus eigenem Antrieb ihre Maschinen zu pflegen. Nach vereinzelt emsigem Start siegte die belustigte Lustlosigkeit und Nina geriet ins Abseits. Aber der Beamtenstand fügt sich seit Jahrzehnten ausnahmslos der Demütigung, Selbstverständlichkeiten schwören zu müssen und dabei notfalls auch noch Gottes Hilfe in Anspruch nehmen zu sollen. Entschädigt werden sie dafür mit Privilegien, deren Beschränktsein auf bestimmte Berufe von vielen Ostlern wie gepuderte Perücken angesehen werden. Schon weil sie einen Verstoß gegen das Gleichheitsprinzip darstellen.

Auf Befremden stößt bei den überwiegend atheistischen Ostdeutschen auch die um sich greifende Segnerei bei allen möglichen öffentlichen Einweihungen oder das «*Helm ab zum Gebet*» beim Zapfenstreich. Nirgends offenbaren sich die Unterschiede so drastisch wie bei der Konfessionszugehörigkeit. Im Jugendbericht des Familienministeriums an die Bundesregierung vom Dezember 1994 wird festgestellt: Im Osten sind 81 Prozent der Jugendlichen in keiner Kirche registriert, im Westen sind es nur 11 Prozent. Im allgemeinen gilt diese Differenz ausschließlich als Beweis für Ausgrenzung und Unterdrückung in der DDR, die unbestritten ist. Selten wird aber gefragt, inwiefern die Kirchenzugehörigkeit im Westen nicht vorwiegend brave Unterordnung an die gesellschaftliche Norm ist. Der Bericht gibt eine sehr aufschlußreiche Antwort. Wie viele aller Jugendlichen sind in einer Kirche *aktiv*? In den neuen Bundesländern sind es neun Prozent und in den alten acht Prozent. Das tatsächliche Bedürfnis nach Religion ist also, unabhängig von politischen Einflüssen, erstaunlich konstant. Aber das Verhältnis von formaler Mitgliedschaft zu aktiver fällt für die Ostdeutschen ungleich günstiger aus: Auf jeden zweiten kann die Gemeinde hier rechnen, im Westen aber nur auf jeden elften. Der Rest ist Konvention. Warum sieht sich die übergroße Mehrheit in der Bundesrepublik zu religiöser Heuchelei gezwungen? Sollte die Freiheit, sich zu kirchlichem Desinteresse zu bekennen, im Osten etwa größer gewesen sein?

«Kein noch so kleines Nest läßt sich ohne Religion regieren», wußte schon Voltaire. In der DDR ist dieses Mittel zur Disziplinierung weitgehend weggefallen. Drohen ließ sich eben nur noch mit Ideologie. Denn inexistent war ja auch das wichtigste aller kapitalistischen Druckmittel. Heiner Müller: «Die Arbeitslosigkeit geht durch das Land wie ein neues Regime der Furcht, das keine Stasi braucht, um die Menschen einzuschüchtern.»[56] Noch nie, darin sind sich die Beigetretenen einig, sind sie auf so viel Duckmäusertum gestoßen wie in der heutigen Arbeitswelt.

Dies ist einer der Punkte, an dem man die Mehrheit der Westdeutschen zutiefst beleidigt: wenn gerade wir, aus unseren totalitären Strukturen kommend, feststellen, daß auch sie angepaßt sind. Anders zwar, aber für uns doch unübersehbar. Offenbar nur für uns, denn ihnen fällt nichts auf. Sie haben ihre Subalternität verinnerlicht und glauben alles freiwillig zu tun. Was meine ich? Genauso wie es im Osten eine Subkultur gab, gab es auch eine Suböffentlichkeit. (Ich rede von der Zeit, die ich bewußt erlebt habe, also die Zeit nach Ulbricht.) Das heißt, alles was gedruckt oder gesendet wurde, war streng zensiert; was aber unterhalb der sogenannten Öffentlichkeit gesagt wurde, war erstaunlich. Privat und im Freundeskreis sowieso, ich meine aber vor allem bei der Arbeit, im Kollegenkreis und auf Versammlungen aller Art, wozu ich auch Schriftstellerlesungen mit anschließender Diskussion rechne.

Da im ganzen Land wegen der niedrigen Produktivität und des aufgeblähten Verwaltungsapparates Arbeitskräftemangel herrschte und niemand entlassen werden durfte, wenn er nicht krimineller Delikte überführt wurde, brauchte man als Werktätiger nichts zu befürchten. In den siebziger Jahren bin ich als Fernsehjournalistin oft in Betrieben, Gemeinden, in Jugendclubs oder auf Ämtern gewesen. Was die Leute uns da über Mißstände erzählt haben, hat oft die Kameras zum Glühen gebracht – nur senden durften wir es nicht. Die Redaktion hat im Laufe der Jahre zigtausend Zuschauerbriefe über untaugliche Leitungsmethoden, Fehlentwicklungen im eigenen Betrieb oder bei den Zulieferern bekommen. Beim Staatsrat sind Hunderttausende Eingaben zum Beispiel über bürokratisches Verhalten auf Ämtern oder Unzulänglichkeiten im Wohnungsbau eingegangen.

Der praktische Nutzen dieser Offenheit war zweifellos begrenzt. Dennoch hatte sie eine wichtige psychologische Seite: Auch oder gerade weil sie es nicht in der Zeitung schreiben konnten, waren die Leute gewohnt, zu *sagen*, was ihnen in ihrem Umfeld (nicht im Politbüro) nicht paßte. Heute ist es umgekehrt: Auf Regierung und Parteien kann man schimpfen. Der praktische Nutzen ist zwar ähnlich begrenzt, dennoch ist man auf diese Freiheit zu Recht stolz. Im eigenen Berufsleben aber hat man zu funktionieren. Das halbe Jahr Probezeit ist, gemessen am DDR-Arbeitsrecht, eine Zumutung. Im Kollegenkreis über sein Gehalt zu reden gilt in der Privatwirtschaft als Kündigungsgrund. Gegenüber den neuen Eigentümern spüren alle neue Abhängigkeiten.

DDR-Literaten und Filmemacher haben mehr oder weniger erfolgreich immer wieder versucht, Teile jener Suböffentlichkeit öffentlich zu machen. Das Thema war einerseits erwünscht, brachte aber andererseits den Autoren Scherereien, wenn es zu realitätsnah geriet. Ich erinnere nur an Heiner Müllers «Lohndrücker» und «Umsiedlerin», an Frank Beyers Verfilmung von Neutschs «Spur der Steine», an Volker Brauns «Kipper» oder Volker Koepps jahrelang gedrehten Dokumentarfilmzyklus über Wittstocker Textilarbeiterinnen. Mitte der achtziger Jahre produzierte ich ein Originalton-Hörspiel, das nach seiner Sendung heftige Diskussionen auslöste. Die Story mutet heute schon wie von einem anderen Planeten an: In einem großen Elektronikbetrieb in Teltow wurde durch den Einsatz von Automaten rationalisiert. Auch eine 22jährige Mechanikerin mußte ihren Arbeitsplatz wechseln. Die neue Arbeit war ihr aber zu monoton, sie weigerte sich, sie auszuführen. Nachdem sie deshalb einen Verweis bekommen hatte, beschwerte sie sich bei der Gewerkschaft und sagte wörtlich in mein Mikrophon: Ich bin ein Facharbeiter und kein Spielzeug, mit mir kann man so was nicht machen! Wenn ich keine Arbeit kriege, die mir Spaß macht, werde ich wohl kündigen müssen. Mit dieser Drohung brachte sie ihren Abteilungsleiter zum Zittern, der für ein gutes Arbeitsklima verantwortlich war und erheblichen Ärger bekam, wenn die Fluktuation anstieg.

Als die Kombinatsleitung merkte, daß ich mit meinen Recherchen auch auf kontroverse Fragen der Normerfüllung gestoßen war, wurde mir Betriebsverbot ausgesprochen. Das empörte die Brigade, sie waren zerstritten, und beide Seiten hatten das Bedürfnis, darüber zu reden. Alle Arbeiter, aber auch der Abteilungs- und Bereichsleiter waren bereit, mich bei sich zu Hause zu empfangen und mir bei voller Nennung ihres Namens die betrieblichen Konflikte ins Mikrophon zu erzählen. Suböffentlichkeit. Die Kombinatsleitung verfügte über nichts, womit sie diese Leute hätte einschüchtern können. Ich weiß nicht, ob sich westliche Arbeitnehmer diese Art von erlebter Unabhängigkeit auch nur annähernd vorstellen können. Inzwischen gibt es diesen Elektronikbetrieb nicht mehr. Wer heute zittert, läßt sich denken. Ich bin Arbeiter – wer ist weniger?

Im Westteil der Stadt arbeitenden Ostberlinern fallen ungewohnt ausgeprägte hierarchische Strukturen, Intrigen und Konkurrenzgebaren auf. Dennoch sind laut Infas 90 Prozent der Westberliner mit ihrem Arbeitsklima zufrieden. Diese Zahl erinnert fast an DDR-Wahlergebnisse. Obwohl die neue Anpassung im Osten in vollem Gange ist, gaben hier nur 64 Prozent der Beschäftigten an, mit ihrem Arbeitsklima zufrieden zu sein. Trotzdem – Journalisten erleben immer wieder, daß die Ossis zwar nach wie vor über alles schimpfen, wenn aber das Mikrophon ausgepackt wird, haben sie schon gelernt zu verstummen.

Das kann man niemandem zum Vorwurf machen, denn fast alle haben einen so oder ähnlich klingenden Passus unterschrieben: «Die Pflicht, über betriebliche Angelegenheiten Stillschweigen zu bewahren, gilt über das Bestehen eines Arbeitsvertrages hinaus.» Ob ein Unternehmen die Macht haben darf, Menschen, die nichts mehr mit ihm zu tun haben, zum Schweigen zu verdonnern, müßte wohl einmal rechtsstaatlich geprüft werden. Jedenfalls ist unter diesen Bedingungen die DDR-Suböffentlichkeit in der Arbeitswelt nicht zur Öffentlichkeit geworden, sondern zur Sub-Suböffentlichkeit. Unter welchen konkreten Bedingungen Millionen Menschen in Verwaltung, Produktion und Service die längste Zeit ihres Lebens verbringen, ist kein Thema. Ein solches Hörspiel zu produzieren wäre mir heute nicht mehr möglich. Erst jetzt verstehe ich, warum dieser wichtige Lebensbereich unter Westkünstlern und Kritikern so verpönt war: Er ist tabu.

Auf einer Vollversammlung der Schweriner Energie-Versorgungs-AG *verkündet* die neue Leitung, mit wieviel Risiken es im Betrieb weitergeht, und eröffnet dann die Aussprache. Eisiges Schweigen der 800 verunsicherten Kollegen, deren Hauptfrage, wie lange ihre Arbeit noch sicher ist, nicht beantwortet wurde. Früher ist hier immer diskutiert worden, sagt mir ein Ingenieur, und wenn es über die Versorgung der Nachtschicht war. Heute, wo die Belegschaft auf fast die Hälfte geschrumpft ist, gibt sich keiner mehr als Gewerkschaftsmitglied zu erkennen.

Bei offiziellen Betriebsbesuchen erfährt man jedenfalls nichts mehr, man muß schon seine Identität und Gesundheit so aufs Spiel setzen wie Günter Wallraff, um eine Ahnung zu bekommen, was *ganz unten* los ist. (Sein Buch wurde der meistverkaufte Titel in der Literaturgeschichte der Bundesrepublik, an Nachfrage fehlt es also nicht.) Vielleicht besteht noch eine Weile die Chance, diese spezifischen Ostkontakte zu pflegen, bei denen *Nähe* nicht unbedingt etwas mit *Status* gemein hatte.

Bei intensiver Zusammenarbeit während der Wendezeit untereinander vertraut geworden, trifft sich heute noch in regelmäßigen Abständen eine Gruppe in Privat- oder Kirchenräumen, um die damals bewährten Formen basisdemokratischen Umgangs weiterzupflegen und sich über persönliche und unpersönliche Erfahrungen in unserem neuen Leben auszutauschen. Wenn ich Wessis erzähle, wie dieser politisch heterogene, sich aber dennoch herzlich zugeneigte Kreis zusammengesetzt ist, höre ich immer nur: Undenkbar! Ein Superintendent und ein Installateur, ein Hochschulrektor a. D. und ein Polizist, ein Anwalt und eine arbeitslose Sekretärin, ein öffentlich-rechtlicher Umweltschützer und drei freie Schriftsteller, eine ABM-Galerieleiterin und ein Chefarzt, ein Elektromonteur und eine prominente Schauspielerin, ein Psychologieprofessor und ein Graphiker, ein Mitarbeiter des Berliner Doms und zwei Journalisten, die nicht gleich alles ausplaudern.

So ergibt sich die Szene, in der der Arbeiter Peter S. neben mir auf dem Biedermeiersofa von Christa Wolf sitzt und erzählt: Er hat im Werk für Fernsehelektronik in Köpenick gelernt, das 1983 von den Japanern modern ausgerüstet und auf Farbbildröhren umgestellt worden war. Das Montageband, an dem er stand, wurde aber nicht dem fernöstlichen Tempo angepaßt, sondern behielt sein osteuropäisches Maß. Nach der Wende kaufte die koreanische Firma Samsung den Betrieb. «Wenn jetzt das Tor hinter mir zufällt, bin ich in Asien», sagt er ohne Ressentiments. Die obere Leitungsebene ist gegen Koreaner ausgetauscht worden, die sich mit knietiefen Verbeugungen begegnen. Der Betriebsrat vertritt die Firmenlinie. Ohne die Technologie wesentlich zu verändern, wurde das Tempo am Band verdoppelt. Entsprechend haben sich der Lärmpegel und der magnetische Elektrosmog erhöht.

«Diesen Streß im Dreischichtsystem durchzuhalten ist härteste Knochenarbeit. Nach wenigen Stunden läßt die Konzentrationsfähigkeit nach, aber kurze Pausen zum Verschnaufen sind nicht vorgesehen. Im Gegenteil, ständige Überstunden und mindestens zwei Sonnabendschichten werden verlangt für gerade mal hundert Mark mehr in der Lohntüte. Das ist Ausbeutung pur. Neulich hat es in der Einschmelze einen tödlichen Unfall gegeben, als sich ein Arbeiter mit dem Kopf in der Spindel verklemmt hat. Der Arbeitsschutz ist gleich null. Als eine Kiste mit Geräteteilen in Brand geriet, füllte sich sofort die ganze Halle mit ätzendem schwarzem Rauch. Wir mußten alle husten, und die Augen tränten. Aber es kam das Kommando: Weiterarbeiten! Am Nebenband montiert meine Freundin Heidrun. Vor einiger Zeit bekam sie dort einen mörderischen Elektroschlag. Sie zitterte am ganzen Körper und wurde eiskalt, nur durchs Herz ging eine Hitzewelle. Sie war kreidebleich. Der Vorarbeiter behauptete, es wäre nur eine harmlose elektrostatische Aufladung gewesen, ganze zehn Minuten durfte sie sich ausruhen. Sie fühlte sich elend, konnte aber erst nach Feierabend von zu Hause einen Notarzt rufen. Der stellte einen Blutdruck von 200 fest und schrieb sie sofort zwei Wochen krank. Als sie wieder in den Betrieb kam, war sie entlassen. Alle, die in der Probezeit erkanken, werden entlassen.

Jetzt ist sie bei einer Zeitarbeitsfirma untergekommen. Das heißt, sie wird immer tageweise an einen Arbeitgeber ausgeliehen, der gerade jemanden braucht. Es ist abwechslungsreich, sie lernt viel kennen und hat einen guten Überblick über die Stimmung. Die Kehrseite ist nur – kaum hat sie sich an die Kollegen gewöhnt, muß sie wieder weg. Menschliche Beziehungen aufzubauen ist nicht mehr vorgesehen. Die Festangestellten sehen es auch nicht gern, wenn die Leiharbeiter zu lange bleiben. Die einzelnen Gruppen konkurrieren gnadenlos untereinander. So ein gegenseitiges Ausstechen und Buhlen um die Gunst der Vorgesetzten gab es früher bei uns nicht. Und das Management nutzt die Lage zur Kontrolle und Disziplinierung der Belegschaft. Um ihre Strategien durchzusetzen, stehen ihnen genügend Repressionsmittel zur Verfügung.»

Während Peter S. auf dem Biedermeiersofa bedenkenlos erzählte, mußte ich an meine Westberliner Cousine Margot denken, die in der Verwaltung von Schering arbeitet. Als die Mauer noch stand, hat sie mich in regelmäßigen, wenn auch größeren Abständen besucht. Jetzt kann sie sich das nicht mehr leisten. Ihr Aufgabengebiet ist nach der Wende derartig erweitert worden, daß sie täglich ein bis zwei Stunden länger bleiben muß, um alles aufzuarbeiten. Sie könnte die Zeit abbummeln, aber dann würde noch mehr liegenbleiben. Wenn Sie es nicht bewältigen, müssen wir wohl eine jüngere Kraft einstellen, hat der Chef nur gesagt.

Hierzulande wird gern so getan, als sei Arbeitslosigkeit nur ein finanzielles Problem für den Steuerzahler und ein psychologisches für die Betroffenen. Daß sie aber für *alle* abhängig Beschäftigten unzumutbare Bedingungen bringt, wird gern verschwiegen. Ich wünschte mir von unserem Marx-ist-tot-Blüm so offene Worte, wie sie Clintons Arbeitsminister Robert Reich zum *Labor Day* Anfang September 1995 fand. Bezug nehmend auf die Entlassung von 12000 Angestellten der fusionierten Großbanken *Chemical* und *Chase Manhattan* sagte er:

«Die amerikanischen Arbeitnehmer wurden durch diese und tausend andere solcher Demonstrationen ihrer leichten Ersetzbarkeit zum Schweigen gebracht. Sie werden sich nicht beschweren, wenn sie keine

Lohnerhöhung bekommen, selbst wenn ihr Unternehmen jede Menge Geld verdient. Viele werden sogar eine Kürzung ihrer Bezahlung oder der Sozialleistungen hinnehmen. Wenn man seine Entscheidung auf ‹entweder das oder gar nichts› reduziert sieht, kann man nicht viel sagen.» [57]

Das ist er wohl, der *Stalinismus des Geldes*, den Robert Kurz meint. Und der betrifft natürlich nicht nur Arbeiter und Angestellte, sondern auch die Intelligenz. Anläßlich seiner Wahl zum WDR-Indentanten bemerkte Fritz Pleitgen illusionslos:

> «Wie steht es etwa mit der journalistischen Unabhängigkeit im Westen? Wie viele Redakteure schreiben genau das, was die Chefetage will. Die Anpasserei ist sicher in Ost und West gleich verteilt.» [58]

Eine Mitgliederbefragung der IG Medien unter Zeitungsjournalisten hat ergeben, daß sich drei Viertel von ihnen Eingriffen der Verleger ausgesetzt sehen, weit über die Hälfte außerdem aggressiver Einflußnahmen durch Inserenten, Verbände und Politiker. Warum liest man niemals Artikel darüber, wie so was genau funktioniert? Auch die Arbeitsbedingungen der allermeisten Journalisten lassen sich nur mit dem altmodischen Wort *Ausbeutung* charakterisieren. Analysen von Betriebsräten verschiedener Redaktionen haben ergeben, daß die tariflich fixierte 38-Stunden-Woche nur in Ausnahmefällen eingehalten wird. Viele ihrer Kollegen arbeiten regelmäßig 60 Stunden und mehr, ohne die Überstunden finanziell oder durch Freizeit abgegolten zu bekommen. Und sie murren nicht.

Eine der Lebenslügen der Westdeutschen besteht in der Annahme, sie seien alle unangepaßte Individualisten. Dabei ist dieser Individualismus so normiert, daß er leicht zu erkennen ist. Zumindest für unsereinen, der, gerade den alten Normen entronnen, in den neuen noch nicht endgültig geronnen ist. (Wirklichen Persönlichkeiten bin ich selbstverständlich auch begegnet. Ob es mehr sind als im Osten, vermag ich genausowenig zu beantworten wie die Frage, ob der Preis, den sie zu zahlen haben, geringer ist.) Bei der Parade der Einzelgänger aber sind sie unübersehbar, die bunten Uniformen des alternativen Festgelegtseins, der angestrengten Lockerheit, der fesselnden Ungebundenheit, der distanzierten Nähe, der permanenten Spontaneität und des kollektiven Andersseins. Dieser repressive Zwangsindividualismus.

Die allermeisten Ostdeutschen haben die Hauptattraktion des Westens, den Freiheitsbegriff, für ihre oberste Werteskala nicht angenommen. Vor die Wahl gestellt, ob sie mehr Freiheit bei weniger Sicherheit oder weniger Freiheit bei mehr Sicherheit bevorzugen würden, entschieden sich im Herbst 1992 68 Prozent gegen die sogenannte Freiheit. Im Frühjahr 1994 sogar schon 73 Prozent.[59] Dies nur mit DDR-Hospitalismus zu erklären greift zu kurz. Die Erinnerung an eine Zeit der Abwesenheit existentieller Ängste sitzt tiefer als erwartet. Die Planwirtschaft wird heute von der Mehrheit wahrlich nicht als effizientere, wohl aber als menschlichere und sozialere Ordnung angesehen (*FAZ* vom 16.8.95).

Und damit komme ich zu einer weiteren Lebenslüge der Westdeutschen. In seinem Buch «Der Vertrag» charakterisiert Wolfgang Schäuble die Bundesrepublik als einen Rechtsstaat, in dem die *Menschenrechte garantiert* seien.[60] Dies gilt hierzulande als Binsenweisheit und ist doch starker Tobak. Aber er ist von allen, selbst von 99 Prozent der Intellektuellen, tief verinnerlicht. Menschenrechtsverletzungen haben gefälligst eine Angelegenheit von Diktaturen zu sein.

Natürlich werden auch in der Bundesrepublik täglich millionenfach die Menschenrechte verletzt. Wenn ich Westdeutschen das sage, winken sie nicht etwa gelangweilt ab, schon wissend, worauf ich hinaus will, sondern sie halten mich für übergeschnappt. Die mich kennen, ahnen, daß ich so schwerwiegende Thesen nie ohne argumentatorische Asse in der Rückhand von mir gebe, und sind verwirrt. Was mich wiederum belustigt, weil sie mir alle Anschauungsunterricht liefern für das von Marcuse beschriebene «falsche Bewußtsein, das gegen seine Falschheit immun ist». (Ich bin natürlich gegen meine Verblendungen auch immun, wir alle sind es, nur so sind stabile Meinungsdifferenzen überhaupt aufrechtzuerhalten.)

Was gültige Menschenrechte sind, entscheide zum Glück nicht ich. Auch nicht der Politikwissenschaftler Hartmut Jäckel. Wie viele andere lehnt er es mit klarer Logik ab, das *Recht auf Arbeit* als Menschenrecht anzuerkennen. Denn der Staat habe die Aufgabe, anerkannte Menschenrechte zu garantieren, Arbeit könne er aber nur garantieren, wenn er selbst Unternehmer sei. (Wenn also Volkseigentum herrscht.) «Das Recht auf Arbeit steht im Widerspruch zum freiheitlichen Staat.»

Zu entscheiden hat auch nicht der Tübinger Professor Günter Dürig, der für die 1991er dtv-Ausgabe des Grundgesetzes ein Vorwort geschrieben hat:

> «Bei *sozialen Grundrechten* (‹auf Wohnung›, ‹auf Arbeit› usw.) ist auf der eigentlichen *Verfassungsebene* nicht ein einziger Anspruch *aktuell* erfüllbar. Das führt ziemlich unweigerlich bei den Bürgern zu dem Eindruck, die ganze Verfassung sei ein einziges Phrasen- und Lügengebäude. Liebe Leute, den dann folgenden massenhaften Loyalitätsentzug hatten wir doch gerade in der früheren DDR. Ich glaube nicht mehr an gutgemeinte Naivität, wenn ein selbsternannter ‹Runder Tisch› gleich 37(!) solcher sozialer ‹Rechte› findet, erfindet und, wie es jetzt im Sakristeideutsch heißt, ‹einbringt›. Da will man systematisch das Grundgesetz für allen Unsinn büßen lassen, den sich ein gewisser Marx im Britischen Museum angelesen hat.»[61]

Da kann ich mir einen kleinen «Anti-Dürig» nicht verkneifen. Daß die Bürger der DDR die Loyalität entzogen haben, weil das Recht auf Arbeit garantiert war, ist eine Theorie, die Herrn Dürig als echten Individualisten ausweist. Die Erfahrung, daß die sozialen Menschenrechte einklagbar waren, gehört nicht zu den schlechtesten, die wir hinter uns haben.

Viele Ökonomen sind sich einig, daß einer der vielen Fehler in der Wirtschaft nicht darin bestand, Arbeitsplätze subventioniert zu haben, sondern darin, die *falschen* Arbeitsplätze subventioniert zu haben. Bürokratische Apparate, aufgeblähte Verwaltung, paranoide Staatssicherheit, Polizei und Armee statt Stellen für Umweltschutz, Infrastruktur und Dienstleistung. Wenn es stimmen sollte, daß der Osten wegen seines Rechtes auf Arbeit zusammengebrochen ist, so wird der Westen womöglich wegen dieses fehlenden Rechtes scheitern. Auch am Untergang der Weimarer Republik war der soziale Kollaps nicht unwesentlich beteiligt. (Der Unsinn, den sich ein gewisser Marx im Britischen Museum angelesen hatte, das Recht auf Arbeit, war übrigens schon von der Weimarer Verfassung garantiert – geholfen hat es nichts.)

Ob dieses Recht aber in der Verfassung steht oder nicht – eine Menschenrechtsverletzung bleibt die Nichterfüllung in jedem Fall, denn auch Verfassungen sind nicht ausschlaggebend dafür, welche Menschenrechte gelten. Weder das Grundgesetz noch die DDR-Verfassung hatten diese Entscheidungsbefugnis. Da gibt es immer noch eine höhere Instanz. Das ist nicht einmal das Europäische Parlament. Das ist die UNO. Nach den verheerenden Folgen des Zweiten Weltkrieges, zu dessen Ausbruch auch schwere soziale Verwerfungen beigetragen hatten, hat die Völkergemeinschaft beschlossen, den klassischen freiheitlichen Menschenrechten auch die modernen sozialen Menschenrechte hinzuzufügen. Das revolutionäre Programm *Freiheit, Gleichheit, Brüderlichkeit* wurde zum Artikel 1 der UNO-Menschenrechtsdeklaration vom Dezember 1948. Eine in wunderbar klarer, fast poetischer Sprache verfaßte Erklärung – für mich eines der würdevollsten Dokumente der Weltgeschichte. (Meine Ausgabe mit dreißig Radierungen von Christoph Meckel ist geradezu ein Gesamtkunstwerk.)

Das Recht auf soziale Sicherheit (Artikel 22), das Recht auf Arbeit (Artikel 23) und das Recht auf Wohnung (Artikel 25) sind untrennbare Bestandteile der Konvention, die auch von der Bundesrepublik unterschrieben wurde. In der Präambel verpflichten sich die Mitgliedstaaten, in den ihrer Oberhoheit unterstehenden Gebieten die «Achtung und Verwirklichung der Menschenrechte und Grundfreiheiten durchzusetzen». Seither müssen sie sich daran messen lassen. Verfassungen, die nicht alle Grundrechte garantieren, sind Freibriefe zu Menschenrechtsverletzungen.

Beide Seiten haben von Anfang an versucht, diese Deklaration auf ihre Art zu unterlaufen. Im Osten sagte man: Recht auf Freizügigkeit – ganz schön und gut, aber *aktuell nicht erfüllbar*. Das gefährdet unsere soziale Sicherheit. Wenn wir ökonomisch stärker sind, werden wir uns mehr Freiheit leisten können, bis dahin bleibt es ein *Fernziel*. Im Westen hieß es: Recht auf Arbeit – ganz schön und gut, aber *aktuell nicht erfüllbar*. Das gefährdet unsere Freiheit. Wenn die gesichert ist, werden wir uns ums Soziale kümmern, bis dahin handelt es sich nur um ein *Programmrecht*.

Jeder stuft das Recht, das er nicht einhalten kann, zum fernen Staatsziel herunter. Damit wird die Frage, was Menschenrechtsverletzungen sind, zu einer Frage der Interpretationshoheit. Im Westen hat man die unverzichtbaren klassischen Menschenrechte verabsolutiert und die modernen sozialen aus dem öffentlichen Bewußtsein ferngehalten. Darin hat leider auch der Europäische

Gerichtshof in Straßburg Tradition. Im November 1950 verabschiedete der Europarat eine bis heute gültige «Konvention zum Schutze der Menschenrechte», die in Westeuropa stärker ins öffentliche Bewußtsein geriet als die höheres Recht darstellende UNO-Konvention. (Auch in der 27. Auflage meines dtv-Buches zum GG ist unter dem Titel «Menschenrechtskonvention» nur diese westeuropäische Variante abgedruckt.) Wozu, fragt man sich, braucht man zur Konvention noch eine Schutzkonvention? Bei näherem Hinsehen entpuppt sie sich als ein armseliger Verschnitt des Originals. Heuchlerisch obendrein. In ihrer bürokratischen Sprache erweckt sie nämlich in der Präambel den Anschein, als bestehe ihr Zweck darin, «die universelle und wirksame Anerkennung und Einhaltung» der UNO-Konvention zu gewährleisten. Doch die Artikel können nicht verbergen, daß es sich um eine Schutzkonvention *gegen* die egalitären Elemente der Allgemeinen Erklärung der Menschenrechte handelt. Entscheidende Worte kommen nicht mehr vor: Würde, Wille des Volkes, Brüderlichkeit, Gleichheit, Ehre, Vernunft, Künste, Gewissen. Das Asylrecht ist abgeschafft. Klammheimlich unter den Tisch gefallen sind sämtliche sozialen Rechte! Das Recht auf Arbeit, Wohnung und soziale Sicherheit sowieso, aber auch auf gleichen Lohn für gleiche Arbeit, auf befriedigende Arbeitsbedingungen und auf Berufsvereinigungen. Es fehlt der Anspruch auf kulturelles Leben, Erholung, Freizeit und Urlaub, auf ärztliche Betreuung und soziale Fürsorge, auf Unterstützung von Mutter und Kind, auf die Gleichstellung ehelicher und nichtehelicher Kinder und auf Bildung für alle.

Statt dessen werden zu den gewährten bürgerlichen Rechten zahlreiche Einschränkungen formuliert. Das Recht auf Leben ist, wie beschrieben, durch fragwürdige Ausnahmen definiert, ähnliches trifft für die Meinungsfreiheit und andere demokratische Selbstverständlichkeiten zu. Nein, diese vom Europarat verzapfte Konvention zum Schutz vor gewissen Menschenrechten ist erneuerungsbedürftig.

Beide Seiten haben auf die Defizite des anderen immer wieder mehr oder weniger sachlich hingewiesen. Anläßlich des «Bergedorfer Gesprächskreises» 1985 in Bonn machte der Hallenser Völkerrechtler Professor Eberhard Poppe entschieden darauf aufmerksam, daß die KSZE-Schlußakte keinesfalls nur der westlichen Logik folge:

> «Der Sinn der Menschenrechte, dem Individuum Freiheit, Würde und Entfaltung zu garantieren und den einzelnen zu schützen, wird nicht allein mit Meinungs-, Informations-, Gewissens- und Glaubensfreiheit erfüllt, so unverzichtbar diese Rechte sind... Wer anhaltende Massenarbeitslosigkeit duldet, Zehntausende von Jugendlichen ohne Ausbildung und sinnvolle Lebensziele läßt, begeht Menschenrechtsverletzungen, die das Leben der Betroffenen für immer deformieren können.»[62]

Eckehard Eickhoff vom Auswärtigen Amt versuchte, den Vorwurf zu entkräften:

> «Die westlichen Staaten haben eine *Güterabwägung* vorgenommen, sie wollen die großen Einschränkungen der persönlichen Entscheidungsfreiheit, die mit einer vollen Regulierung des Arbeitsmarktes verbunden wären, nicht in Kauf nehmen. Der einzelne soll die Möglichkeit der freien Entscheidung im Berufsleben behalten. Dafür bieten wir ihm soziale Sicherungen an, die ihm auch als Arbeitslosen einen der Menschenwürde entsprechenden Lebensstandard erhalten.»[63]

Unsere Vorstellungen von *Würde* scheinen verschieden zu sein. Die Mehrheit der Ostdeutschen gewöhnt sich sehr schwer an eine Million Obdachlose, sechs Millionen Arbeitssuchende und acht Millionen nahe der Armutsgrenze. Wir wägen die Güter anders ab. «Wenn die Würde des Menschen unantastbar ist, muß das Eigentum antastbar sein», sagte der einstige Erfurter Propst, Heino Falcke, den ich aus gemeinsamer Zeit im Demokratischen Aufbruch kenne, auf dem Kirchentag in Hamburg. Die Demokratie muß für alle erträgliche Kompromisse zwischen Freiheit und Gleichheit suchen. Wer nur eine Seite der Medaille blank putzt, ignoriert die Erfahrungen der Geschichte.

Um nicht mißverstanden zu werden: Ich verlange nicht, daß über Nacht Vollbeschäftigung zu herrschen habe. Wie man das unter der Dominanz von Privateigentum bewerkstelligen soll, ist mir sowieso rätselhaft. Aber eins *verlange* ich (soll ich bei diesem ultimativen Wort bleiben? – Ja doch, ich verlange es): Verschont uns mit euren Phrasen. Hört auf, uns und euch selbst weiszumachen, wir seien in einer schönen neuen Welt angekommen. *Unser Weg ist richtig*, das hatten wir schon mal. Wir kommen aus einem verlogenen Land und reagieren hochallergisch, wenn das so weitergeht. Schickt uns nicht vom Regen in die Traufe und erwartet, daß wir dabei die Sonnenbrille aufsetzen.

In der Menschenrechtsfrage hat die Bundesrepublik nur zwei Möglichkeiten, sich ehrlich zu machen. Entweder wird zugegeben, auch von Herrn Schäuble, daß diese Gesellschaft vorerst nicht in der Lage ist, Menschenrechtsverletzungen großen Ausmaßes zu verhindern. Oder aber, wenn einem dieses Zugeständnis so gar nicht über die Lippen will, dann muß man seine Unterschrift unter die UNO-Konvention zurückziehen. Dann muß man vor die Vollversammlung treten und verkünden, daß man die sozialen Grundrechte nicht anerkennt, weil sie die Freiheit bedrohen. Mal sehen, wie die Völker reagieren.

Außerhalb der Demokratie

Leute, die unlängst ganz locker ein Revolutiönchen gemacht haben, sind oft schwer vermittelbar für den meistgesuchten Job: Hüter von heiligen Kühen. Allzuviel Ehrfurcht ist nicht zu erwarten. Sie sind Profis im Aufspüren von Tabus. So haben sie ein unfehlbares Gespür dafür, daß es in dieser Gesellschaft eine undurchschaubare Macht gibt, die keiner demokratischen Kontrolle unterliegt. Der 1978 aus der Sowjetunion ausgebürgerte und seither in München lebende Schriftsteller Alexander Sinowjew spricht von einer despotischen *Überstaatlichkeit*. Er bezeichnet damit einen Filz aus Vertretern der Administration, von privaten Kanzleien und Geheimdienstlern, aus elitären Clubs, in denen Unternehmer, Bankiers und Berater Freunde und Verwandte von Machthabern treffen, mafiaähnliche Gruppierungen von Lobbyisten und Aufsichtsräten, Immobilienmaklern und Medienmoguln. Im achtköpfigen Vorstand der privatisierten Bundesbahn sitzen sechs Vertreter der Autoindustrie.

> «Dies ist die Küche, in der Macht zubereitet wird... Das System der Überstaatlichkeit beinhaltet nicht den Funken einer demokratischen Macht, die Öffentlichkeit ist auf ein Minimum reduziert oder gar nicht existent, vorherrschend ist das Prinzip der Geheimhaltung, des Kastensystems, von privaten Pakten. Die kommunistische Staatsform mutet schon jetzt im Vergleich damit dilettantisch an.»[64]

Eine genauere Analyse verdeckter Macht gibt der Mitbegründer von Demokratie Jetzt, der Physiker und derzeitige Studienleiter der Evangelischen Akademie Mülheim/Ruhr, Hans-Jürgen Fischbeck:

> «Tabuisiert ist, daß auch der demokratisch verfaßte Staat eine Form des Eigentums garantiert, ja, in gewissem Sinne kreiert, die Macht schafft und laufend verstärkt, welche nicht demokratisch legitimiert ist. Tabuisiert ist auch, daß so eine bestimmte, nämlich die ‹kapitalistische› Form der Marktwirtschaft fundiert wird, die aber keineswegs die einzig mögliche ist.»

Fischbeck plädiert dafür, das sakrosankte Eigentumsrecht auf das *Recht auf erarbeitetes Eigentum* zu reduzieren. Er erinnert daran, daß der Eigentumsbegriff von Art. 14 des Grundgesetzes erheblich weiter als der des klassischen bürgerlichen Rechtes ist, das unter Eigentum nur die rechtliche Herrschaft über *Sachen* versteht, nicht aber über Finanzvermögen, Aktien und Hypotheken. Dieses Vermögen wächst durch Zins und Zinseszins von selbst und garantiert so den Reichen zusätzliches *leistungsloses Einkommen*. Damit ist nicht der kleine Sparer gemeint, sondern Leute wie die von ihm erwähnte Witwe eines Industriellen, die täglich um 170000 Mark reicher wird. Ich vermute, jene Witwe wird dieses tägliche Taschengeld nicht nur aus Zinsen, sondern auch aus Grund- und Immobilienbesitz gewinnen, die mindestens ebenso einträgliche Quellen für leistungsloses Einkommen sind. Wie auch immer – der *unverdiente* Reichtum führt zu unverdienten, also demokratisch nicht legitimierten Einflußmöglichkeiten und sozialer Polarisierung. Noch schwerwiegender aber sei der systembedingte Zwang, Geldvermögen in Krediten anzulegen, die immer wieder neue Bedürfnisse und neues Wachstum nach sich ziehen und so zum ökologischen Kollaps führten. Das Eigentum an Finanzvermögen wäre hinreichend garantiert, wenn die Banken lediglich die Inflationsrate ausgleichen würden. (In der DDR gab es für alle Arten von Konten Zinsen von etwa drei Prozent. Mehr war nicht zu holen.) Der Anspruch auf Selbstvermehrung von Geld-Vermögen hat keinerlei ethische Grundlage. Und doch leistet der Staat diesen unmoralischen Schutz. Fischbeck:

> «Eine solche Rechtsordnung kann nicht gerecht genannt werden. Sie macht die Organe des staatlichen Gewaltmonopols zum Bestandteil

struktureller Gewalt, die sich gegen die Armen richtet. Eine Kirche, die sich des biblischen Zinsverbots erinnert und sich zur vorrangigen Option für die Armen bekennt, wird dazu nicht schweigen können... Die soziale Schere und der Wachstumszwang sind auf rechtliche Konstruktionsfehler des Eigentums zurückzuführen.»[65]

Die größten Nutznießer dieser Situation sind die Kreditinstitute selbst. Auf der Hauptversammlung der Deutschen Bank beschuldigte der Geschäftsführer der kritischen Aktionäre, Henry Mathews, das Geldhaus, die klimaschädliche Energiepolitik der deutschen Stromversorger und die Daimler-Waffenexporte in die Türkei und den Sudan zu fördern. «Wir möchten auf den verheerenden Einfluß aufmerksam machen, den die großen Geldhäuser auf die Unternehmen ausüben.» Vorstandssprecher Kopper reagierte gelassen: «Die Deutsche Bank ist sich ihrer Verantwortung in diesem Bereich bewußt.» Hat man je erlebt, daß Banken für die Folgen ihres Tuns zur Verantwortung gezogen wurden? Sie haben nichts zu befürchten. «Ehemalige Banker und engste Freunde aus Industrie und Assekuranz bilden das freundliche Kontrollorgan.»[66]

In der Öffentlichkeit der USA hat folgende seriöse Prognose für Aufsehen gesorgt: Die 120 größten Bankkonsortien, die heute zwei Drittel des Weltvermögens kontrollieren, werden in wenigen Jahren zu nur 10 bis 15 Bankgiganten zusammengeschrumpft sein. Dann werden hundert Männer, die niemand kennt und niemand gewählt hat, sehr grundsätzliche Entscheidungen fällen. In diesem hochwohlgeborenen Gremium wird man über Kredite befinden, die die Weichen stellen in Energiepolitik, Verkehrswesen, Rüstung, Forschung, Umweltschutz, Gesundheitswesen und Kultur. Ob total verarmten Ländern die Schulden erlassen oder sie statt dessen mit Waffen beliefert werden, wird für viele Menschen eine Frage von Leben und Tod sein. Die wesentlichsten Entscheidungen dieser Welt fallen außerhalb der Demokratie.

Aus dieser Feststellung spricht keineswegs Geringschätzung von Demokratie, sondern ganz im Gegenteil: Die bürgerliche Demokratie ist wahrscheinlich die größte politische Leistung der menschlichen Zivilisation. Aber das zeigt nur, wie unzivilisiert wir doch noch sind. Die Demokratie (eine andere als die bürgerliche hat es ja nie gegeben) ist das Beste, was wir haben. Aber sie verdient nicht den messianischen Heiligenschein, der ihr als Garant gegen alles Übel verpaßt wird. Ähnlich wie den Begriffen Marktwirtschaft und Eigentum. (Nach der Wende wurde uns weisgemacht, die Beleihbarkeit von privatem Grundbesitz sei die einzige Garantie für marktwirtschaftliche Investitionen. Der Boden wurde rückübertragen, und der Aufschwung blieb dennoch aus. In Israel, so erfahre ich jetzt, gibt es aus historischen Gründen keinen Privatbesitz an Grund und Boden, also auch keine Bodenspekulation. Und die Wirtschaft funktioniert trotzdem.)

Schon vor Jahren haben die über jede Ideologie erhabenen bürgerlichen Wissenschaftler des Club of Rome festgestellt, daß Demokratie und Marktwirtschaft in ihrer jetzigen Form ungeeignet sind, das Überleben der Menschheit zu garantieren. Weil dafür ein langfristiges, uneigennütziges Denken und Handeln nötig ist. Der Markt reagiert aber nicht vernünftig, sondern nach den Gesetzen des schnellen Geldes. Und die Parteien, die dies mit unpopulären Maßnahmen ausgleichen müßten, haben längst die Erfahrung gemacht, daß man nur mit angenehmen Versprechungen siegt. Die Artikulation von künftigen Problemen, die früh genug von selbst eintreten, bringt nur Scherereien. Parteiwohl geht oft vor Allgemeinwohl, Privat geht immer noch vor Katastrophe. Alles wird davon abhängen, ob es schnell genug gelingt, *Demokratie neu zu denken*. Und das Ergebnis dann mehrheitsfähig zu machen.

Ungerührt von alldem verschwendet der Verfassungsschutz seine Zeit damit, auszuspionieren, ob die vergleichsweise milde Systemkritik der PDS *im hergebrachten Sinne demokratisch sei*. Das zeugt für mich von einem Realitätsverlust, der nur noch mit der späten Stasi vergleichbar ist.

Leute, die gerade ein Revolutiönchen hinter sich haben, wissen inzwischen, daß es Dutzende Spielarten von Demokratie und Marktwirtschaft gibt und Dutzende neue wird geben müssen. Sie lassen sich die eine nicht als ultimative Pistole auf die Brust setzen: Hände an die Hosennaht oder Verfassungsfeind! Was Christian Führer, legendärer Pfarrer der Leipziger Nikolaikirche, in der *Berliner Zeitung* sagt, gibt's in keinem Fernsehfilm:

«Eigentlich steht der zweite Teil der Revolution noch aus. Die Marktwirtschaft ist im Grunde gewalttätig: Die ungerechte Verteilung der

Arbeit in diesem reichen Land ist ein Skandal. Die Diktatur der Weltanschauung wurde durch die Diktatur des Kapitals abgelöst. Das Kapital ist der oberste Gott, und so wird täglich gegen das erste Gebot verstoßen – und das in einem Land, das von einer Partei regiert wird, die sich christlich nennt.»[67]

Früher haben wir uns gern Witze darüber erzählt, was im Kreml passieren wird, wenn eines Tages tatsächlich die Roten kommen. Nun, für dieses Gespenst gibt es zur Zeit keine Geisterstunde. Alle ins parlamentarische System eingebundenen Kräfte unterliegen demokratischer Kontrolle. Die eigentliche Opposition in diesem Land ist doch die Partei der Nichtwähler. Mal angenommen, eines Tages besetzt diese Opposition das Kanzleramt. Nach kurzer Zeit selektiver Akteneinsicht wird es ihr mit einer uns bekannt vorkommenden Mischung aus begründeten Fakten und Demagogie nicht schwerfallen, zu behaupten, die Bundesrepublik sei ein *Unrechtsstaat* gewesen. Sie werden uns mit Belegen zuschütten: die juristische und finanzielle Bevorteilung der Altnazis, die polizeistaatliche Verfolgung Andersdenkender in den fünfziger und sechziger Jahren, der sich als verfassungswidrig herausstellende Radikalenerlaß in den siebziger und achtziger Jahren, die permanente Verletzung der sozialen Menschenrechte, die Benachteiligung von Frauen, die Repression in der Arbeitswelt. Dazu eine Fülle belastender Konkreta. Die Enthüllungen aus den dann geöffneten Geheimdienstakten will ich jetzt gar nicht ausmalen, es reicht auch so: jede Menge Fälle von illegalem Waffenhandel, Steuerhinterziehung, Korruption und von staatlicher Unterstützung anderer Unrechtsregime (Chile, Indonesien, Südafrika, China). Die politische Verantwortung für die Todesopfer der Autodiktatur. Schließlich die Vereinigungskriminalität: die Mißachtung des Willens aller am Runden Tisch vereinten Parteien und Bürgerrechtsbewegungen, der Westen möge sich nicht in die Märzwahlen einmischen, die himmelschreiende Nichteinhaltung insbesondere des 1. Staatsvertrages über die Wirtschaftsunion, mit der Folge der entschädigungslosen Enteignung der Ostdeutschen…

Genug der Nachtmahre.

Liebe Westdeutsche, kommt doch den bösen Geistern zuvor. Hört auf, Geschichte und Biographien mit zweierlei Maß zu messen.

Diese Unaufrichtigkeit ist die Hauptquelle für das, was ihr Ost-trotz nennt. Wir haben uns zu unseren Defiziten bekannt, indem wir dank einer wirkungsvollen Mixtur aus Reflexion und Aktion die Wende herbeigeführt haben. Bekennt euch zu euren Defiziten wenigstens verbal. Und ihr werdet sehen, daß die Ossis plötzlich das Bedürfnis haben, euch auch in dieser Tugend zu übertreffen. Gebt ihnen keine Chance, euch eines weiteren Deliktes zu beschuldigen: der Vertreibung ins Paradies.

Mein Behagen als Citoyenne
Monologischer Epilog

Es gibt die schöne Geschichte von einem Gedicht, das Erwin Strittmatter 1963 für die Frauenzeitschrift *Für Dich* schrieb. Es handelt von einer schwimmenden Ente, von der gesagt wird: *Die Augen sind nestwärts gewandt.* Als der diensthabende Redakteur den Andruck bekam, blickte die Gute *westwärts.* Hatte der Klassenfeind oder nur der Druckfehlerteufel sein Unwesen getrieben? Das Originalmanuskript war nicht zu finden und der Dichter nicht erreichbar. Sollte er gar selbst, zwei Jahre nach Mauerbau, in so fehlorientierte Symbolik verfallen sein? Das Heft mußte pünktlich erscheinen und der Redakteur beweisen, daß es durchaus möglich und nötig war, eigene Entscheidungen zu treffen. Als die Illustrierte in ihrer üblichen Auflage von 850000 an die Kioske kam, waren die Augen der Ente *ostwärts* gewandt.

Auch heute ist die Richtung vorgegeben. Stillgestanden. Augen nach… Rührt euch. Der Zeitgeist weiß die Pünktchen zu ersetzen. Er ist keine Ente. *Nestwärts* zu blicken gilt diesseits der Elbe als verpönt. Und *ostwärts* gar ist völlig unzumutbar. Dichter sind Tierfreunde.

Was ist denn nun herausgekommen beim kollektiven «Test the West»? Die mir am häufigsten begegnete Erfahrung: es gibt viel mehr *Ähnlichkeiten* zu früher als vermutet. Und die zweithäufigste: die verbleibenden *Unterschiede* sind gravierender als erwartet.

Die Ähnlichkeiten beziehen sich vor allem auf vertraute Anpassungszwänge: Schweigen müssen (diesmal im Berufsleben), Abhängigkeit von feudalen Seilschaften, in denen Privilegien gegen Treue getauscht werden, Ansätze von Despotie, die Zweitrangigkeit von Sachkompetenz in politischen Karrieren, die deutliche Erwartung eines Engagements für den «Zeitgeist», finanzielle (nicht ideologische) Disziplinierung, weitgehende Hilflosigkeit gegenüber schikanösen menschlichen Schwächen (Mobbing), bürokratische Kälte, Gesinnungsethik und -ästhetik, Selbstzensur, Geschichtsklitterung, Entfremdung von Politikern und Bevölkerung, der Mangel an kritischer Distanz der Elite zu den Machtstrukturen im eigenen System, das Verschwinden des Individuums hinter dem Totalitarismus (nicht des Staats, sondern) des Konsums.

Die Unterschiede bergen durchaus nicht zu unterschätzende positive Erfahrungen: Es gibt tatsächlich von Politikern unabhängige Gerichte; im Rahmen der (oft verbesserungswürdigen) Gesetze ist die Rechtssicherheit gewährt; die Öffentlichkeit ist eine gewisse Kontrolle gegen Machtmißbrauch; Gewerkschaften können, wenn auch mit abnehmender Tendenz, unbequem sein; ungeliebte Politiker sind abwählbar.

Doch die belastenden Differenzen sind im Alltag entscheidender: die inhumane Beschleunigung des Lebens, die den Leistungsdruck enorm erhöht und Vereinzelung nach sich zieht; die Degradierung der Arbeit zum Job; die Abhängigkeit von Besitzenden; die unerwartete Härte der sozialen Existenz; die Verengung des Denkens auf Geldkreisläufe; die permanente Schnäppchensuche als Zeit- und Ideenvertreib; die Demoralisierung durch den systembedingten Zwang zum Egoismus.

Sind die Menschen nach dem Zusammenbruch des Sozialismus glücklicher geworden? Die Ängste kleiner? Kein Meinungsforschungsinstitut wagt sich an so emotionsgeladene Befragungskriterien heran. Oder die finanzierenden Auftraggeber sind an dem Ergebnis nicht interessiert. Solange das Gegenteil nicht bewiesen ist, vermute ich, die Antwort wäre ein klares Nein. Als Rudolf Bahro seinerzeit aus dem Knast abgeschoben wurde und eine Weile in der Bundesrepublik gelebt hatte, kam gerade er zu dem Schluß, «daß das Durchschnittsbefinden in der DDR unterm Strich auf weniger unglückliches Bewußtsein hinausläuft als hier».[68] Ein solcher Augenzeuge genoß unter uns natürlich Glaubwürdigkeit. Es war die ständige Wiederkehr solcher Signale, die bei vielen Intellektuellen, Studenten, Theologen, Akademikern und Bürgerrechtlern die Überzeugung festigte, daß der Westen keine Alternative sei, und den Wunsch nach einem wie auch immer gearteten dritten Weg wachhielt.

Eine Illusion, na wenn schon. Bekanntlich ist die Forderung, die Illusion über einen Zustand aufzugeben, die Forderung, einen Zustand aufzugeben, der der Illusion bedarf. Marx will die Ursachen beseitigen, die uns Illusionen aufzwingen, während Freud meint, diese Ursachen sind unabänderlich und nur zu ertragen, wenn wir uns unsere Illusionen nicht nehmen lassen. Zwischen diesen Extremen hatten wir uns leidlich eingerichtet. Freuds Kerngedanke seiner psychoanalytischen Schrift: «Das Unbehagen in der Kultur» ist der unversöhnliche Antagonismus zwischen Wünschen, Sehnsüchten, Triebforderungen einerseits und den von der Zivilisation aufgenötigten Einschränkungen andererseits:

> «Das Leben, wie es uns auferlegt ist, ist zu schwer für uns, es bringt uns zuviel Schmerzen, Enttäuschungen, ungelöste Aufgaben. Um es zu ertragen, können wir Linderungsmittel nicht entbehren.»[69]

Zu diesen Linderungsmitteln rechnet er insbesondere Ersatzbefriedigungen, wie sie Wissenschaft, Kunst und Religion bieten: «Illusionen, darum nicht minder psychisch wirksam dank der Rolle, die die Phantasie im Seelenleben behauptet hat». Der Phantasie wiederum wird große Wirksamkeit bei der Produktion von Glück zugestanden. Der Wunsch, nicht nur für die eigene Tasche, sondern «mit allen am Glück aller» zu arbeiten, ist für Freud wesentliche Bedingung der *Leidverhütung*. Die marxistische Sinngebung der *Arbeit als erstes Lebensbedürfnis* kommt dieser Leidverhütung näher als die westliche Job-Ideologie. Jede Utopie erfüllt ihren gegenwärtigen Zweck. Sie läßt sich nicht ungestraft abschaffen.

> «Es ist, wie man merkt, einfach das Programm des Lustprinzips, das den Lebenszweck setzt. Dies Prinzip beherrscht die Leistung des seelischen Apparates vom Anfang an; an seiner Zweckdienlichkeit kann kein Zweifel sein, und doch ist sein Programm im Hader mit der ganzen Welt, mit dem Makrokosmos ebensowohl wie mit dem Mikrokosmos. Es ist überhaupt nicht durchführbar, alle Einrichtungen des Alls widerstreben ihm; man möchte sagen, die Absicht, daß der Mensch ‹glücklich› sei, ist im Plan der ‹Schöpfung› nicht enthalten.»[70]

Mit Blick auf die von mir erlebte poststalinistische DDR und die finanzstalinistische BRD scheint mir: Die Summe der Repressionen ist immer gleich. Das ist eine Frage der Statik von Systemen, die sich offene Gewalt weitgehend versagen. Alle politischen Gesellschaften sind hierarchisch aufgebaut, ihre Mechanismen ähneln sich, da Menschen sich ähneln.

Karl Jaspers und andere unabhängige Geister haben die Bundesrepublik wiederholt als Parteienoligarchie bezeichnet. Sind wir also von einer weitgehend diktatorischen Parteioligarchie zu einer weitgehend demokratischen Parteienoligarchie übergetreten? Demokratie ist ein zu hohes Gut, als daß man sich über sie lustig machen sollte. Sie ist allerdings auch ein zu hohes Gut, um sie in der Mottenkiste zu konservieren und damit dem Verfall preiszugeben. Wer will, daß sie bleibt, kann nicht wollen, daß sie bleibt, wie sie ist. Dieses Prinzip aus dem Herbst 89 muß endlich auch auf die Bundesrepublik angewandt werden. Wir alle brauchen viel Phantasie für neue Visionen. Dazu vor allem fühle ich mich endlich frei.

In meinem letzten Buch hatte ich eine besondere Qualität der Ostdeutschen prophezeit: Die SO-NICHT-MENTALITÄT. Denn wir haben letztlich eine stärkere Tradition des Lebens im inneren Dissens. Wir sind einfach besser darauf trainiert, es auszuhalten, dagegen zu sein. Diese Behauptung hat sich beinahe dramatisch bestätigt. Nach einer im Januar 1996 in Bonn veröffentlichten Umfrage von Infratest sind sich mehr als zwei Drittel der Deutschen in West und Ost einig, daß ihr Staat «von Kräften gestaltet wird, auf die die Bevölkerung keinen wirklichen Einfluß hat». Folgerichtig akzeptiert nur noch ein Drittel der Neubundesbürger die westliche Ordnung, während rätselhafterweise 86 Prozent der Westdeutschen das eigene System dennoch grundsätzlich bejahen.[71] «Eine Selbstgefährdung durch Selbstzufriedenheit» nennt Günter Gaus diese Tendenz und fährt fort:

«Dementsprechend, Ausnahmen bestätigen die Regel, wird das westliche System samt seinen Schwächen über die Elbe gereicht wie ein Geschenk, an dessen Vollkommenheit Fragen zu richten nicht die demokratische Lernfähigkeit der Ostdeutschen beweist, sondern deren Undankbarkeit... Ich würde der ostdeutschen Mehrheit, der nichts anderes als irrige Gesinnung, zum kleineren Teil, oder Mitläufertum, zum größeren Teil, anzulasten ist, raten, einen ausgestreckten Zeigefinger gegen die westdeutschen Landsleute zu richten – müßte ich nicht zu ihrem Fortkommen empfehlen, auch unter den neuen Gegebenheiten still mit dem Strom zu schwimmen.»[72]

Nach meiner Beobachtung nehmen wieder mehr Neubundesbürger nicht die Empfehlung, sondern den Rat von Günter Gaus an, nämlich sich zu verteidigen und einzumischen. Einige wenige haben dies von Anfang an getan und lassen nicht locker. Friedrich Schorlemmer:

> «Die Nachkriegsordnung der Bundesrepublik läßt sich eben nicht nahtlos, schon gar nicht mit heißer Nadel, auf das sowjetisch umgekrempelte Gebiet rück-übertragen. Wann dämmert uns, daß die Einheit ein Innovationsschub für beide vereinigte Teile in sich birgt? Oder ist es dafür schon zu spät? Wir werden uns fünf Jahre nach der ‹Wende› schärfer fragen müssen, endlich fragen müssen: Welche gesellschaftliche Ordnung wollen wir?»[73]

Dieses sich Einmischenkönnen gehört zu den vereinigungsbedingten Errungenschaften, die mir ausgesprochenes Behagen bereiten. Zum erstenmal fühle ich mich als Citoyenne. In meinem letzten Buch hatte ich die überstürzte Beitrittspolitik am Beispiel der Regelung der Eigentumsfrage sehr grundsätzlich kritisiert und Vorschläge gemacht, wie das verhängnisvolle Prinzip «Rückgabe vor Entschädigung» wenigstens noch abgemildert werden könnte. Erwartungsgemäß wurde das Buch im Westen öffentlich ignoriert. Aber hinter den Kulissen tat sich ja doch was. Sind nicht ein Ministerialrat des Bundesjustizministeriums und sein Referatsleiter eigens von Bonn nach Berlin geflogen, um sich mit mir einen Tag lang zu streiten? Haben wir nicht, bevor sie wieder zum Flughafen abdampften, zugegeben, daß beide Seiten (!) etwas gelernt hätten? Und hat mich nicht eine in Karlsruhe tätige Juristin wissen lassen, daß man, zumindest in den unteren Etagen, auch dort meine Thesen zur Kenntnis genommen hat? Und haben sich nicht ein halbes Dutzend Juristen zusammengetan, um in einem Gegenbuch den vergeblichen Versuch zu unternehmen, meine heftige Kritik zu widerlegen? Und hat nicht Sabine Leuthäuser-Schnarrenberger, als ich ihr nach einer gemeinsamen Podiumsdiskussion vor mehreren tausend Besuchern des Hamburger Kirchentages das Buch schenken wollte, dankend abgelehnt, weil sie es bereits habe?

Gleichzeitig schleichen sich zunehmend Zweifel ein, ob der ganze Rummel nicht nur eine gänzlich folgenlose Kanalisierung überschüssiger Denkangebote ist, eitler Selbstzweck, hohle Wichtigtuerei. *Es setzt sich immer nur so viel Vernunft durch, wie zur Aufrechterhaltung bestehender Zustände nötig ist*, hatte Brecht diesen Verdacht einst formuliert. Ich bilde mir nicht ein, in irgendeinem Gesetz auch nur ein Komma verrückt zu haben. Wenn es um so fundamentale Lobbyinteressen geht, muß man schon mehrere Anläufe nehmen. Und sich zusammentun. Zum Beispiel in einer Bürgerinitiative, die in unserem konkreten Fall, wie in jenem Buch beschrieben, etwa tausend Bewohnern helfen konnte. Wer nie versucht hat, sich einzumischen, hat nicht das Recht zu behaupten, es ginge nicht.

Ich habe mir jedenfalls auferlegt, noch einige Vorstöße zu starten, bevor ich mich zu den zwei Dritteln Resignierter geselle, die meinen, sowieso keinen Einfluß zu haben. Deshalb zum Schluß noch zwei bescheidene Vorschläge dazu, wie durch vollkommen schmerzlose Verzichte beachtliche Einsparungen zugunsten der geschundenen Staatskasse erreicht werden könnten. Denn schließlich haben nicht nur die Westdeutschen durch die denkbar teuerste Art der Vereinigung eine *Erblast* in Form von Schulden übernehmen müssen. Vielleicht hat man dort sogar noch mehr über seine Verhältnisse gelebt als bei uns. Wir sind 1990 einer Verschuldung der öffentlichen West-Haushalte von *1,2 Billionen Mark* beigetreten. Die Folgen tragen auch wir Ostdeutschen nun solidarisch mit. Da also alle zu der gegenwärtigen Finanzmisere beigetragen haben, sollten wir uns auch alle zur Abhilfe herausgefordert fühlen.

Mein erster Vorschlag bezieht sich auf die Demokratie. Ich komme aus einem Land, in dem man bei der Wahl nicht wählen konnte. Das war sehr mißlich. Folgerichtig komme ich aus einem Land, in dem es keinen Wahlkampf gab. Das war überhaupt nicht mißlich. Diese Ruhe vermisse ich durchaus. Das hierzulande übliche Affentheater konnte mich nicht davon überzeugen, unentbehrlicher Bestandteil der Demokratie zu sein. Dreißig Sekunden lange Werbespots beeinflussen die Wähler nachhaltiger als dreißig Seiten lange Parteiprogramme. Schon deshalb, weil diese Programme strengvertraulich unter Verschluß gehalten werden. Jede besser sortierte Buchhandlung bietet 13 Titel über das Balzverhalten des indonesischen Gelbwangen-Kakadus, aber versuchen Sie mal, eine Broschüre mit den aktuellen Programmen der im Bundestag vertretenen Parteien zu erstehen – unmöglich. Wer sich tatsächlich noch einbildet, es ginge um einen vernünftigen, inhaltlichen Diskurs, sieht sich gezwungen, in detektivischer Arbeit die für sein Wohngebiet zuständigen Büros aller Parteien ausfindig zu machen und dortselbst ein Programm anzufordern. Er riskiert damit allerdings, ich spreche aus leidgeprüfter Erfahrung, künftig mit Aufnahmeanträgen, Agitationsmaterial und Einladungen attackiert zu werden.

Also zieht es der verantwortungsbewußte Wähler vielleicht doch lieber vor, auf einer Wahlveranstaltung etwas über Inhalte zu erfahren. Doch er wird nur Formen der Persönlichkeitsdarstellung erleben, die auf taktisch kalkulierte Sympathie-Effekte zielen: griffige Slogans, nachrichtenwürdige Modulation der Stimme, zitierfähige Aussagen, Versprechen, die aus Meinungsumfragen abgeschrieben sind, Stichworte, die sich als Türöffner bei Interessengruppen eignen. Schauspielerische Exerzitien, die von der eigentlichen Arbeit abhalten. Denn das Talent für visuelle Rhetorik ist für die gesetzgeberische Arbeit ziemlich irrelevant. Noch gelobt der Kandidat mutige Führerschaft, aber kaum hat er sie gewonnen, heult er mit den Wölfen. Und da die Wähler erleben, wie wenig die Regierenden verändern können, verlieren sie zwangsläufig das Vertrauen in die eigene Fähigkeit, etwas zu bewirken.

Ich schlage daher vor, auf Wahlkämpfe generell zu verzichten. Politiker sollten das Gespräch mit den Wählern suchen, wenn diese Probleme haben, und nicht nur dann, wenn der Politiker das Problem hat, gewählt werden zu wollen.

All die Plakate mit ihrer Nonsens-Botschaft sind ersatzlos zu streichen. (Auch für die Poster der Grünen müssen Wälder gerodet werden.) Von einem Bruchteil des eingesparten Geldes erhalten alle Haushalte kostenlos eine (auf grauem Recycling-Papier gedruckte) Broschüre mit den Wahlprogrammen der Parteien sowie einem Kurzgutachten einer unabhängigen Kommission darüber, was aus den Versprechungen der letzten Wahl geworden ist. Das Parlament beauflagt die Fernsehanstalten, sich ihrer dramatischen Verantwortung entsprechend seriös zu verhalten. Ob dies in Form von Rededuellen der Spitzenkandidaten oder einer einzigen, längeren Selbstdarstellung jeder Partei passieren könnte, muß hier nicht erörtert werden. Die antagonistische Parodie, Politiker im Internet auf der On-line-Schiene wie Gaukler, Schausteller und Marketender des vorigen Jahrhunderts als fahrendes Volk über Land ziehen zu lassen, wird jedenfalls aufgehoben.

Mein zweiter Vorschlag bezieht sich auf das Militär. Die französische Regierung hat uns einreden wollen, der Vorzug ihrer Atomversuche läge in der nunmehr erworbenen Fähigkeit, solche Explosionen künftig am Computer simulieren zu können. Die anderen beherrschen das offenbar schon. Nehmen wir sie alle beim Wort. Wenn es möglich ist, diese höchstkomplizierten Vorgänge elektronisch durchzuspielen, so trifft dies um so mehr auf einfachere Abläufe wie Manöver, Flug- und Schießübungen zu. Das heißt, man kann die gesamte Existenz von Armeen simulieren. Folgerichtig wird dann auch, als letzter Ausweg, der Ernstfall simuliert. Wenn völkerrechtlich festgelegt ist, daß der Ausgang der Bildschirm-Kriege genauso verbindlich ist wie der blutiger Schlachten, wird die Hemmschwelle gleich hoch (oder niedrig) bleiben.

Die eingesparten Mittel reichen allemal, den Staat völlig zu entschulden und allen Arbeitslosen samt den einstigen Soldaten Arbeitsplätze im Sozial-, Dienstleistungs-, Pflege- und Kulturbereich zu finanzieren. Die freigesetzten Wissenschaftler entwickeln Computerprogramme, die es ermöglichen, künftig überhaupt alles Unangenehme, Rohe und Gewalttätige am PC abzureagieren und nur noch das Schöne, Erfreuliche und Zärtliche, das «Programm des Lustprinzips», zu leben...

Von hinten durch die Brust ins Auge in eine neue Utopie? Ach, vielleicht will ja die Ente nur endlich nicht mehr besorgt nestwärts blicken müssen.

Anmerkungen

1 Dahn, Daniela: Wir bleiben hier oder Wem gehört der Osten. Vom Kampf um Häuser und Wohnungen in den neuen Bundesländern, Reinbek 1994.
2 Sana, Heleno: Vom Ende der Menschlichkeit, Düsseldorf 1994, S. 91.
3 Becker, Jurek: Warnung vor dem Schriftsteller, Frankfurt/M. 1990, S. 15 ff.
4 Negt, Oskar: Versuch eines Protokolls vom 2. Ideentreff, Potsdam 1994 (unveröffentlicht).
5 Mailer, Norman: Black and White Justice, in: New York vom 16.10. 1995.
6 Eisenhower, Dwight D., zitiert nach: Gallagher, Carole: American Ground Zero. Der geheime Atomkrieg in den USA, Berlin 1995, S. 123.
7 Rinser, Luise: Mitgefühl als Weg zum Frieden – Meine Gespräche mit dem Dalai Lama, München 1995.
8 Friedrich, Jörg: Die kalte Amnestie. NS-Täter in der Bundesrepublik, Frankfurt/M. 1984, S. 274.
9 Hansjürgen Schäfer in einem Interview der Jungen Welt vom 19.1.1995.
10 Grunenberg, Antonia: Antifaschismus – ein deutscher Mythos, Reinbek 1993, S. 22.
11 Zetkin, Clara: Es gilt, den Faschismus niederzuringen! Eröffnungsrede als Alterspräsidentin des Reichstages, 30. August 1932, in: Ausgewählte Reden und Schriften, Berlin 1960, S. 415 ff.
12 Grunenberg, a.a.O., S. 23.
13 Grunenberg, ebd.
14 Zetkin, a.a.O.
15 Wolffsohn, Michael: Jüdisches Leben in Deutschland seit 1945, Frankfurt/M. 1986, S. 99.
16 Negt, Oskar: Ende der Nachkriegszeit – Ende des Antifaschismus?, in: Das Argument 200, 1993, S. 547.
17 Negt, ebd.
18 Rousseau, Jean-Jacques: Der Gesellschaftsvertrag, London 1782, S. 67.
19 Habermas, Jürgen: Protokoll der 76. Sitzung der Enquete-Kommission vom 4.5.1994, S. 98.
20 Ostow, Robin: Jüdisches Leben in der DDR, Frankfurt/M. 1988, S. 194.
21 Paucker, Arnold: Jüdischer Widerstand in Deutschland, in: Arno Lustiger (Hg.): Zum Kampf auf Leben und Tod, Köln 1994, S. 50.
22 Ebd., S. 47 f.

23 Geisel, Eike: Störenfriede, in: Juden im Widerstand, Berlin 1993, S. 17.

24 Hauff, Axel: Der alte Antifaschismus ist tot, in: Das Argument 200, 1993, S. 593.

25 Schorlemmer, Friedrich: Hauptvortrag auf dem 26. Deutschen Evangelischen Kirchentag am 15.6.1995 in Hamburg, Protokoll des Pressezentrums Nr. 169, S. 4.

26 Sacharow, Andrej: Wie ich mir die Zukunft vorstelle, Frankfurt/M. 1968, S. 63.

27 Engels, Friedrich: Brief an Bebel vom 9.11.1892, in: Marx-Engels-Werke, Bd. 38, Berlin 1968, S. 517.

28 Marx, Karl: Zur Judenfrage, in: Marx-Engels-Werke, Bd. 1, Berlin 1956, S. 369 f.

29 Engels, Friedrich: Entwurf des kommunistischen Glaubensbekenntnisses, in: Grundsätze des Kommunismus, Berlin 1973, S. 43.

30 Engels, Friedrich: Einleitung zu Marx' «Klassenkämpfe in Frankreich», in: MEW Bd. 22, Berlin 1963, S. 522 f.

31 Engels, ebd., S. 519 und 525.

32 Engels, ebd., S. 525 f.

33 Mann, Golo: Deutsche Geschichte, Frankfurt/M. 1992, S. 656.

34 Arcais, Flores de: Servitù ideologiche oliberi valori, in: Il concetto de sinistra, Mailand 1982, S. 45.

35 Meyer, Thomas: Die Zeit ist reif für eine Erneuerung des Godesberger Programms, in L'80, Heft 26, 1983, S. 12.

36 Lafontaine, Oskar: Der andere Fortschritt, Hamburg 1985, S. 167 ff.

37 Dressler, Rudolf: Der private Vorsorge-Zug steht unter Dampf, in: Neues Deutschland vom 8./9.7.1995.

38 Müller, Heiner: Jenseits der Nation, Berlin 1991, S. 101.

39 Manifest des Bundes Demokratischer Kommunisten, in: Der Spiegel vom 2. und 9.1.1978.

40 Merkel, Reinhard: Politik und Kriminalität, in: Siegfried Unseld (Hg.): Politik ohne Projekt?, Frankfurt/M. 1994, S. 313.

41 Gore, Al: Wege zum Gleichgewicht, Frankfurt/M. 1994, S. 269.

42 Aus: Erika Fehse: Politische Prozesse in der Bundesrepublik des Kalten Krieges, Feature des Deutschlandfunks am 23.5.1995.

43 Brünneck, Alexander von: Politische Justiz gegen Kommunisten in der Bundesrepublik Deutschland 1949–1968, Frankfurt/M. 1978, S. 236.

44 Dahn, Daniela, und Fritz-Jochen Kopka (Hg.): Und diese verdammte Ohnmacht. Report der unabhängigen Untersuchungskommission zu den Ereignissen vom 7./8. Oktober 1989 in Berlin, Berlin 1991.

45 Ich liebe euch doch alle!, Befehle und Lageberichte des MfS, Berlin 1990. ·

46 Beschluß des 1. Strafsenats des Kammergerichts Berlin, zitiert nach: Neues Deutschland vom 7.10.1993.

47 Mitgang, Herbert: Überwacht. Große Autoren in den Dossiers amerikanischer Geheimdienste, Düsseldorf 1992;
Stephan, Alexander: Im Visier des FBI. Deutsche Exilschriftsteller in

den Akten amerikanischer Geheimdienste, Stuttgart–Weimar 1995;
Robins, Natalie: Alien Ink. The FBI's war and Freedom of Expression,
New York 1992.

48 Marcuse, Peter: Das Feindbild Stasi sichert dem Westen den Status quo,
in: Frankfurter Rundschau vom 14. 5. 1992, S. 18.

49 Marcuse, ebd.

50 Bebel, August: Die Frau und der Sozialismus, Berlin 1964, S. 243.

51 Bebel, ebd., S. 243 f.

52 Lafontaine, Oskar: Die Gesellschaft der Zukunft, Hamburg 1988,
S. 211 f.

53 Jewgenij Jewtuschenko im Interview mit der Berliner Zeitung vom 23. 9.
1994.

54 Negt, Oskar: Versuch eines Protokolls vom 4. Ideentreff, Köln 1995 (unveröffentlicht).

55 Stolte, Dieter: Das Medium steht vor einem fundamentalen Wandel, in:
Berliner Zeitung vom 29. 9. 1992.

56 Heiner Müller, zitiert nach: Der Spiegel vom 27. 9. 1993, S. 42.

57 Reich, Robert: Die amerikanische Erwerbsbevölkerung, in: Amerika
Dienst 27/95, S. 2.

58 Fritz Pleitgen im Interview mit dem Neuen Deutschland am 7. 3. 1995.

59 Frankfurter Rundschau vom 14. 10. 1994.

60 Schäuble, Wolfgang: Der Vertrag, Hamburg 1993, S. 13.

61 Dürig, Günter: Einführung, in: Grundgesetz. Textausgabe mit ausführli-
chem Sachverzeichnis, 26., neubearbeitete Auflage, München 1991, S. 11.

62 Eberhard Poppe, zitiert nach: Merseburger, Peter: Grenzgänger, München 1988, S. 143.

63 Eckehard Eickhoff, zitiert nach: Merseburger, ebd., S. 144.

64 Sinowjew, Alexander: Der größte Umbruch in der Menschheitsge-
schichte, in: Neues Deutschland vom 10. 1. 1995.

65 Fischbeck, Hans-Jürgen: Heiligtum Eigentum, in: Ökumenischer Infor-
mationsdienst 2/95.

66 Zitiert nach: Die Tageszeitung vom 19. 5. 1995.

67 Christian Führer im Interview mit der Berliner Zeitung am 10. 10. 1994.

68 Rudolf Bahro im Gespräch mit Ernest Mandel und Peter von Oertzen, in:
Was da alles auf uns zukommt..., Berlin 1980, S. 111.

69 Freud, Sigmund: Das Unbehagen in der Kultur, in: Studienausgabe Bd.
IX, Frankfurt/M. 1974, S. 207.

70 Freud, ebd. S. 208.

71 Infratest-Umfrage, in: Berliner Morgenpost vom 4. 1. 96, S. 1.

72 Gaus, Günter: Zur Sache: Deutschland. Ein Vortrag, in: neue deutsche
literatur, Berlin und Weimar, Heft 471, März 1992, S. 14 und 23.

73 Schorlemmer, a. a. O., S. 20.